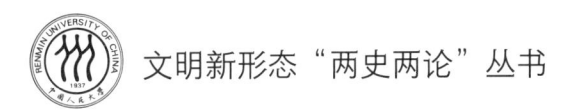

文明新形态"两史两论"丛书　　总主编◎张东刚　林尚立

文明和谐论

The Harmony of Civilizations

张东刚　臧峰宇　等◎著

中国人民大学出版社
·北京·

目 录

导论 …………………………………………………………… 1

第一章 马克思主义文明观与中华文明的演进逻辑………… 24
  第一节 马克思主义文明和谐思想述要………………… 25
  第二节 中华传统文明和谐思想的传承与创新………… 43
  第三节 马克思主义文明和谐思想中国化的时代精神… 62

第二章 "两个结合"与交融会通的文明和谐主张………… 76
  第一节 "两个结合"与中华民族的旧邦新命…………… 77
  第二节 建设中国式现代化的文化形态………………… 87
  第三节 面向未来的全球文明的价值重建……………… 102

第三章 文明交流互鉴的历史经验与发展规律……………… 121
  第一节 和合共生：文明交流互鉴的历史经验………… 122
  第二节 把握文明交流互鉴的发展规律………………… 136

第三节　践行文明交流互鉴的实践逻辑 …………… 155

第四章　中国式现代化与文明和谐的社会发展道路 175
　　第一节　中国式现代化的文明内涵 ………………… 176
　　第二节　中华优秀传统文化的实践转化 …………… 193
　　第三节　走向文明和谐的社会发展道路 …………… 216

第五章　中华文明的现代重塑与世界历史意义 232
　　第一节　中华文明的现代重塑 ……………………… 233
　　第二节　中国式现代化的文明特质及其规定 ……… 250
　　第三节　人类文明新形态的世界历史意义 ………… 281

第六章　构建人类命运共同体的文明底蕴与实践路径 297
　　第一节　和谐思维：从对立冲突到价值共识 ……… 298
　　第二节　文明共享发展：世界历史的必然趋势 …… 311
　　第三节　中华文明的天下观与人类命运共同体 …… 325

结　　语 …………………………………………………… 338
参考文献 …………………………………………………… 354
后　　记 …………………………………………………… 368

导　论

新时代以来，习近平总书记强调坚定文化自信，坚持马克思主义基本原理同中国具体实际、同中华优秀传统文化相结合，坚持党的文化领导权，把文化建设摆在治国理政的突出位置，培育和践行社会主义核心价值观，推动中华优秀传统文化创造性转化、创新性发展，建设社会主义文化强国，形成了习近平文化思想。习近平文化思想丰富和发展了马克思主义文化理论，是明体达用、体用贯通的不断展开的、开放式的思想体系。其中揭示了中华文明的突出特性，深刻论述了文明交流互鉴的学理道理哲理，强调以文明交流超越文明隔阂，以文明互鉴超越文明冲突，以文明共存超越文明优越，体现为文明和谐论。文明和谐论肇基于中华文明传统，反映了对世界文明形态及其发展趋势的深切体察，丰富和发展了马克思主义文明观。深刻理解其核心要义，要深入思考文明多样性与中华文明的和谐理念，把握马克思主义基本原理同中国具体实际和中华优秀传统文化相结合的内在机理，深刻领会中华优秀传统文化创造性转化、创新性发展的实践逻辑，领略历史文物中蕴含的人文精神，解读波澜壮阔的世界文明图谱，把握文明交流互鉴的历史规律，以学习、消化、融合、创新的方式把握不同文明中蕴含的博大精深、历久弥新的世界观、人生观、价值观、历史观、时代观、文化观，深入阐述文明和谐论对人类破解时代难题、推动构建人类命运共同体的原创性贡献。

一、文明多样性与中华文明的和谐理念

"文明"即文教昌明，在中国思想典籍中意为文采、文德的辉耀。例如，《易·乾》有云："见龙在田，天下文明。"《尚书·舜典》曰："濬哲文明，温恭允塞。"据孔颖达疏解："经天纬地曰文，照临四方曰明"，"天下文明者，阳气在田，始生万物，故天下有文章而光明也"。"文明"在欧洲学者笔下常被用来描述有组织性的社会生活状态，即"civilization"，其出现于18世纪后期，19世纪以降成为一种常用词汇，表明世俗的、进步的人类自我发展。

文明的观点是相对于"野蛮状态"而言的。摩尔根在《古代社会》中将文明作为有别于蒙昧（savagery）、野蛮（barbarism）的话语。学界围绕"文明"的含义、范围及其与"文化"的关系进行了持续广泛的讨论。基于对人类社会历史起源和演进的深入研究，恩

格斯指出"国家是文明社会的概括"①,即表明一个社会由氏族制度解体而进入有国家组织的阶级社会的阶段。近年来,中华文明探源研究提出文明社会的标准,"一是生产发展,人口增加,出现城市;二是社会分工,阶层分化,出现阶级;三是出现王权和国家"②。浙江良渚、山西陶寺、陕西石峁等都邑性遗址的考古发现,实证了中华有五千多年文明史。自中华文明形成以后,无论是农作物栽培、家畜饲养还是蚕丝发明、土木建筑创造、封闭式院落的建筑形式,乃至以政治宗教为中心的城市、玉礼器和青铜礼器的使用、以形意为主的方块字,凡此种种,都成为其延续发展的主要特质。

从文明多样性角度看,人类文明史是璀璨夺目的画卷,在历史上展现了多样性特征。虽然中华文明、美索不达米亚文明、埃及文明、克里特文明、拜占庭文明、中美洲文明、安第斯文明、日本文明、印度文明、伊斯兰文明等不是同一时间出现的,但是在某一时间内存在着许多种文明,是毋庸置疑的历史事实。世界文明从源头起就是多样的,从历史实际而言,每一种文明都会以自己的方式走向现代化。上述诸种文明的勃发兴盛几乎都受益于交流互鉴,其衰颓消散基本上都受害于侵略纷争,从中可见文明和谐发展的规律性特征。

文明和谐论表明,在多样性的世界文明图谱中,任何文明都不能拒斥与其他文明的交往而独立存在,世界文明原本是多元化的,多种文明并存与交流互鉴是历史的常态,未来也必将走向和谐。

---

① 马克思,恩格斯. 马克思恩格斯选集:第4卷.3版. 北京:人民出版社,2012:193.
② 王巍. 坚持以马克思主义指导中华文明探源研究. 光明日报,2023-06-06(14).

习近平总书记深刻指出文明的本质与文明和谐发展的规律，强调尊重文明多样性，把握文明多样性与统一性、文明普遍性与特殊性、文明主体性与对外开放、文明冲突与交流等重大关系。文明体现着人类实践的动力和规律，体现着从低级向高级发展的轨迹，体现着民族文化和地域文化愈益反映世界历史性的发展趋势。实现文明和谐发展，要摆脱抽象的共同体的幻象，改变不适应时代发展要求的生产方式和价值观念。

在至今存续的世界文明之中，中华文明首屈一指，在历史长河中展现了鲜明的连续性、创新性、统一性、包容性、和平性。"世界上没有哪一个像中国如此之大的国家有始自百万年前至今不衰不断的文化发展大系。"① 与美索不达米亚文明、埃及文明相比，"中华文明的起源不能算是最早的，但中华文明是唯一的从未中断过的文明。今天生活在这片土地上的人就是那些创造古老文明的先民之后裔，在这片土地上是同一种文明按照自身的逻辑演进、发展，并一直延续下来。同时，中华文明在发展过程中显示了巨大的凝聚力，不仅没有中断，也没有分裂"②。中华文明向来不故步自封，而是长期保持与其他文明交流互鉴并实现创新发展，创造了历史悠久且内涵丰富的物质文明、政治文明、精神文明、生态文明和社会文明，实现了文明持续发展和综合创新，在世界历史进程中产生了广泛的影响。

对中华文明连续性的确认，建立在考古发现和文献记载上。中

---

① 苏秉琦. 中国文明起源新探. 北京：生活·读书·新知三联书店，1999：176.
② 袁行霈，严文明，张传玺，等. 中华文明史：第1卷. 北京：北京大学出版社，2006：4.

华文明如同一条波澜壮阔的长河从未断流，使我们深刻理解了从古代中国、现代中国到未来中国的文明发展路径。其创新性是在文明交流互鉴中形成的。中华民族以不惧新挑战、勇于接受新事物的无畏品格，建立了中央集权的统一多民族国家，创造了灿烂辉煌的文化，展现了守正不守旧、尊古不复古的进取精神。例如，青铜冶炼技术以两河流域出现为早，东传中土后，我国先民对这项技术既认真学习，又通过勤劳和智慧不断创新，从而发展出高超的工艺水平。商文化由此被概括为青铜文化。"中国古代的青铜冶铸业，就其规模而言，在公元前的世界是罕与伦比的。"① 中华文明具有九州共贯、多元一体的大一统传统，一部中国史就是各民族交融汇聚成多元一体的中华民族的历史，就是各民族共同缔造、发展、巩固统一的伟大祖国的历史。中华文明的包容性在中华民族交往交流交融和中华文明对世界文明兼收并蓄的开放胸怀中得到深刻映现。例如，丝绸之路促进了文化广泛交流；伴随佛教兴盛，印度以及犍陀罗的石窟、壁画、雕塑等佛教艺术传入，与中国传统艺术融汇，渐而呈现了很多中国古代艺术的瑰宝。"中华文明是在同其他文明不断交流互鉴中形成的开放体系。从历史上的佛教东传、'伊儒会通'，到近代以来的'西学东渐'、新文化运动、马克思主义和社会主义思想传入中国，再到改革开放以来全方位对外开放，中华文明始终在兼收并蓄中历久弥新。"② 中华优秀传统文化的和平理念

---

① 李学勤. 东周与秦代文明. 上海：上海人民出版社，2007：201.
② 习近平. 深化文明交流互鉴 共建亚洲命运共同体：在亚洲文明对话大会开幕式上的主旨演讲. 北京：人民出版社，2019：9.

一以贯之，中华民族在长久的对外交往中书写了世界人民友好交往的光辉历史。这从根本上决定了中国始终是世界和平的建设者、全球发展的贡献者、国际秩序的维护者，中华文明在展现宏阔历史纵深的同时，深植于文明交流互鉴的历史逻辑中。

从马克思主义文明和谐思想的时代精神角度看，马克思揭示了人类文明在走向世界历史进程中的时代性特征，认为普遍交往是人类文明发展的前景，各民族的整个内部结构也取决于自己的生产以及自己内部和外部的交往发展程度。文明在人类改造自然和社会的对象性活动中形成和发展，是人类作为"有意识的类存在物"的确证，是处于一定社会关系中的人们共同活动的结果。"为了不致失掉文明的果实，人们在他们的交往[commerce]方式不再适合于既得的生产力时，就不得不改变他们继承下来的一切社会形式。"[①] 社会分工推动了人类文明的发展，形成了创造物质文明、精神文明的不同行业，在文明史演进过程中凝结了内在的民族精神。随着社会发展程度日益加深，人们走出原有的生活地域，在普遍的社会交往中使历史走向世界历史，并使文明发展在世界范围内普遍化。

马克思认为，生产力的发展及其与生产关系广泛而深刻的相互作用是推动人类文明发展的动力，并以"人的依赖关系""以物的依赖性为基础的人的独立性"和"自由人的联合体"为标准界定了文明发展的三个阶段。现代社会处于"物的依赖"阶段，创造了人类文明发展的可观的物质基础，形成了世界市场和国际贸

---

① 马克思，恩格斯. 马克思恩格斯选集：第4卷.3版. 北京：人民出版社，2012：409.

易。"各民族的精神产品成了公共的财产。民族的片面性和局限性日益成为不可能,于是由许多种民族的和地方的文学形成了一种世界的文学。"① 但是,现代西方文明的发展伴随着资本扩张和殖民统治,文明社会被异化为一种背离人的自由与全面发展的野蛮。必须变革人奴役人的社会关系,实现人类文明从冲突到和谐的发展,在世界历史进程中以创造劳动与所有相统一的内生力量来建构新文明形态。

从中华文明的和谐理念角度看,中国思想家自古以来就强调"和"的观念。《尚书·康诰》云:"惟民其敕懋和。"这里,"和"有和顺、平和之意。实现和顺、平和的状态,需要适中、适宜、恰当。《周礼·地官·大司徒》中的"六德",亦即"知、仁、圣、义、忠、和","和"正是"不刚不柔"。《周礼·春官·大司乐》记曰:"以乐德教国子:中、和、祗、庸、孝、友。"郑玄注曰:"和,刚柔适也。"更为人们所熟知的是《论语·学而》:"子曰:'礼之用,和为贵。'"在历史长河中,中华文明形成、发展了延续至今的讲仁爱、重民本、守诚信、崇正义、尚和合、求大同的精神特质。中华文明强调"和""同"相别的情形。"和而不同",与"和"相成的是"谐"。《尚书·尧典》云:"八音克谐,无相夺伦,神人以和。"这里"谐"有协调、和合之义。"和""谐",不是所有事物整齐划一,更不是合并彼此的整合同一,而是充分承认差异、尊重差别并在彼此相异的基本前提下共存聚力,实现共同的更加美

---

① 马克思,恩格斯. 马克思恩格斯文集:第 2 卷. 北京:人民出版社,2009:35.

好的目标。"八音"方"克谐","一(同)音"怎成曲乐？在中国古典文献中,"谐和""谐龢"等语词较早出现。《周礼·地官·调人》中有所谓"调人掌司万民之难而谐和之",晋人郭璞的《蜜蜂赋》有言"百药须之以谐龢,扁鹊得之而术良",从中可见一斑。

践行文明和谐理念是中华民族交往交流交融的主流。据《尚书·尧典》记载："克明俊德,以亲九族。九族既睦,平章百姓。百姓昭明,协和万邦。黎民于变时雍。"在铜石并用的部落联盟阶段,族、国(百姓)以至万邦,采用"亲""睦""协和"的态度,崇尚和平,倡导以"协和万邦"为邦交原则。秦汉时期,匈奴是中央王朝的北方劲敌。双方虽互有攻守,但"和"是主流。西汉宣帝时,南匈奴降汉,汉廷在力量对比上占据优势,但仍宽待对方,予以附塞安置,保持友好往来。终汉一世,和平共处是汉廷追求的目标；而推行霸权、摧毁对方是两汉政权始终排斥的。当时,都城长安有"胡巫""越巫",中央军队有"胡骑""越骑",汉地商业活动中更是多见"商胡""贾胡""酒家胡"的身影。[①] 魏晋南北朝隋唐时期佛教兴盛,景教、摩尼教、伊斯兰教、犹太教等不同信仰亦在彼时传入中国,在中华大地上,各种宗教信仰并存有序,没有出现过宗教战争或严重的宗教冲突。多年来,儒释道交相辉映以至于渐趋融合,深层次体现了文明和谐理念。

自古以来,中国就通过信使、贸易、传教等方式,在与周边国家的交流互鉴中不断丰富和发展自身的经济、文化,并将先进文化

---

① 王子今. 秦汉边疆与民族问题. 北京：中国人民大学出版社,2011：319-390.

向世界各地传播。在与外族的交往实践中，爱好和平、友好往来的观念逐渐融入中华文明的基因。中国很早就提出"大道之行，天下为公"的理念，倡导"亲仁善邻""协和万邦"的道德，深知"国虽大，好战必亡"的道理。郑和下西洋早于西方大航海近一个世纪，最远到达了非洲的东岸，给所到国家带去的是中国的丝绸、茶叶和瓷器，进行的是经济贸易和文化交流，并未走上殖民扩张的道路；以中国为中心的丝绸之路和朝贡贸易体系亦很早就已发展成熟，但中国并未凭借这一优势而对周边国家进行经济剥削，反而十分优待来往中国的外国客商，在鼎盛时期出现了"万国来朝"的局面。

在塞缪尔·亨廷顿看来，20世纪90年代以来的"这个新世界中，区域政治是种族的政治，全球政治是文明的政治。文明的冲突取代了超级大国的竞争"[1]。他对文明冲突感到"忧虑"，部分原因在于"所有界定文明的客观因素中，最重要的通常是宗教"[2]。在中华文明史早期固然是"国之大事，在祀与戎"，但后来发展为"国家大一统，宗教多元化，……这与西方有很大区别"[3]，宗教没有成为中华文明与其他文明发生冲突的"最重要"因素。"文明冲突论的起源还不在于他对国际问题的观察而在于他对国内问题的感受"，"他最深刻、最核心的范式恰恰是他不愿意多谈的种族界限"[4]，这恐怕

---

[1] 亨廷顿. 文明的冲突. 周琪，等译. 北京：新华出版社，2013：6.
[2] 同[1]21.
[3] 李零.《孙子兵法》与中国传统. 孙子兵法研究，2024（1）.
[4] 李慎之. 数量优势下的恐惧：评亨廷顿第三篇关于文明冲突论的文章. 太平洋学报，1997（2）.

是西方学界基于"同一律"（logic of identity）呈现的非此即彼、非彼即此的文化认知。历史表明，对"文明冲突"和"文明隔阂"的强制阐释，只能损耗文明发展张力，违背文明交往的内在规律。我们要深刻理解马克思所指出的，"每次混乱对全部文明都是一种威胁，它不但把无产者抛入贫困的深渊，而且也使许多资产者破产"①，"一次毁灭性的战争就能够使一个国家在几百年内人烟萧条，并且使它失去自己的全部文明"②。因此，要超越"西方中心论""例外论""优先论"等论调，坚守文明平等交往原则，促进人类文明和谐发展。

中华文明的和谐理念与"西方中心论""例外论""优先论"等论调不同。如《老子》所言："有无相生，难易相成，长短相形，……前后相随。""有"与"无"，"难"与"易"，"长"与"短"，"前"与"后"，都是由于对方的存在才能更好地确认自我，是相伴相生、参互成文、共同成就的。"万物负阴而抱阳，冲气以为和"，"和"是在这样的并在共存之中得以实现的。努力实现中华传统文明和谐观的时代转化，要使之同马克思主义基本原理相结合，坚定文化自信，以古为今用、去粗取精的文化自觉，做到不忘本来、辩证取舍，使中华传统文明和谐观体现时代内涵和现代形式。

今天，世界多极化、经济全球化、文化多样化、社会信息化深入发展，人类文明向新形态迈进，但国际形势不稳定性和不确定性更加突出，人类面临的全球性挑战更加严峻。我们要推动世界文明

---

① 马克思，恩格斯．马克思恩格斯选集：第1卷．3版．北京：人民出版社，2012：302．
② 同①851．

平等对话、交流互鉴、相互启迪，以海纳百川的胸怀和兼收并蓄的态度互学互鉴，扬弃以保护主义、单边主义为基础的国际政治旧秩序，使地域性生产生活拓展为世界普遍性的物质交往和精神交往，传承不断生成的"文明果实"，为人类文明进步提供精神动力和智力支撑，使全球治理体系朝着更公正合理的方向发展，续写人类文明新辉煌。

二、"两个结合"与文明和谐论的内在逻辑

习近平总书记在文化传承发展座谈会上深刻指出："在五千多年中华文明深厚基础上开辟和发展中国特色社会主义，把马克思主义基本原理同中国具体实际、同中华优秀传统文化相结合是必由之路。这是我们在探索中国特色社会主义道路中得出的规律性认识。"[①] 马克思主义基本原理同中国具体实际、同中华优秀传统文化相结合，为中国革命、建设、改革和新时代伟大变革提供了科学理论指导。在新中国成立初期，我们党提出"和平共处五项原则"等独立自主的外交原则。改革开放以来，邓小平同志提出"和平与发展是时代主题"，强调"维护世界和平、促进共同发展"。新时代以来，习近平主席倡导加强文明交流互鉴，认为"各国历史文化和社会制度差异自古就存在，是人类文明的内在属性。没有多样性，就没有人类文明。多样性是客观现实，将长期存在"[②]。以高度的文

---

① 习近平.在文化传承发展座谈会上的讲话.北京：人民出版社，2023：5.
② 习近平.让多边主义的火炬照亮人类前行之路：在世界经济论坛"达沃斯议程"对话会上的特别致辞.北京：人民出版社，2021：3.

化自信实现马克思主义同中华优秀传统文化相结合，以高度的文化自觉推进中华优秀传统文化的创造性转化、创新性发展，彰显了中华民族文化自我的时代勃兴。

首先，"两个结合"为破解"古今中西之争"，重建兼收并蓄的文明和谐理念提供了思想根基。近代以来，中西文明发生接触和碰撞，学界试图从历史中寻求制度变革的合理性，此间最为著名的观点莫过于"西学为体、中学为用"之说。洋务派的这个观点遭到维新派的深刻批判，因为西学不是为封建主义和纲常名教所用之物。严复将进化论引入中国，作为解决国家和民族危机的思想方法，认为古今之争和中西之争是一回事，主张体用一致。新文化运动代表了较为彻底的反封建的启蒙运动，对中国传统文化加以深刻反思。十月革命以后，马克思列宁主义传入中国并与中国革命实践和中华优秀传统文化相结合，"古今中西之争"进入一个崭新的阶段。这一时期，既有对传统文化激烈的批评，也有重视传统文化的声音，例如倡导"昌明国粹，融化新知"的《学衡》，在一定程度上做出了融合古今中西思想资源的尝试。

中国共产党的成立是中华民族发展史上开天辟地的大事。我们党自成立起，就既是中国先进文化的积极引领者和践行者，又是中华优秀传统文化的忠实传承者和弘扬者。我们党坚持马克思主义同中国具体实际、同中华优秀传统文化相结合，用马克思主义激活中华优秀传统文化，促进民族精神与时代精神的深度融合，满足人民群众对精神家园的新期待，让中华优秀传统文化在现代中国焕发强大生机。马克思主义同中华优秀传统文化相互成就，孕育出有机统一的新的文化生命体,造就了中国式现代化的文化形态。马克思主义由此具有了中华民族的文化形式,中华优秀传统文化由此实现了现代转型。马克思主义同中华优秀传统文化相结合,彰显了中国式现代化道路与中华民族伟大复兴的自主逻辑,在此过程中积极吸收人类历史上一切优秀文明为我所用,为文明和谐发展创造了条件。

其次,"两个结合"体现了中华文明内在的包容性特质,是文明和谐理念的生动实践。从五千多年前中华文明萌生时起,就可以看到中原文化、北方草原文化、南方文化乃至西亚、西伯利亚等地的文化一直频繁交流,很早就形成了中华文明"有容乃大"的特性,也使中华早期文明逐渐超越了地域限制,凝聚了多样性文明的优秀因子。虽然中华文明的连续性不是一马平川的平原,时常有抑扬顿挫的兴衰史,但中华文明往往能够衰而再兴,隐含了治乱兴衰的文明逻辑,隐含着文化包容性蕴含的文明动能。马克思主义世界历史理论激活了中华文明的时代活力,使之彰显更加宏阔深远的历史纵深,呈现开放包容的文化主体性。

习近平总书记指出:"这一主体性……是在创造性转化、创新性发展中华优秀传统文化,继承革命文化,发展社会主义先进文化的基础上,借鉴吸收人类一切优秀文明成果的基础上建立起来的;是通过把马克思主义基本原理同中国具体实际、同中华优秀传统文化相结合建立起来的。"① 马克思主义同中华优秀传统文化相结合不是将古籍经典的"微言大义"机械地对应为马克思主义的范畴和概

---

① 习近平.在文化传承发展座谈会上的讲话.北京:人民出版社,2023:8-9.

念,不是简单的"物理反应",而是深刻的"化学反应"。马克思主义同中华优秀传统文化相结合,是以满足社会发展需要为尺度,实现两种观念体系的融会贯通,是实现中华文明现代重塑的必由之路,是中华民族的历史选择。"两个结合"促进文化传承发展,对更广泛意义上的文化融合提出了更高的要求,实现了古今中外的文化融通和人类文明新形态的实践创造。

再次,"两个结合"让马克思主义成为具有中国风格、中国气派的科学理论,也使中华优秀传统文化接受现代洗礼后成为一种新的文化形态,体现了文明和谐观念的创新性。创新是文明持续的根本保证,来自文明所具有的兼收并蓄的精神气质,来自建立在文明和谐基础之上对世界各地优秀思想资源的兼收并蓄,来自生生不息的进取精神。中华文明是革故鼎新、辉光日新的文明,体现了守正不守旧、尊古不复古的进取精神,在同马克思主义相结合的过程中彰显时代活力。"结合"激活了中华文明的基因,充实了马克思主义的文化生命,推动马克思主义不断实现中国化时代化的新飞跃。

中华优秀传统文化积淀为中华民族的自我意识、文明标识和精神命脉,在同马克思主义基本原理相结合的过程中实现了面向未来的理论和制度创新。透过马克思主义对现代文明发展样态的正反两方面分析,可以认识到现代社会发展的伟力和"资本逻辑"对人的自由与全面发展的阻碍。从把握客观事物运动规律的角度出发,在现代语境中阐释"格物致知"的思想,以人与自然辩证统一的观点重构"天人合一"的境界,在社会历史发展的现代立场上实践"实事求是"的精神,从文明互鉴的视野主张"和而不同"的理念,在人类解放的高度探索"天下大同"的理想，是实现文明和谐发展的题中应有之义。站在新时代的历史方位，深刻把握"两个结合"的重大意义，从马克思主义中国化时代化的历史经验中提炼中华文明发展规律，精准把握马克思主义与中华优秀传统文化相互成就的辩证统一关系，就会理解在中国式现代化进程中实现社会主义文明和谐发展的特质。

最后，"两个结合"筑牢了中国式现代化的历史根基和文化根基，体现了文明和谐发展带来的文化繁荣的必然性。中国式现代化既有各国现代化的共同特征，更有基于自己国情的中国特色。中国式现代化体现了马克思主义对中华传统文化中"现代性"因素的再激活，代表了中华民族的旧邦新命。五千多年的文明史凝结了中华民族在世界历史的浩荡进程中自强不息和勇于进取的文化自信，在同马克思主义相结合的过程中赋予了中国式现代化以深厚的文化底蕴。百余年来，我们党坚持辩证唯物主义和历史唯物主义世界观和方法论，从中华优秀传统文化的源头活水中汲取养分和智慧，"疏源浚流，与古为新"，成功推进和拓展了中国式现代化，彰显了中国特色社会主义道路的历史必然、文化内涵与独特优势。

从"又一次的思想解放"的角度理解马克思主义同中华优秀传统文化相结合，让我们能够在更广阔的文化空间中，充分运用中华优秀传统文化的宝贵资源，实现中华优秀传统文化的创造性转化、创新性发展。中华民族伟大复兴以中华优秀传统文化繁荣发展为条件，建设中国式现代化的文化形态，拓展了中华民族伟大复兴的视角和内涵。每一个具有悠久历史文化传统的民族在重大历史节点上都会在文化上产生标志性思想、标志性人物，诞生政治上的"盛世时代"和思想上的"轴心时代"。以文明和谐理念推动文明交流互鉴和文化综合创新，努力建设社会主义文化强国，不仅将为中华民族伟大复兴提供强大动力，而且将为世界文明进步做出独特贡献。

以"两个结合"为科学思想方法，实现中华优秀传统文化创造性转化、创新性发展，汲取世界优秀文明的精华，应进一步促进文明和谐发展。习近平总书记在中国共产党与世界政党高层对话会上的主旨讲话中提出了以"共同倡导尊重世界文明多样性""共同倡导弘扬全人类共同价值""共同倡导重视文明传承和创新""共同倡导加强国际人文交流合作"为主要内容的全球文明倡议，明确了全球文明发展进步的首要前提、基本立场、历史定位和具体路径，体现了深邃的战略眼光、宽广的历史视野、强烈的时代担当和博大的人类情怀，深刻阐释了新时代文明发展应当秉持的基本理念，为夯实全球发展与安全的文明之基、引领和推动人类现代化进程、建立全球文明对话新秩序、繁荣世界文明百花园、共同构建人类命运共同体提供了强有力的文明支撑，受到了国际社会普遍关注。进一步推动文明和谐发展和时代进步，要以此为根本遵循，坚持平等包容、守护世界文明多样性的普遍愿望，合力营造平等包容的文明交流氛围，合力提升全球治理体系效能。

三、文明和谐论与创造人类文明新形态

习近平总书记在庆祝中国共产党成立100周年大会上的重要讲话中指出："我们坚持和发展中国特色社会主义，推动物质文明、

政治文明、精神文明、社会文明、生态文明协调发展,创造了中国式现代化新道路,创造了人类文明新形态。"① 在马克思主义基本原理同中国具体实际、同中华优秀传统文化相结合的实践场域,探究中华文明从传统走向现代的实践转化,深思中国式现代化何以创造了人类文明新形态,可以深刻理解文明和谐论的实践逻辑。

现代化以现代工业和科技革命为推动力,西方世界将资本主义置于经济、社会制度的核心,通过最大限度地调动资本的逐利性,实现了经济生产力的空前发展。但是,这种现代化模式使资本主义的弊端暴露无遗,空前增长的经济产出并没有被公平分配到每个生产者的手中,而是越来越多地流向资产阶级,贫富差距与日俱增,现代化成果难以为广大民众所共享。资本的支配性还带来了更大的恶果,即对文明社会的彻底操控,使一切经济生产活动从服务于人的需求,变为服务于资本逐利的需求,人们从生产的目的沦为资本的工具,成为自己私欲的奴隶,由此导致不断加剧的异化,酿成了文明的悲歌。

中国式现代化是人口规模巨大的现代化,是全体人民共同富裕的现代化,是物质文明和精神文明相协调的现代化,是人与自然和谐共生的现代化,是走和平发展道路的现代化。通过对资本主义运行逻辑和工人阶级生存状况的长期考察,马克思、恩格斯提出全世界无产阶级联合起来,通过不懈斗争实现自由解放,指出超越资本逻辑,实现现代文明的转型,彻底改变现代文明走向堕落的境遇。

---

① 习近平. 在庆祝中国共产党成立100周年大会上的讲话. 北京:人民出版社,2021:13-14.

马克思、恩格斯扬弃资本现代性的伟大构想在中国实现了具体化，我们党自成立之日起，就忠实传承和弘扬中华优秀传统文化，就积极倡导和发展中国先进文化，并始终代表中国先进文化的前进方向，团结带领人民推翻了"帝国主义、封建主义、官僚资本主义"三座大山，取得了新民主主义革命的胜利。

新中国成立后，我们党领导人民群众建设一个具有高度现代文化程度的伟大的国家，使中国人从思想到生活进入一个崭新的时期，向工业现代化、农业现代化、国防现代化、科学技术现代化的目标迈进，不断提高人民群众的科学文化水平和精神文明程度。改革开放初期，邓小平会见日本首相大平正芳时指出，"中国式的四个现代化"是"小康之家"①。社会主义现代化建设成为当时及其后相当长历史时期的主要任务，代表着最广大人民的根本利益，决定着中华民族的命运。我们党明确以经济建设为中心，确立了社会主义市场经济体制，中国式现代化逐渐形成内生力量。从西部大开发到脱贫攻坚战略，从四通八达的道路网络到惠及全民的医疗保险和教育体系，我们党努力实现全体人民共同富裕。中国经济社会发展是通过勤劳的中国人民艰苦奋斗、顽强拼搏实现的，而不是像西方在现代化进程中那样以资本增殖和榨取剩余价值的方式实现的。中国反对强权政治、霸权逻辑，力图克服文明冲突，维护并发展全球自由贸易体系和开放型世界经济，努力实现政策沟通、设施联通、贸易畅通、资金融通、民心相通。

---

① 邓小平. 邓小平文选：第2卷. 北京：人民出版社，1994：237.

新时代中国特色社会主义伟大成就为中国式现代化提供了更为完善的制度保证、更为坚实的物质基础、更为主动的精神力量。习近平总书记指出："以中国式现代化全面推进强国建设、民族复兴伟业，是全党全国各族人民在新时代新征程的中心任务。"[①] 面对世界百年未有之大变局和中华民族伟大复兴战略全局，我们党倡导尊重世界文明多样性，坚持文明平等、互鉴、对话、包容，加强文明交流、超越文明隔阂，促进文明互鉴、超越文明冲突，倡导文明包容、超越文明优越，以宽广胸怀理解不同文明的价值内涵，不将自己的价值观和发展模式强加于人，不搞意识形态对抗，为改变文明冲突的世界提出了"中国方案"。

中国式现代化打破了"特殊主义的普遍化"，避免文化冲突，争取求同存异，避免经济掠夺，争取互利共赢；在以共同富裕为目标的实践中遵循创造现代文明的劳动逻辑，将马克思关于现代文明转型的构想在中国具体化，积累了促进文明和谐发展的实践经验。中国式现代化追求的是全体人民共同富裕，是通过不断提高人民物质生活与精神生活水平反映的经济效益，兼顾公平与效率，努力满足人们对美好生活的实际需要，实现更平衡更充分的发展，使社会发展成果由全体人民共享。建设中国式现代化的文化形态，实现人民物质富足、精神富有，中国式现代化深刻影响了人类文明进程，更好地促进了人类文明发展，丰富了世界文明百花园，推动了构建新型国际关系，弘扬了和平、发展、公平、正义、民主、自由的全人类共同价值，推动了构

[①] 习近平. 在纪念毛泽东同志诞辰130周年座谈会上的讲话. 北京：人民出版社，2023：15.

建人类命运共同体，为发展中国家实现现代化提供了新选择。

中国式现代化体现了几代人接力推进的实践探索，促进了物质文明、政治文明、精神文明、社会文明、生态文明协调发展，开辟了反对冲突、反对剥削、提倡国际交流合作的文明和谐发展道路，为创造没有霸权与战争、文明交融发展的人类文明新形态而努力，既是对中华优秀传统文化"美美与共""天下大同"的现实追求，也是对马克思主义"在真正的共同体的条件下，各个人在自己的联合中并通过这种联合获得自己的自由"[①]的理想形态的时代表达。进入新时代，以习近平同志为核心的党中央坚持中国特色大国外交，一方面积极加入现有的国际经济、社会组织，积极履行国际义务、增强国际合作；另一方面致力于创建以合作共赢为目标的国际经济共同体，通过以"一带一路"为代表的高质量国际合作，讲仁爱、重民本、守诚信、崇正义、尚和合、求大同这些优秀传统文化理念在全球化时代的国际事务中彰显了文明和谐的实践探索，实现了各国互联互通、相融相近、相辅相成，促进了不同文明之间的对话，带动了各国文化交流互鉴与各国文化事业和文化产业的发展。

今天，"零和博弈""丛林法则""赢者通吃"在西方社会仍然是一种近乎固化的价值观，以资本逻辑为主导的西方现代化希望通过在经济、政治和文化领域的"输出"获取在世界体系中的支配地位，并将发展中国家作为被支配的对象纳入这一体系。不平等的经济地位导致政治上永无止息的博弈，博弈的尽头是冲突与战争。必

---

① 马克思，恩格斯. 马克思恩格斯文集：第1卷. 北京：人民出版社，2009：571.

须实现现代文明的转型，使之在文明和谐发展的道路上实现社会进步，创造人类福祉。新时代新征程，实现物质文明和精神文明相协调的中国式现代化，建设中国式现代化的文化形态，要坚定历史自信和文化自信，打破"现代化＝西方化"的迷思，不断提升国家文化软实力和中华文化影响力，不断加强国际传播能力建设，向世界展示真实、自信、立体、全面的中国，使中华文明主动融入人类现代文明、与世界其他文明相映生辉，构建中国特色哲学社会科学体系，更好地阐释中国道路、解读中国实践、构建中国理论，建构中国自主的知识体系，为人类文明发展做出新的更大的贡献。

习近平主席在"一带一路"国际合作高峰论坛开幕式上指出："从历史维度看，人类社会正处在一个大发展大变革大调整时代。世界多极化、经济全球化、社会信息化、文化多样化深入发展，和平发展的大势日益强劲，变革创新的步伐持续向前。"[①] 面对"世界怎么了""人类向何处去"的时代之问，我们要以习近平新时代中国特色社会主义思想的世界观和方法论为指导，进一步推进马克思主义基本原理同中国具体实际和中华优秀传统文化相结合，摆脱霸权主义和单边主义观念的束缚，形成一种面向未来的文明和谐发展观，使文明交流互鉴成为维护地区和世界和平的纽带，积极协调不同文明之间的关系，探求世界文明交往范式，应对未来社会发展挑战，构建人类命运共同体，这是置身于世界历史进程中的我们面对现代性危机应当选择的行之有效的文明发展路径。

---

① 习近平. 携手推进"一带一路"建设：在"一带一路"国际合作高峰论坛开幕式上的演讲. 北京：人民出版社，2017：4.

人类命运共同体理念根植于中华优秀传统文化，发展于近代以来中国革命和建设的伟大斗争，成熟于改革开放和新时代中国特色社会主义建设的伟大实践。中国自古就有"以力服人者霸，以德服人者王"的经验教训，深刻认识到打破"国强必霸"的逻辑、实现和平发展的历史必要性，努力实现与其他国家共商共建共享的承诺。习近平主席在联合国日内瓦总部演讲时指出，从360多年前《威斯特伐利亚和约》确立的平等和主权原则，到150多年前《日内瓦公约》确立的国际人道主义精神，从70多年前《联合国宪章》明确的四大宗旨和七项原则，到60多年前万隆会议倡导的和平共处五项原则，国际关系演变积累了一系列公认的原则。人类命运共同体理念倡导文明和谐，反对文明冲突，倡导文明平等，反对文明等级论和文化霸权论，倡导人类共同价值，反对西方中心论的"普世价值"，超越了零和博弈的思维方式和竞强逐富、资本至上的丛林法则，是全球治理的中国方案，在世界文明史上具有跨时代的意义，昭示了人类文明发展的未来。

以文明和谐论取代文明冲突论，以文明交流互鉴推动人类文明发展，构建人类命运共同体，是人类文明发展的必由之路。习近平主席指出："推动构建人类命运共同体，不是以一种制度代替另一种制度，不是以一种文明代替另一种文明，而是不同社会制度、不同意识形态、不同历史文化、不同发展水平的国家在国际事务中利益共生、权利共享、责任共担，形成共建美好世界的最大公约数。"[①] 构建人

---

① 习近平. 在中华人民共和国恢复联合国合法席位50周年纪念会议上的讲话. 北京：人民出版社，2021：6.

类命运共同体，彰显文明和谐发展理念的时代精神，旨在为解决人类重大问题，建设持久和平、普遍安全、共同繁荣、开放包容、清洁美丽的世界贡献中国智慧、中国方案、中国力量，回答中国之问、世界之问、人民之问、时代之问，站在世界历史的精神高地上，促进各国人民相知相亲，不断以自身新发展为全球发展增添活力，以符合时代精神的价值理念促进高水平、多领域的国际合作。

综上所述，文明和谐论为我们时代推动文化传承发展，建设中国式现代化的文化形态，创造人类文明新形态，提供了重要的思想方法。进一步推动文明和谐发展，要以习近平文化思想为根本遵循，把握不同文明交流互鉴共存的历史经验与规律，摒弃零和博弈的思维方式和强化冲突的文明观，深刻展现中华民族近代以来苦难辉煌的历史进程及其中的文化探索，以具有中国风格和中国气派的文化话语解读中国道路、中国理论和中国制度，彰显中华民族的主体意识和文化自我。坚持问题导向，坚持守正创新，坚持胸怀天下，增强文明自信，以"一带一路""两廊一圈""欧亚经济联盟""亚洲文明对话大会"等拓展文明交流互鉴的途径，以大历史观和新文明观推动构建人类命运共同体，走向复兴的中华民族必将在中华文明史和世界文明史上书写璀璨的时代华章。

第一章 马克思主义文明观与中华文明的演进逻辑

　　自人类社会诞生以来，人类在横亘数千年的漫长演进历程中不断地创造出丰富多彩的文明。文明的创造呈现了人与世界的复杂关联，人类文明进程中纷繁多变的现象也为各个民族留下了诸多理论困惑。各个民族文明如何在共生共存的境遇中摆脱对立与冲突，在差异化和多样性中找到既具有自身民族特色又符合人类文明一般进程的文明发展之路？这迫切地需要科学的理论对其做出系统的回答。在批判吸收前人文明观的合理成果的基础上，马克思主义经典作家阐述了前资本主义文明的特征，批判了资本主义文明的危机，提出了关于现代文明转型的伟大构想，最终实现了人类文明观的根本性变革。中华文明蕴生、继承和创造性发展的文明和谐思想，是其绵延五千多年的精神宝藏。中华文明和谐思想通过一系列道德观念、伦理原则、社会秩序来落实与维系。具体来说，仁爱、礼敬、正义等观念是礼的秩序中最核心的要素。它们渗透在中国人对他人、对共同体的态度，中国对其他族群与文明体的态度，乃至中国对世界秩序的理想追求中。它们在五千余年的文明史中发挥了深刻和悠久的稳定作用，实现了人与人、人与社会、文化与文化、人与天地自然的和谐共生，实现了人性美德、社会风俗与文明品格的升华。通过与中国具体实际、中华优秀传统文化相结合，马克思主义文明观实现了中国化，由此开启了中国式现代化道路，在中华文明的现代重塑中创造了人类文明新形态，为人类文明的进一步发展贡献了中国智慧。

第一节　马克思主义文明和谐思想述要

文明，作为衡量民族现代化程度的概念，常常是作为野蛮的对立面而得以阐明的。在很长的时间里，"文明与野蛮"的二元对设是西方中心论者用来宣扬西方文明的优越性和粉饰殖民扩张史的工具。在西方中心论看来，西方世界是现代文明的创造者，现代文明的价值和形态由西方世界来定义；西方世界也是人类文明进程的领导者，有能力向处于世界历史边缘地区的民族和国家传播其文明。随着全球化和非西方世界现代化的蓬勃发展，以中国为代表的非西方世界探索出了符合自身历史发展情况的现代化道路，西方文明对其他文明的霸权日渐动摇。面对非西方世界的和平崛起，"文明与野蛮"的二元对设丧失了理论的吸引力。为了从理论上强行挽回西方文明的颓势，西方中心论换上了文明冲突论的学术包装，重新回到了大众的视野。文明冲突论主张，20世纪的各个文明之间的关系从西方文明对其他文明的单向支配演变为"所有文明之间强烈的、持续的和多方向的相互作用"；旧的世界秩序被打破，各个文明在现代化的程度和方式上存在明显差异，从而形成了文明的冲突①。文明冲突论将文明在存在样态上的差异视为不可调和的矛盾，敌对地看待非西方文明的和平崛起，在实践上给多元文明的和平交往与自主探索现代化道路制造了广泛矛盾②。在这样的背景下，站在唯物史观的高度重新把握文明概念，系统地阐释马克思主义文明和谐思想就有了现实的理论意义。

一、唯物史观中的文明概念

近代启蒙运动以来，理性在关于现代文明的各种理论谋划中占据着核心地位，人类文明的一般进程被视为以理性的自我规定为动力机制的人类完善计划。经由一个特定世界历史民族的引导，其他民族褪去自身文明的自然特性而踏入理性的普遍历史之中。由此，人类文明由低级逐渐迈向高级，进入世界历史的文明时代，而资本主义文明的成熟形态被视为现代文明的唯一形态，是人类完善计划

---

① 亨廷顿.文明的冲突与世界秩序的重建.周琪，等译.北京：新华出版社，2012：32，48.
② 王立胜，晏扩明.中国式现代化与人类文明发展.中国社会科学院大学学报，2023，43(1).黄相怀."文明冲突论"背后的意识形态：策略与手法：以《文明的冲突与世界秩序的重建》为中心的考察.世界社会主义研究，2023，8(1).

的最终指向。对现代文明的诊断和批判构成了马克思创立唯物史观的理论动力。作为现代文明的批判理论，唯物史观以劳动生产的实践逻辑为核心线索分析了资本主义生产方式的两重性，剖析了资本主义文明的内在矛盾，洞察了发源于西欧的资本主义在文明存在样态上的特殊性，揭示了资本主义文明的历史暂时性，指明了人类文明的未来形态，阐明了人类文明进程的一般规律与不同文明发展道路的多样性之间的辩证关系。① 唯物史观具有宽广的世界历史视野，不局限于特定民族特定时期的特定形态，而是在全人类解放与时代精神的高度上把握文明概念，从而超越了西方中心论的狭隘文明观。

作为"实践的事情"②，文明诞生于人类改造自然和社会的对象性活动的总过程，是人类对象性活动所创造的物质财富和精神财富的总和。创造文明的前提是人类必须能够生活。马克思指出："一当人开始生产自己的生活资料，即迈出由他们的肉体组织所决定的这一步的时候，人本身就开始把自己和动物区别开来。人们生产自己的生活资料，同时间接地生产着自己的物质生活本身。"③ 如果人像动物一样只能按照自然种属的尺度而活动，便不会有文明存在。人可以超越自然种属的限制，自由自觉地活动，并通过生产实践活动来改造无机界，创造属于自己的对象世界。④ 而文明就诞生于人

---

① 赵坤，刘同舫. 从"文明优越"到"文明共生"：破解"西方中心论". 理论视野，2021（2）.
② 马克思，恩格斯. 马克思恩格斯文集：第1卷. 北京：人民出版社，2009：97.
③ 同②519.
④ 同②162－163.

类确证自身为"有意识的类存在物"①,并将无机自然不断变成人化自然的过程。在这一过程中,文明的作用是双向的:一方面,自然界不断为人所占有和渗透,成为人发挥其本质力量的场域和塑造文明的质料;另一方面,人在改造自然的过程中也不断地丰富自身的类本质,使自身文明化,形成"社会的素质"。

在唯物史观创立之前的文明观中,文明仅被视为"精神的劳作",是人类精神自我教化的产物。"迅速前进的文明完全被归功于头脑,归功于脑的发展和活动;人们已经习惯于用他们的思维而不是用他们的需要来解释他们的行为。"② 唯物史观颠倒了这种观点,将文明诞生与演化的动力锚定于劳动生产实践,将人与历史都看作劳动的产物,揭示了文明的基底是社会物质生产,洞察了文明所蕴含的物质和精神双重维度。社会物质生产不仅要满足劳动者"吃喝住穿"的自然需要,为人类的再生产提供物质保障,还要为满足不断产生的新需要而制作新工具,而正是生产工具的劳动使得文明与自然相分离并在物的形式中持续存在。以观念的形式而存在的文化是在物质劳动与精神劳动分离之后才逐渐形成的。"从这时候起意识才能现实地想象:它是和现存实践的意识不同的某种东西;它不用想象某种现实的东西就能现实地想象某种东西。从这时候起,意识才能摆脱世界而去构造'纯粹的'理论、神学、哲学、道德等等。"③

---

① 马克思,恩格斯.马克思恩格斯文集:第1卷.北京:人民出版社,2009:162.
② 马克思,恩格斯.马克思恩格斯文集:第9卷.北京:人民出版社,2009:557.
③ 同①534.

文化就诞生于摆脱外在世界的束缚而自由创作的意识活动，它是从诸多个体意识对现存社会生活与社会关系的主观把握中汇聚而成的社会意识，构成了文明的精神财富的主体部分。

文明不是彼此毫无关联的孤立个人的劳动成果的机械集合，而是处于一定社会关系中的人共同活动的有机产物。"我们越往前追溯历史，个人，从而也是进行生产的个人，就越表现为不独立，从属于一个较大的整体：最初还是十分自然地在家庭和扩大成为氏族的家庭中；后来是在由氏族间的冲突和融合而产生的各种形式的公社中。"① 作为全体社会成员实践活动的作品，文明表征了共同体的存在样态：共同体中的人们怎样表现自己的生命和生活，他们的文明就是怎样的。人们的共同活动总是在一定的自然地理条件（如地质、水文、气候等）下进行的。"这些条件不仅决定着人们最初的、自然形成的肉体组织，特别是他们之间的种族差别，而且直到如今还决定着肉体组织的整个进一步发展或不发展。"② 在文明演化的早期，自然地理条件限定了某一区域内的共同体与自然对象发生联系的具体方式，阻碍了生活于不同地区的共同体之间交流的广度和深度，从而形成了该共同体劳动生产实践独特的地域性特征。

自然形成的共同体一旦定居下来，就会基于其所在地域的特征与其自然特性形成自己特有的血缘、语言、伦理、习俗等共同性。这些特有的共同性的具体表现是由共同体内部的分工和交往情况决定的，它们构成了共同体的民族风格。譬如，阿尔卑斯山脉构成了

---

① 马克思, 恩格斯. 马克思恩格斯文集：第8卷. 北京：人民出版社，2009：6.
② 马克思, 恩格斯. 马克思恩格斯文集：第1卷. 北京：人民出版社，2009：519.

区分欧洲不同共同体的生产方式的重要地理单元，南北两侧自然地理条件的差异决定了各民族内部分工和交往形式存在典型的差异。在阿尔卑斯山以南至地中海的广大地区，阳光充足，气候宜人，土壤适合耕种，古罗马人"集中于城市而以周围土地作为领土"，并形成了以"为直接消费而从事劳动的小农业"和"作为妻女家庭副业的那种手工业（纺和织）"的分工为基础的农耕文明①。而日耳曼人则散居于阿尔卑斯山以北的原始森林之中，形成了以私人家庭的联合为基础的游牧文明——部落的各个家长"彼此相隔很远的距离，即使**从外表**来看，公社也只有通过公社成员的每次集会才存在，虽然他们的**自在的**统一体包含在他们的亲缘关系、语言、共同的过去和历史等等之中"②。

分工决定了共同体内部的个人在生产资料、生产工具和劳动产品方面的相互关系，形成了各种不同的所有制形式，而它们反映了文明成果的分配方式。虽然文明由共同体所创造，但文明成果却由共同体内部的部分人群所享用。分工导致了"单个人的利益或单个家庭的利益与所有互相交往的个人的共同利益之间的矛盾"③。为了维护自身利益，个人不得不结成一定的阶级，"为反对另一个阶级进行共同的斗争"④。国家和政治机构就产生于共同体内部一个阶级统治其他阶级的斗争之中。国家采取了"虚幻的共同体的形式"⑤，

---

① 马克思，恩格斯．马克思恩格斯文集：第 8 卷．北京：人民出版社，2009：128.
② 同①131.
③ 马克思，恩格斯．马克思恩格斯文集：第 1 卷．北京：人民出版社，2009：536.
④ 同③570.
⑤ 同③.

不同共同体内部的血缘关系、语言联系、分工联系与所有制形式的差异体现在其政治制度的形态差异上，构成了文明在政治层面的多样性，这是文明的民族性在阶级性上的体现。随着体脑分工在统治阶级内部的发展，出现了职业的思想家，他们将本民族的共同体在文明演化过程中形成的各种道德规范、伦理习俗和法的关系表达为社会中占主导地位的意识形态。在长期的交流与融合中，一些思想因不合时宜而逐渐消失，而另一些思想则随着民族实践而人文日新，沉淀成一种文明最内在的民族精神。

如果说文明的存在样态取决于共同体内部分工的结构，那么文明的发展程度则由分工的发达程度来决定。马克思指出："各民族之间的相互关系取决于每一个民族的生产力、分工和内部交往的发展程度。"① 换言之，分工构成了衡量文明是先进还是落后的标准。一个民族的分工越是不发达，其成员只能使用自然形成的生产工具，个体的活动能力与范围极大地受制于自然界，不得不依赖于共同体的血缘纽带，则其文明越是封闭和落后。一个民族的分工越是发达，其成员能使用由文明创造的生产工具，个体能超越自然地理条件的限制进行广泛的交往，以交换为纽带而结合，则其文明越是开放和先进。马克思还指出："各民族的原始封闭状态由于日益完善的生产方式、交往以及因交往而自然形成的不同民族之间的分工消灭得越是彻底，历史也就越是成为世界历史。"② 换言之，文明之间的交往会带来两方面的影响：一方面，先进文明不是单一的、不

---

① 马克思，恩格斯. 马克思恩格斯文集：第1卷. 北京：人民出版社，2009：520.
② 同①540-541.

变的文明，它恰恰是在与其他文明的交流和碰撞中，通过吸收其他文明的优点而形成的，因而先进文明凝聚了各民族交往形成的人类文明的精华；另一方面，先进文明是人类文明发展的风向标，它在积极地对外扩展的过程中会传播自身发达的生产力与优秀的文化，促进落后文明的现代化，最终使得文明在世界范围内普遍化。随着文明之间交往的不断扩大，分工造成的文明发展程度差异会逐渐消失，不同文明共同走向人类文明的世界历史。

二、普遍交往与现代文明转型的多元路径

尽管不同文明起源不同，发展程度不均衡，发展模式不一致，但实现现代化是各个文明的共同命运。即使不同文明具有相似的经济基础，它们的存在样态也"可以由于无数不同的经验的情况，自然条件，种族关系，各种从外部发生作用的历史影响等等，而在现象上显示出无穷无尽的变异和色彩差异"[1]。正是由于各个文明发展的多样性，整个人类文明的世界历史才表现出特殊性与普遍性的辩证统一。在马克思主义看来，人类文明的一般进程不外各个世代依次交替的纵向过程与各个民族相互交往的横向过程的总体。人类文明并非"按照自由联合起来的个人制定的共同计划"发展，而是自发地发展[2]。最初，不同的文明以不同的地域、共同体、民族或劳动部门为起点，分散而独立地发展，这些独立文明中的每一代人都在"利用以前各代遗留下来的材料、资金和生产力"[3]的基础上，

---

[1] 马克思，恩格斯. 马克思恩格斯文集：第7卷. 北京：人民出版社，2009：894.
[2] 马克思，恩格斯. 马克思恩格斯文集：第1卷. 北京：人民出版社，2009：576.
[3] 同[2]540.

"随着需要的改变而改变他们的社会制度"①，从而改造制约自身文明发展的旧环境。随着交往的扩大，各个文明彼此相互联系起来，文明的成果在彼此间不断交换、重组、融合、更新。发达的生产力随着交往在各个文明中传播，并要求各个文明改变自身已经形成的生产关系来适应生产力的新发展，以实现自身文明的现代化。

生产力与生产关系的相互作用是推动人类文明演化的一般动力。旧的文明形态在其"所能容纳的全部生产力发挥出来以前，是决不会灭亡的"，而新的文明形态在其"物质存在条件在旧社会的胎胞里成熟以前，是决不会出现的"②。以生产力与生产关系的相互作用为线索，马克思主义将人类文明的一般进程分为三个阶段。第一个阶段的文明形态是"人的依赖关系"③。在这种文明形态中，由于"人的生产能力只是在狭小的范围内和孤立的地点上发展着"④，共同体的生产实践受制于自然，个体的生命和生活依附于共同体，形成了人与人的依赖关系。人们的交往不是纯粹出于个性的自由交往，而是受到血缘关系、政治关系和身份地位等等级因素的制约。第二个阶段的文明形态是"以**物的**依赖性为基础的人的独立性"⑤。在这种文明形态中，分工与交往极大地发展起来，个体的活动跨越了自然地理条件与自然形成的共同体的界限，形成了以商品、货币和资本等物象为中介的交换关系。人与人的

---

① 马克思，恩格斯．马克思恩格斯文集：第1卷．北京：人民出版社，2009：528．
② 马克思，恩格斯．马克思恩格斯文集：第2卷．北京：人民出版社，2009：592．
③ 马克思，恩格斯．马克思恩格斯文集：第8卷．北京：人民出版社，2009：52．
④ 同③．
⑤ 同③．

交往虽然摆脱了身份地位的束缚，但却受到物象的控制。第三个阶段的文明形态是自由人的联合体。这种文明形态是对第二个阶段的文明形态的扬弃，是实现了人人自由而全面发展的"真正的普遍的文明"。

物的依赖关系阶段是"文明时代"的现在时，文明社会"形成普遍的社会物质变换、全面的关系、多方面的需要以及全面的能力的体系"①，负有为文明时代创造物质基础的使命。文明社会的生产力"比过去一切世代创造的全部生产力还要多，还要大"②，将科技运用在各个行业之中，用机器来征服自然，用先进的交通工具和通信工具跨越大洲与大洋的界线，人口在全球呈现为爆炸式的增长，人类创造了极为丰富的文明成果。蓬勃发展的生产力不断推动着文明社会向外扩大交往，"到处落户，到处开发，到处建立联系"③，形成了商品生产和消费在不同文明之间的国际化分工，导致了世界市场的出现，促成了以全人类互相依赖为基础的普遍交往。马克思指出："各民族的精神产品成了公共的财产。民族的片面性和局限性日益成为不可能，于是由许多种民族的和地方的文学形成了一种世界的文学。"④ 现代化的生产与交往方式突破了自然经济的限制，塑造了广泛联系的新生活形态，改变了旧的思维方式和价值观念，使得新的文明形态在各个民族内部生根发芽。由此，在文明时代，一切地域、民族和文明之间的隔阂都成了应当被克服和抛弃的东

---

① 马克思，恩格斯．马克思恩格斯文集：第8卷．北京：人民出版社，2009：52.
② 马克思，恩格斯．马克思恩格斯文集：第2卷．北京：人民出版社，2009：36.
③ 同②35.
④ 同②35.

西，生产的现代化与世界化促使人类文明从局部的走向整体的，人类历史从民族的成为世界的。

但在文明时代的发展过程中，文明社会的合理内核被掩盖在资本扩张和殖民体系的面具之下，"现代性的一般样态被强制解释为资本现代性这种特殊样态"①。在资本主义生产体系下，文明社会反而异化为对内和对外的双重野蛮。一方面，资本主义生产体系使得文明社会内部日益分裂，资产阶级占据了全部的生产资料和消费资料，享受文明的果实，而无产阶级则除了自己的劳动力之外一无所有。占有者与生产者之间的每一次阶级斗争都揭穿了资本主义文明的伪善与野蛮。马克思指出："每当资产阶级秩序的奴隶和被压迫者起来反对主人的时候，这种秩序的文明和正义就显示出自己的凶残面目。"②另一方面，"当我们把目光从资产阶级文明的故乡转向殖民地的时候，资产阶级文明的极端伪善和它的野蛮本性就赤裸裸地呈现在我们面前"③。凭借着生产工具与交通工具的改善，资本主义文明迫使其他文明采取资本主义生产方式，破坏当地的文化传统，"使未开化和半开化的国家从属于文明的国家，使农民的民族从属于资产阶级的民族，使东方从属于西方"④，把一切文明都强行卷入资本主义文明中来。尽管这种强制性的现代化客观上为其他文明带来了先进的生产力，消灭了老旧的生产关系，但是它给其他文

---

① 臧峰宇. 马克思的现代性思想与中国式现代化的实践逻辑. 中国社会科学，2022（7）.
② 马克思，恩格斯. 马克思恩格斯文集：第3卷. 北京：人民出版社，2009：173-174.
③ 马克思，恩格斯. 马克思恩格斯文集：第2卷. 北京：人民出版社，2009：690.
④ 同③36.

明造成了巨大的灾难，并使得其他文明走向现代文明的道路变得单一化，切断了其他文明自发地现代化的可能性。

在文明时代，任何民族都无法脱离现代世界而独立生存，全球性的大工业将世界各地的人民纳入现代化的生产体系之中，各个民族相互依存，各个文明相互交往。大工业与世界市场为人类文明的现代化做好了准备，任何民族的文明都具有成长为现代文明的潜力。马克思指出："为了不致丧失已经取得的成果，为了不致失掉文明的果实，人们在他们的交往［commerce］方式不再适合于既得的生产力时，就不得不改变他们继承下来的一切社会形式。"[①] 要想在文明时代保存带有自身特色的文明成果，各个民族必须融入人类文明的现代化浪潮，力争先进，完成自身文明的现代性转型。但是，它们的现代化并非只有被资本主义社会同化这唯一的途径，不同民族实现现代文明转型的路径是多元的。在文明时代，非资本主义文明和资本主义文明处在同一历史时空，大工业与世界市场虽为资本主义文明所首创，但并非为其所独占。作为现代的生产方式与交往体系，大工业与世界市场为一切文明的集体劳动都提供了条件，使得非资本主义文明"有可能不通过资本主义制度的卡夫丁峡谷，而占有资本主义制度所创造的一切积极的成果"[②]，开辟通往现代文明的新道路。

不同文明走向现代化的具体方式取决于它所处的社会历史环境，不能将西欧资本主义起源的历史经验看作放之四海而皆准的

---

① 马克思，恩格斯. 马克思恩格斯文集：第10卷. 北京：人民出版社，2009：43-44.
② 马克思，恩格斯. 马克思恩格斯文集：第3卷. 北京：人民出版社，2009：578.

"一般发展道路的历史哲学理论"①。人类文明进程的一般规律并不是超越历史的目的论，而是对不同民族自由探索现代文明转型的经验归纳，是在人类的普遍交往中不断演化和生成的，并没有哪一种现代文明转型的路径在价值上凌驾于其他路径之上。资本主义不是一切文明都必须经历的宿命，它的形成本身也有赖于它自身特殊的社会历史环境。从马克思对资本主义生产以前的各种形式的分析中可以看出，亚细亚、古典古代和日耳曼的文明发展方式并不相同，只有日耳曼文明可以自发地通往资本主义。这是因为日耳曼文明的经济基础与其他两种文明并不相同，它以"散居和孤立农园的定居方式"为根本特征，其共同体财产与个人财产并存，且共同体财产以个人财产为前提。② 日耳曼文明潜在地具有劳动与所有的分离原则，而这正是资本主义文明赖以生存的根基。随着以个体的私人所有制为前提的商品生产的扩大、城市和农村分工的形成，日耳曼共同体逐渐解体，劳动与所有实现分离，析出大量的"自由劳动者"，从而为资本的原始积累提供必要的条件。

亚细亚文明的经济基础则完全不同，它以劳动与所有的同一为原则，共同体是真正的所有者，而个人则只是偶然的占有者，城市和农村处于"一种无差别的统一"③ 状态。马克思指出："亚细亚形式必然保持得最顽强也最长久。这取决于亚细亚形式的前提：单个

---

① 马克思，恩格斯. 马克思恩格斯文集：第3卷. 北京：人民出版社，2009：466.
② 望月清司. 马克思历史理论的研究. 韩立新，译. 北京：北京师范大学出版社，2009：369–370.
③ 马克思，恩格斯. 马克思恩格斯文集：第8卷. 北京：人民出版社，2009：131.

人对公社来说不是独立的,生产的范围限于自给自足,农业和手工业结合在一起,等等。"① 换言之,如果没有外部力量的干预,那么亚细亚共同体具有极高的稳定性,既不会自然而然地解体,也不会自动走向资本主义文明。即使受到资本主义文明的入侵,小规模的农业和家庭手工业的自然结合也能为抵抗资本主义文明的同化提供巨大的能量,因为它们为亚细亚共同体建立了可持续的和自给自足的生产生活方式。尽管亚细亚共同体具有高度的稳定性,但这并不代表它缺乏发展为现代文明的潜能。在文明时代,面对资本主义文明的冲击,古老的亚细亚共同体有两种选择:"或者是它所包含的私有制因素战胜集体因素,或者是后者战胜前者。先验地说,两种结局都是可能的,但是,对于其中任何一种,显然都必须有完全不同的历史环境。一切都取决于它所处的历史环境。"②

只要古老的亚细亚文明能抓住历史提供的绝佳机会,创造有利于文明现代化的条件,处理好共同体繁荣与个体主观自由之间的关系,它就能依靠"后发优势",避免资本主义社会中的压迫与异化现象,在更高的、更现代的生产力水平上维持劳动与所有的统一,开创现代文明的新形态。非资本主义文明并非"世界历史的被动参与者,而将会转化为世界历史的真正主导者和最终完成者"③。这种新的现代文明展现了文明社会的真理,以劳动与所有相统一的内生

---

① 马克思,恩格斯. 马克思恩格斯文集:第 8 卷. 北京:人民出版社,2009:136.
② 马克思,恩格斯. 马克思恩格斯文集:第 3 卷. 北京:人民出版社,2009:574.
③ 孙乐强. 中国道路与马克思历史道路理论的创造性发展. 天津社会科学,2018(3).

力量来实现自身文明的现代化转型。劳动与所有的同一原则决定了这种新的现代文明不会像资本主义文明那样，为了追求资本的无限增殖，肆意扩张和发动战争，依赖强力到处造成劳动与所有的分离。它要求其他文明既尊重自身的现代化道路，同时也尊重其他文明的多元探索，文明之间的普遍交往终将从"文明的冲突"回归"文明的和谐"。

三、人类文明的共同前景：从文明冲突到文明和谐

世界性的普遍交往与现代化的社会大生产构成了世界历史迅速发展的内在动力。世界历史要求人类文明实现自身的现代性转型，这并没有消弭文明存在样态的多样性，反而巩固和强化了不同文明业已形成的民族特性。世界性的普遍交往使得人类文明成为一个有机的统一体，各个民族文明成为它的"器官"，个别民族文明的命运与普遍人类文明的命运融为一体。由此，各个民族才能避免闭门造车的窘境，更加快速地凝结其文明的成果，避免自身文明由于偶然的自然灾害或突发的人为冲突而陷入被迫重建的绝境，更加广泛地向世界其他地区传递、转移和保存其文明的成果。同时，人类文明的进一步发展有赖于各个文明在和合共生、交流互鉴与和平发展的前提下积极探索符合自身社会历史情况的现代化道路。文明存在样态的多样性与现代文明转型的多元路径表明，以普遍交往与和平交流的方式共同走向现代文明是人类在文明时代的共同前景。这一共同前景既不是描绘某一个民族的意志，也不是由这个民族的强力所决定的。相反，描绘人类文明共同前景的主体是多元的，各个文

明主体彼此依赖、相互依存，其目标是解决多元文明主体共同面临的问题，谋求共同的发展和共同的价值。因此，这一共同前景是以人类文明总体的、长远的利益为准绳的，是在多元文明主体的交互融合中演化出来的共同意志。

但由于世界历史的发展为资本逻辑所统摄，人类文明的共同前景在文明时代面临着严重的危机与巨大的挑战。资本逻辑遵循利益最大化原则，不断压榨剩余价值，将社会生活的全部关系都纳入资本的权力关系之中，将劳动统摄于资本之下，不断生产出与劳动者相敌对的生产对象与生产关系，导致民族文明内部的阶级对抗、人与人的交往关系相异化。在资本逻辑的统治下，"工人生产得越多，他能够消费的越少；他创造的价值越多，他自己越没有价值、越低贱；工人的产品越完美，工人自己越畸形；工人创造的对象越文明，工人自己越野蛮"[1]。由于世界性的普遍交往不断深入，资本逻辑也随之在世界其他地方塑造异化的交往关系，导致了阶级利益对立的全球化，加剧了人类文明发展的不稳定性[2]。在遭受文明外部干预的情况下，文明内部矛盾的积聚往往发挥了极为负面的作用，成为瓦解共同体和毁灭文明的罪魁祸首。

与此同时，在世界历史业已形成的条件下，文明内部的矛盾往往会链式传导，演化为扰乱其他文明发展的诱因，制造出文明之间的冲突与矛盾。世界性的普遍交往条件下的分工格局决定了各个民

---

[1] 马克思，恩格斯. 马克思恩格斯文集：第1卷. 北京：人民出版社，2009：158.
[2] 李包庚. 世界普遍交往中的人类命运共同体. 中国社会科学，2020（4）.

族文明在现代世界体系中所承担的经济角色。资本主义文明凭借自身在国际分工格局中的"先发优势",建构了以资本逻辑为轴心的"核心-半边缘-边缘"的现代世界体系,在国际交往中强制采取"不平等的交换",将非资本主义文明降格为资本增殖的原料产地、劳动工厂和商品倾销地。① 不平等的国际分工体系决定了建筑于其上的国际关系无视文明间交往本应当遵循的公平正义原则:为了在世界范围内完成对剩余价值的剥削,并向自身转移和积聚,资本主义文明肆意践踏和侵犯非资本主义文明,以资本输出和军事暴力为主要手段,构建了由强到弱的国际等级制。这种不平等的国际关系本质上是资本主义文明"一切人反对一切人的战争"②的零和博弈逻辑在国际关系层面的延伸③,它是国际社会存在系统性压迫和恒久冲突的根本原因。

在"你中有我,我中有你"的世界历史中,每一种文明的发展都依赖于其他文明的发展,而每一次混乱都是对全部文明的威胁。在极端的情况下,资本逻辑造成的贫富差距与阶级对抗会引发全部文明之间的毁灭性战争,人类文明由此陷入生存危机。而摆脱文明危机的根本出路是消除世界性的普遍交往中的资本逻辑,尊重各个民族文明实现现代化的自主性,在文明互鉴的过程中形成平等的世界秩序。取代资本逻辑的可能性在于建构一种劳动逻辑,它能为人

---

① 沃勒斯坦. 沃勒斯坦精粹. 黄光耀,洪霞,译. 南京:南京大学出版社,2003:111-112.
② 马克思,恩格斯. 马克思恩格斯全集:第45卷. 北京:人民出版社,1985:304.
③ 吴晓明. "中国方案"开启全球治理的新文明类型. 中国社会科学,2017(10).

类文明的现代转型提供新的视野与力量。劳动逻辑及其现实化过程不以无限制地追求利润为指向，而是以人人自由而全面的发展为目标。这种逻辑正是文明发展的题中应有之义：人类运用自身自由自觉的活动能力将文明从自然中创造出来，正是为了实现自己的类本质，人类不断的文明化过程也正是为了不断丰富自身的类本质。劳动逻辑是对资本逻辑的拨乱反正，它将凌驾于个人之上的抽象共同体重新归还给全体个人，将文明所创造的生产工具重新安置在文明的控制之下。

受劳动逻辑所驱动的文明不会像资本主义文明那样依赖于从外部攫取能量来维持自身的存在，它本身就具有内生的力量来维持自身的发展——它将人人劳动的成果用于培育人人的成长，将文明的养分用于赓续文明的生长。因此，劳动逻辑不仅在民族文明的内部消解了对抗性的社会关系，而且根除了民族文明之间相互敌对的欲念。由此，每一种文明都能认识到，关乎文明发展的要事不是对外扩张，而是发展自身的生产力，丰富自身的交往形式，而在提高社会生产力与扩大普遍交往方面，其他文明的存在不是意味着非此即彼的竞争，而是意味着共赢的合作。恩格斯指出："只有在**平等者**之间才有可能进行国际合作……排除民族压迫是一切健康而自由的发展的基本条件。"[①] 只有当每个民族文明都有自由探索文明现代化的权利，都能以平等的身份参与到世界性的普遍交往之中时，它们才能不受外在强制力量的左右，积极地与其他文明交换"文明果

---

① 马克思，恩格斯. 马克思恩格斯文集：第10卷. 北京：人民出版社，2009：472.

实",才能不必通过吞噬其他文明来实现自身的进步。

人类文明的共同前景取决于民族文明和平发展与全球文明合作的关联性模式。民族文明的独立主权与平等对话身份是全球文明合作的基础,而全球文明的普遍繁荣与共同发展是民族文明进一步发展的保障。为此,要扬弃以保护主义、单边主义为基础的国际政治旧秩序,反对一切形式的文明霸权,倡导在劳动逻辑的基础上建立平等、正义、团结的国际新秩序;要使地域性生产生活扩展为世界普遍性的物质交往与精神交往,激发各个民族文明参与世界历史的主体意识与能动性,传承不断生成的人类文明果实;要为人类文明进步提供精神动力与智力支撑,从根本上破除文明时代的"核心-半边缘-边缘"支配格局,真正实现文明不分大小、强弱、贫富一律平等的交往格局,使全球治理体系朝着更公正合理的方向发展;要顺应人类文明发展的一般趋势,基于全体人类发展的共同利益推动人类命运共同体的形成,尊重世界文明多样性,以文明交流超越文明隔阂,以文明互鉴超越文明冲突,以文明包容超越文明优越。

第二节 中华传统文明和谐思想的传承与创新

习近平总书记很早就指出:"我们的祖先曾创造了无与伦比的文化,而'和合'文化正是这其中的精髓之一。'和'指的是和谐、和平、中和等,'合'指的是汇合、融合、联合等。这种'贵和尚中、善解能容，厚德载物、和而不同'的宽容品格，是我们民族所追求的一种文化理念。自然与社会的和谐，个体与群体之间的和谐，我们民族的理想正在于此，我们民族的凝聚力、创造力也正基于此。因此说，文化育和谐，文化建设是构建和谐社会的重要保证和必然要求。"[1]

一、文明和谐思想的奠定

中华传统文明强调的和谐思想，是中华民族几千年来积淀的宝贵财富。这种信念最初是从朴素的经验观察中得出的。西周末年的太史伯就曾指出，世界各个层面都是由复杂要素协调构成的，如饮食具五味，音乐具六律，人身具四体，等等。他进而提出了"和实生物"的重要命题，这意味着世界各层面的发展都以其组成要素的和谐共生为前提。这当中的理由可概括为："以他平他谓之和，故能丰长而物归之。"尽管不同要素的性质、功用不同，但正是因为不同而能相互调节、补充与激发，以产生新的生长力量和生长空间，任何事物乃至世界整体都必须在一种生生不息的状态下才能持存。与"和"的方式、状态相反的是"同"，太史伯将之概括为"若以同裨同，尽乃弃矣"[2]。"同"是单一要素的复制与扩张，这看起来是一种发展与生成的方式，但并不具有无限持久的可能，故总会有耗尽的极限，最终使事物衰落荒颓。

太史伯的"和同之辩"的命题开启了一种重要的思想传统。它在春秋战国时期得到了提炼和拓展。例如，道家将"和"上升为宇

---

[1] 习近平. 之江新语. 杭州：浙江人民出版社，2007：150.
[2] 徐元诰. 国语集解. 王树民，沈长云，点校. 北京：中华书局，2002：470.

宙的本体状态。《老子》第四十二章讲："道生一，一生二，二生三，三生万物。万物负阴而抱阳，冲气以为和。"① 世界是不断运动和衍生的，道家将世界的基本要素归结为阴与阳，这是两种性质相反又互补相生的要素。阴阳的分离与对立当然会发生冲突，道家相信这只是道运作方式的一种，或运作过程中的一个短暂片段。阴阳还会交感、依附、激发和协同，而这一系列运作方式和过程，最终会实现一种"和"的状态。"和"是阴阳平衡、稳定的状态，是道运作的理想结果。在道家看来，事物只要存在分裂和冲突，就还不是理想的状态，还处在道的运作过程当中，并且最终必然实现"和"的状态。

儒家同样首先在本体论中奠定了"和"的根本意义。《周易·乾卦·彖辞》说："乾道变化，各正性命，保合太和，乃利贞。"② 在世界的生成变化中，万物各得其所，共同构成了最完美的和谐状态，也就是"太和"。另外，《中庸》也说："中也者，天下之大本也；和也者，天下之达道也。致中和，天地位焉，万物育焉。"③ 儒家用"中""时中""中庸"来体现事物的复杂因素得以协调、平衡的尺度，"和"则是"中"的结果。朱熹曾申述："大本者，天命之性，天下之理，皆由此出，道之体也。达道者，循性之谓，天下古今之所共由，道之用也。"④

---

① 楼宇烈. 老子道德经注校释. 北京：中华书局，2008：117.
② 王弼. 周易注. 楼宇烈，校释. 北京：中华书局，2011：3.
③ 朱熹. 四书章句集注：中庸章句. 北京：中华书局，1983：18.
④ 同③.

进而，儒家还将"和"落实到对秩序的追求当中。《论语·学而》中有子曰："礼之用，和为贵。先王之道，斯为美，小大由之。有所不行，知和而和，不以礼节之，亦不可行也。"[1] 礼是儒家理想秩序的概称。礼的秩序旨在实现社会的和谐，先代圣王的治道正因遵循礼的这种宗旨，所以是美好盛大的，社会秩序的大大小小各层面都依循礼的秩序。在礼的秩序不能落实的地方——发生矛盾冲突的地方——一味地只维持和谐，而不用礼的方式节制它们（矛盾冲突），这只是表面的和谐，不可能长久地维持，也没有真正解决矛盾。这当中同样贯彻了"和同之辩"的基本信念。世界本质上具有多样性和差异性，应当在一种好的秩序中实现和谐，而不是要求将多样化约为同一，或通过一元的无限扩张来同化多样。这种强制追求同一的方式只能落于表面的和虚假的安定。

所以，儒家明确宣称："君子和而不同，小人同而不和。"[2] "君子"和"小人"是儒家探讨秩序原则的理论符号，在君子与小人的对照中体现价值判断。"君子和而不同"既可以指君子在日常交往中追求和谐而不必故意与人相同，也可延伸为理想的秩序是实现差异的和谐而不是同一，因为"君子"的形象包括理想的道德人格和理想的执政者两方面。"小人同而不和"则与之相反，既指小人在日常交往中要求他人与自己相同，或违心地与他人相同，这并不能

---

[1] 杨伯峻. 论语译注. 北京：中华书局，2006：8.
[2] 同[1]159.

实现和谐，进而延伸为秩序的类型亦然。这种违背本质规律的"同"往往就是儒家批判的"乡愿"。与流俗意见保持一致，不论当中的是非对错，就是"乡愿"。表面上，这种行为将使人获得时人的认可和称许，但这是虚伪的行为，并且将遮蔽真正的品德和良好秩序，故孔孟都明确批判"乡愿"是"德之贼"。①

二、文明和谐思想的理念要素

上述简要介绍已揭示出，中华文明在起源和奠基时期就已经确立了和谐的文明精神。这发端于朴素的经验观察，无论是五味、五音的协调，阴阳五行的运转，还是历史事件的兴衰。但更重要的是，这些经验观察在诸子百家——尤以儒道两家为大宗——那里提升到了理论高度，包括世界的本体论层面和人事的秩序层面，用传统表达就是"天道"和"人道"两端，得出了"和实生物""和而不同"的经典命题。雅斯贝斯将诸子百家时代标识为中华文明的"轴心时代"，和谐精神深刻融入中华文明的血脉当中②。

在五千余年的漫长历史中，和谐的愿景是通过中华文明的一系列道德观念、伦理原则、社会秩序落实与维系的。概括来说就是前述礼的秩序，具体来说，仁爱、礼敬、正义等观念是最核心的要素。它们渗透在中国人对他人、对共同体的态度，中国对其他族群与文明体的态度，乃至中国对世界秩序的理想追求中。

---

① 杨伯峻. 论语译注. 北京：中华书局，2006：209.
② 雅斯贝斯. 历史的起源与目标. 李夏菲，译. 桂林：漓江出版社，2019：18.

第一，中华文明的和谐愿景植根于仁的精神。仁的要义是人与人之间以对方为重而互相礼敬关爱。这首先要求将人作为人本身来看待，不论他人与我们有怎样的现实差异，包括欲求、性别、族群、财富、权力、国别等，他人都和我们同样是人本身，有着同等的道德地位和重量，有着同等的人生幸福可能，值得被尊重对待。其次，仁的对待并不是单方面地表达自己的爱意，而是必须尊重对方，包括对方的感受、选择及结果。这意味着，即使对方因此与我们产生分歧与冲突，仁者也有包容的态度和进一步协调的方式。

儒家将仁的实践概括为推己及人的忠恕之道。忠的本义是真诚，如果真诚地将他人作为与自己同样的人来看待，就会为他人的幸福欢欣鼓舞，为他人的痛苦恻隐恻怛，由此也就有了"己欲立而立人，己欲达而达人"①的同呼吸共命运的信念。恕的本义是同情地理解，当我们能同情地理解他人时，我们就能理解和包容各种差异、分歧。恕的行为原则就是"己所不欲，勿施于人"②，即通过想象情境互换的方式，理解差异和分歧的存在，从而不会将自己的偏好、欲求强加于人，真正做到尊重他者。忠是践行仁的积极方面，恕是践行仁的底线要求。这句名言现在还镌刻在联合国总部大楼上。1993年在芝加哥举行的世界宗教会议上，孔汉思和库舍尔起草的《全球伦理宣言》将"己所不欲，勿施于人"作为全球伦理的

---

① 杨伯峻. 论语译注. 北京：中华书局，2006：72.
② 同①188.

普遍原则，也称之为"黄金律"①。全球伦理是面对全球文化多元化和一体化过程中的普遍愿望和需求，来建立全人类能够共同接受的伦理规则。将"己所不欲，勿施于人"作为全球伦理的普遍原则，意味着认可它是多元文明与文化传统都必备的人道共识。这一"黄金律"的普遍性也体现在，不仅适用于人与人之间，也适用于社群团体之间、族群之间、国家之间，是世界文明秩序的基准原则。在此原则的指导下，人、社群团体、族群与国家之间秉持着对等、互重的原则，和谐相处、交流合作，共同增进人类福祉，实现世界的和平安宁。

第二，中华文明的和谐愿景确立于义的原则。义在中国人的观念中有多重内涵，如合宜、端正、正义等。当表示合宜时，义指处理事物的妥善方式。事物的特点不同、处境不同、关系不同，故有不同的合宜办法，不可能用同一种方式对待所有人和所有事物。儒家用"中庸"的方法来掌握合宜的尺度，中指中正平和、不偏不倚，无过不及，庸是常道，中庸也即在日用常行之道中验证中正尺度的价值。中庸没有统一的尺度，因为事物本身不断变化，所以孔子说"君子之中庸也，君子而时中"②，这需要君子的智慧，把握每时每地的局势处境，用一种模式终结人类分歧是天真和危险的。端正是义的另一种内涵。儒家认为"仁以爱之，义以正之"③，"行义

---

① 孔汉思，库舍尔. 全球伦理：世界宗教议会宣言. 何光沪，译. 成都：四川人民出版社，1997：55.
② 朱熹. 四书章句集注：中庸章句. 北京：中华书局，1983：19.
③ 郑玄，孔颖达. 礼记正义. 上海：上海古籍出版社，2008：1471.

以正"①，墨子、庄子也用端正来理解义。这说明义是一种"正其不正以归于正"②的规范性原则，这种原则在不同时势下有中庸的尺度，但义的规范性是必然存在的。所以，义的不同内涵综合起来，体现了中国传统的正义观念，它具有处理关系的合宜尺度和端正原则。

并且，义的正当性还体现为对利的超越和综合。利益是每个人、每个群体乃至每个国家都切身体会和率先维护的。但是各方的利益会发生冲突，特别是当各方无限制地扩张自己的利益时，会出现强凌弱、众暴寡的争斗态势。并且，争斗态势的出现是由于人们只能看到眼前切近的利益，以为只有零和博弈，不能看到长远的、共同的利益只有在和平安宁中才能实现。这就需要正义的原则与秩序。所以，先秦儒家就极为重视义利之辨。《论语》谓："君子义以为上"③，"放于利而行，多怨"④。《大学》说："国不以利为利，以义为利。"⑤《孟子》谓："王何必曰利？亦有仁义而已矣！王曰：'何以利吾国'，大夫曰：'何以利吾家'，士庶人曰：'何以利吾身'。上下交征利而国危矣。"⑥《荀子》谓："义胜利者为治世，利克义者为乱世。"⑦ 董仲舒也主张："正其义不谋其利，明其道不计

---

① 王先谦. 荀子集解. 北京：中华书局，1988：473.
② 王守仁. 王文成公全书. 北京：中华书局，2015：31.
③ 杨伯峻. 论语译注. 北京：中华书局，2006：214.
④ 同③41.
⑤ 朱熹. 四书章句集注：大学章句. 北京：中华书局，1983：12.
⑥ 朱熹. 四书章句集注：孟子集注. 北京：中华书局，1983：201.
⑦ 同①502.

其功。"① 程颐和朱熹以天理人欲来区分义利，陆九渊也说："凡欲为学，当先识义利公私之辨。"② 中国人始终鲜明地展现出义高于利、利必须受义制约的态度。中国人始终相信，只关注利益不能获得持久和真正的利益，只有着眼于正义才能获得利益，对于个人、群体和国家都是如此。中国人始终要求超越私利的狭小界限，追求天下的正义和公利。

第三，中华文明的和谐愿景经由礼的教化而实现。传统中华文明被称为礼乐文明。中国于西周时期就建立起繁盛美富的礼乐制度，这是儒家思想产生的母体，儒家的精神突破以礼为中心，以仁为导向。孔子强调，履行礼是实现仁的基本方式。礼具体来说是贯穿人一生各种场合的行为规范。儒家期许人在礼的秩序中养成自律的精神，养成文明的风范和修养。虽然礼仪节文在不同时代会有所变化，但礼的根本精神是不变的。行礼的基本要求是敬，不论是面对天地、自然，还是父母、尊长，甚至是晚辈、卑者，乃至陌生的个体、群体和国家，都必须怀有敬畏之心。敬使得人在礼仪活动中保持"自卑而尊人"③的姿态。这就使得礼的仪节和关系都不是单向度的复述，而是双方的互动，所谓"礼尚往来"④最初就是这一意义。

在礼的这种精神中，还体现出中国人的责任观念。礼在不同空间、领域和处境中要求不同的德行，仁义忠信孝惠敬让，实质都是

---

① 苏舆.春秋繁露义证.钟哲,点校.北京：中华书局，1992：268.
② 陆九渊.陆九渊集.北京：中华书局，1980：470.
③ 郑玄,孔颖达.礼记正义.上海：上海古籍出版社，2008：22.
④ 同③.

个人与他人关联的德行。这些德行的价值取向，都是要承担起对他人、对社会的责任。① 并且，没有单方面的责任或单方面的享有，忠是尽己为人的责任，信是不辜负他人的责任，孝是对父母的责任，惠是对子女的责任，等等。责任不同于权利，权利是为自己争取利益空间，责任则是实现对他人的义务。因为个人与他人、群体是息息相关的整体，故人必须自觉承担对他人和群体的责任。中国人不是以自我为中心，而是以自我为出发点，以对方为重，个人的利益要服从责任的要求。

第四，中华文明的和谐愿景朝向家、国、天下同体共构的共同体信念。人在世界上的生存不是孤立的，人生存的品质与利益必须在共同体中协调和体现，人的德行养成也必须在共同体中实现。这是中国人的根本信念，也就形成了家、国、天下紧密关联的文明架构。个体之外最基本的共同体是家庭，家庭扩大为家族、宗族与乡土的熟人社会。家庭、乡土之上覆盖着国家这一共同体，国家担负着生民百姓的幸福。国家之外是天下，不同人、族群和国家共享天下的生存空间和物产资源，所有人同等享有人本身的幸福、尊严与生存可能。

中国文化不强调个体的权利或利益，而是认为个人价值不能高于家庭、国家与天下的价值。同时，个体与共同体必须协调和融合，个体对共同体的责任是更首要的。中华文化中流传着"能群"、"保家"、"报国"、"以天下为己任"、"天下兴亡，匹夫有责"②、

---

① 陈来. 中华文明的价值观与世界观. 中华文化论坛，2013 (3).
② 梁启超. 饮冰室文集：第2册. 北京：中华书局，2015：20.

"苟利国家生死以，岂因祸福避趋之"① 等格言，深入影响了中华文明的精神气质。并且，在基本的公私关系上，也体现着共同体的有限性。相对于家庭，个人是私，家庭是公；相对于社会国家，家庭是私，社会国家是公；相对于天下，社会国家是私，天下是公。最大的公是天下的公道、公平、公益，故谓"天下为公"②。总之，中华文明的伦理秩序不是个体本位的，而是一个向着社群开放的、连续的同心圆结构，个体—家庭—国家—天下从内向外不断拓开，使得中国人的伦理秩序包含多个向度和层次，确认了人对不同层级的社群负有责任。

三、文明和谐思想的历史体现

仁的精神、义的原则、礼的教化和共同体信念，都是构成文明秩序的普遍价值。它们在两千余年的文明史中发挥了深刻和悠久的稳定作用，实现了人与人、人与社会、文化与文化、人与天地自然的和谐共生，实现了人性美德、社会风俗与文明品格的升华。

中国的文明精神在其内部秩序，也拓展为与周边族群、外部世界的交往方式。首先，中华文明的"中华"之称，实质就是一个价值概念，它超越了族群、地域与国家。可以说，"中华"在最初就是一文明的共同体，它包含了一系列价值、道德和礼乐秩序并以此为标准。符合标准的就是文明的一部分，不符合的就是"夷狄"。正是基于此，此后几千年，南北各族群不断融入并壮大中华

---

① 钱仲联. 清诗纪事. 南京：凤凰出版社，2004：2161.
② 郑玄，孔颖达. 礼记正义. 上海：上海古籍出版社，2008：874.

民族。因此，文明的价值高于族群、地域和国家的文化特殊性和有限利益。

进而，中华文明始终着眼于"天下"。"天下"是一个复合式的观念。它首先是一个地理概念，指天覆地载的最广大区域。它没有界线，等同于今天所说的世界。当然，古人使用"天下"观念所勾勒和指涉的区域，在今天看来是有限的，但从历史上来看，它并不是封闭的，而是保持了敞开的可能，所以"天下"也指中国及其周边族群构成的体系。这同样源于"中华"的文明价值优先性和包容性。由此，"天下"也体现出伦理政治的内涵，它指所有土地上的所有人。《老子》说，"以身观身，以家观家，以乡观乡，以国观国，以天下观天下"①，这意味着"天下"是一个独立的存在领域和利益单位，是比国更大的领域和更高的价值标准。天下所有人的幸福乃是世界的公共利益，各个国家、社会、族群、家庭、个体的利益，都必须与之相协调，不能相违背。

所以，"天下"与"民心"紧密关联在一起。得天下的实质表现就是得民心，得天下与得民心的首要要求，就是天下为公，与天下同利，与百姓同心。《老子》说："圣人无常心，以百姓心为心。善者，吾善之；不善者，吾亦善之；德善。信者，吾信之；不信者，吾亦信之；德信。"②《管子》云："与天下同利者，天下持之。擅天下之利者，天下谋之。"③"圣人若天然，无私覆也；若地然，

---

① 王弼，楼宇烈. 老子道德经注校释. 北京：中华书局，2008：143.
② 同①129.
③ 黎翔凤. 管子校注. 北京：中华书局，2004：1205.

无私载也。"①《吕氏春秋》称："昔先圣王之治天下也，必先公；公则天下平矣，平得于公。"② 儒家更是明确表示："方制海内，非为天子；列土封疆，非为诸侯，皆以为民也。……明天下乃天下之天下，非一人之天下也。"③ 在这种信念下，"无外"是中华文明处身于世界的基本精神。所以，中国人不将他者视作不可交往、必然产生冲突的异类，不会产生界限分明的民族主义。整个世界范围内的所有人、所有族群，都应当享有参与公共事业、享受人类文明成果的权利，也都负有促进天下和平安定的义务。

天下秩序的理想图景就是王道。"王道霸道之论"盛行于战国时期，旨在拨乱反正，通过高扬王道理想，来批判战国时期盛行的力量政治。战国时期各国之间的征战掠夺非常频繁，各国都施行"霸道"以实现强国的目标。对此，先秦诸子都进行了深刻的反思。《管子》说："王主积于民，霸主积于将战士。"④《墨子》也反对战争兼并，称"天之意不欲大国之攻小国也，大家之乱小家也。强之暴寡，诈之谋愚，贵之傲贱，此天之所不欲也"⑤。《荀子》也说："行一不义，杀一无罪，而得天下，仁者不为也。""故用国者，义立而王，信立而霸，权谋立而亡。"⑥ 先秦诸子都认识到，各国在争夺利益与权力的过程中，表面上打着一些普遍价值的旗号，实质上

---

① 黎翔凤. 管子校注. 北京：中华书局，2004：778.
② 吕不韦，许维遹. 吕氏春秋集释. 北京：中华书局，2009：24.
③ 班固. 汉书. 北京：中华书局，1962：3467.
④ 同①315.
⑤ 吴毓江. 墨子校注. 北京：中华书局，2006：303.
⑥ 王先谦. 荀子集解. 北京：中华书局，1988：202.

却从不遵守礼义忠信。它们对内毫无顾忌地欺压人民，攫取民利，对外毫无顾忌地欺诈盟国，争夺霸权。但是，由此获得的权力和地位不会稳固，因为上下交相欺瞒，离心离德，权谋盛行，敌国会轻视它们，盟国会怀疑它们，国家必然分崩灭亡。

真正好的政治是王道，王道依凭德行的示范和影响作用。孟子说："以力假仁者霸，霸必有大国；以德行仁者王，王不待大。汤以七十里，文王以百里。以力服人者，非心服也，力不赡也；以德服人者，中心悦而诚服也。"① 这极为精当地辨析了王道、霸道的德行品质与作用模式的不同，也符合"和同之辩"的道理。霸道靠力量来推行，它必然要求各个国家与霸主保持一致，并不断服务于霸主的利益，这是一种强制的"同"。但是，这种秩序实质上很脆弱，因为霸道是外在强制关系，一旦强制力衰弱或出现新的强者，联盟关系就会崩溃。王道则是让人心悦诚服的关系，它不包括力量的强制，完全因国内的太平景象使人愿意效仿和交往。所以，王道秩序不会要求各国与王者保持一致，或有利益输送关系，而是认同各国应有自身的特征，实现普遍价值的方式可以殊途同归。由此，王道天下才能实现一种和谐的秩序。因此，王道秩序的根本还是在于行德政以安民乐民，无论是一国之内还是整个天下都如此。《孟子》说："桀纣之失天下也，失其民也；失其民者，失其心也。得天下有道：得其民，斯得天下矣；得其民有道：得其心，斯得民矣。"② 民心是最大的政治，公道自在人心。

---

① 朱熹. 四书章句集注：孟子集注. 北京：中华书局，1983：235.
② 同①280.

所以，王道秩序的理想图景就是天下大同。这一信念源远流长，《尚书·尧典》早就提出："克明俊德，以亲九族。九族既睦，平章百姓。百姓昭明，协和万邦。"①"克明俊德"指修身，"以亲九族"指齐家，"平章百姓"指治国，"协和万邦"指平天下。中国人的伦理道德是从修身、齐家到治国、平天下一以贯之的。"协和万邦"是中国文明观的精神源头。《左传》中也说："夫乐以安德，义以处之，礼以行之，信以守之，仁以厉之，而后可以殿邦国，同福禄，来远人，所谓乐也。"②《周礼》也要求："以和邦国，以谐万民，以安宾客，以说远人。"③ 宣德行化以来，"说远人"是中华文明对外的基本立场。在五千多年的历史中，中华文明是先进和优越的文明。中华文明向来保持富而不骄、安而好礼的态度，从来不崇尚傲慢、胁迫和侵犯的态度，因为那不是文明。

先秦儒家极大地深化了天下大同这一文明信念。孔子就指出："有国有家者，不患寡而患不均，不患贫而患不安。盖均无贫，和无寡，安无倾。夫如是，故远人不服，则修文德以来之。既来之，则安之。"④《中庸》也说："送往迎来，嘉善而矜不能，所以柔远人也；继绝世，举废国，治乱持危，朝聘以时，厚往而薄来，所以怀诸侯也。"⑤ 这就是用美好的道德、文化与文明秩序作为示范，以敬让有礼的道德为方式，与不同文明、族群交往。这里所谓的"继绝

---

① 孔安国，孔颖达．尚书正义．上海：上海古籍出版社，2007：36-37．
② 杨伯峻．春秋左传注．北京：中华书局，1990：993-994．
③ 孙诒让．周礼正义．北京：中华书局，2013：1731．
④ 杨伯峻．论语译注．北京：中华书局，2006：195．
⑤ 朱熹．四书章句集注：中庸章句．北京：中华书局，1983：30．

世，举废国"，也常常写作"兴灭国，继绝世"，是中国独有的政治文化传统，体现着中国保护文明多样性的基本态度。

据文献记载，殷周易代后，周人就立夏文明的后裔于杞国，立殷文明的后裔于宋国，不要求他们推行周文明的礼法制度，而是保存他们的先代文明，是谓"通三统"①，示天下非一家所有。这展示出认可不同文明都是人类生存的多样形态，应当共存和共享，相互借鉴交流的博大胸怀。此后从汉代开始，中国历代都注重保护先代文明，予以嘉奖和优待，同时对周边文明和外来文明也都予以礼敬和扶持。中国人认识到，生存的多样性是自然的，《礼记·王制》曰："凡居民材，必因天地寒暖燥湿，广谷大川异制。民生其间者异俗：刚柔轻重迟速异齐，五味异和，器械异制，衣服异宜。"所以，对待其他文化与文明的方式应该是："修其教，不易其俗；齐其政，不易其宜。"②

所以，在上述价值观的引导下，中华文明绝大多数时候都以包容、平等的态度与周边文明进行交往和交流。例如，魏晋以后印度文明与中华文明开始交流，佛教东传以来，中华文化极大地吸收了佛教文化。而且，当时的中国人明确意识到了，中华文明之外存在着其他的文明形态，并且其在某些方面甚至高于中华文明。至唐代，西方的景教、祆教等诸多宗教纷至沓来，同时周边民族如突厥、回纥、靺鞨、吐蕃、六诏等频繁与中华文明有经济、文化的交往。我们看唐代法律，就包括了对其他民族在华地位的判定："各

---

① 陈立. 公羊义疏. 北京：中华书局，2017：169.
② 郑玄，孔颖达. 礼记正义. 上海：上海古籍出版社，2008：537.

有风俗，制法不同。其有同类自相犯者，须问本国之制，依其俗法断之。"① 正是这种四海一家、各美其美的价值理念，使唐代文明成为开放、多元、灿烂的文明。

四、文明和谐思想的近现代创新

时至近代，西方的坚船利炮冲破了中国的大门，迫使中国人面对一个新的世界格局。救亡图存的紧迫使命，使得近代中国的仁人志士主要致力于塑造一个富强的国家，以在弱肉强食的国际丛林中求生存、求独立。这是近代中国思想潮流与历史进程的主要脉络。然而，中国人天下为公、和合大同的世界观并未被彻底放弃，它成为中国人反思世界秩序、文明形态与人类未来的重要资源。伴随着近代救亡图存的历史进程，也有一些仁人志士对传统的文明和谐思想进行了创造性转化。这构建出了具有中国特色的现代世界观和文明理想。

首先是康有为的大同理想。他认为自己继承了传统的大同精神，但这实质上也是针对现代文明困境做出的理论创构。康有为年轻时亲历了法国侵略越南给广东沿海地区带来的巨大动荡，这极大地冲击了他的世界观。反思国家间的兼并战争是他思想的重要方面。他指出，国家意识固然有一定意义，但也促使国家间产生利益分歧和斗争，这将使社会陷入悖论，离理想社会越来越远。并且康有为也看到，世界的进化趋势是由分到合，但此前的推动力量往往

---

① 长孙无忌. 唐律疏议. 北京：中华书局，1983：133.

是兼并战争，人类每每付出巨大的文明代价。他认为，未来的文明统一趋势应该由理性的规划设计所指引。为此，他勾勒了人类从弭兵会盟到国家间结盟再到世界公政府的发展路线。在最终的阶段，人民都成了世界公民，实现共享与共治。这虽然已较传统的天下为公、和合大同的信念走得更远，但不妨被视作从中国传统和谐思想出发的"永久和平论"。它作为对国际丛林状态的反省，仍具前瞻意义。关于世界公政府的设想较联合国的制度更为理想，提出的时间也更早。

梁启超是康有为的学生，他在20世纪初曾主张中国应着重于国家主义，但第一次世界大战后他游历欧洲，目睹了西方文明的衰退与困境，重新认识到传统天下主义的价值。他明确总结了中国传统文明和谐的基本理念："中国人则自有文化以来，始终未尝认为国家为人类最高团体。其政治论常以全人类为其对象，故目的在平天下，而国家不过与家族同为组成'天下'之一阶段。政治之为物，绝不认为专为全人类中某一区域某一部分人之利益而存在。"[①]"儒家之理想的政治，则欲人人将其同类意识扩充到极量，以完成所谓'仁'的世界。此世界名之曰'大同'。"[②] 由此，梁启超鲜明地批判了西方政治思想。他说："儒家之政治思想，与今世欧美最流行之数种思想，乃全异其出发点。彼辈奖厉人情之析类而相嫉，吾侪利导人性之合类而相亲。彼辈所谓国家主义者，以极褊狭的爱国心为神圣，异国则视为异类"[③]。

---

① 梁启超. 先秦政治思想史. 天津：天津古籍出版社，2003：4.
② 同①88.
③ 同①87.

在此后的儒家学者中，最重视传统文明和谐思想的是钱穆。他是著名的历史学家，对中国历史有着通贯的理解。他明确地看到，"中国民族不断在扩展中，因此中国的国家亦随之而扩展。中国人常把民族观念消融在人类观念里，也常把国家观念消融在天下或世界的观念里。他们只把民族和国家当作一个文化机体，并不存有狭义的民族观与狭义的国家观，'民族'与'国家'都只为文化而存在"[1]。而西方人"仅知有国际，不知有天下"，文化也仅限于民族文化，不知有世界文明。所以，即使是其所建立的国际组织，也只能是利益的博弈场，或为霸主所操纵，距离人类理想的未来还有很大距离。

费孝通在20世纪90年代提出的"各美其美，美人之美，美美与共，天下大同"[2]。也是传统文明和谐观的一种回声。费孝通是我国人类学、社会学的奠基人。他长期致力于理解传统中国的社会结构、经济模式、民族关系等，总结出了"差序格局"[3]、"中华民族的多元一体格局"[4] 等理论。在晚年，他提出文化自觉说，提倡基于中华文化"多元一体"的理念与经验，包容地看待人类多样性和文化开放性，建设多元共处共生的全球社会[5]。通过"各美其美"和"美人之美"，从他文化中发现美，在自我欣赏中肯定本民族文化的美；通过"美美与共"，增强本民族文化的自尊，理解

---

[1] 钱穆.中国文化史导论.北京：商务印书馆，1994：23.
[2] 费孝通.缺席的对话：人的研究在中国：个人的经历.读书，1990（10）.
[3] 费孝通.乡土中国.北京：人民出版社，2015：26-35.
[4] 费孝通.中华民族的多元一体格局.北京大学学报（哲学社会科学版），1989（4）.
[5] 费孝通.反思·对话·文化自觉.北京大学学报（哲学社会科学版），1997（3）.

他文化的特点，在平等友好的基础上促进文化的相互交流和借鉴，从而实现天下大同。天下大同境界不是某一种文化的统一，而是多元文化的和谐，在和谐与理解的过程中让所有文化都有较大的发展。

第三节　马克思主义文明和谐思想中国化的时代精神

马克思主义在中国的传播使中国人以科学理性思维重新理解中华文明，深刻意识到中华优秀传统文化返本开新的现实必要性。正是在马克思主义文明和谐思想与中国社会发展实际相结合的过程中，中华优秀传统文化强调友爱团结、交流互鉴的思想有了新的时代内涵，在中国革命和建设过程中走出了中国式现代化的道路，提出了引领人类文明进步方向的中国主张，彰显了马克思主义文明和谐思想中国化的时代精神。[①]

在处理与其他民族、国家和地区的关系方面，中国一贯坚持和贯彻和平共处的原则。1949年6月，毛泽东在新政治协商会议筹备会上的讲话中向全世界声明："我们所反对的只是帝国主义制度及其反对中国人民的阴谋计划。任何外国政府，只要它愿意断绝对于中国反动派的关系，不再勾结或援助中国反动派，并向人民的中国

---

① 臧峰宇，史海默．人类命运共同体理念的思想资源与时代内涵．江苏社会科学，2020(3)．

采取真正的而不是虚伪的友好态度，我们就愿意同它在平等、互利和互相尊重领土主权的原则的基础之上，谈判建立外交关系的问题。"①古老的中华文明在浴火重生之后展现了高度的文明自信，不以优劣高低的观点看待其他文明的历史与发展，而是一视同仁地与其相处。和平共处的原则既体现了中华文明"天下为公"的文明风度，又反映了马克思主义文明和谐思想对人类文明的普遍关怀。

第二次世界大战结束后，人类文明迎来了宝贵的和平时期，但以强凌弱、以大欺小、以富压贫的旧国际秩序仍没有得到根本性的改变。针对不平等的国际关系，1954年4月，中国在《关于中国西藏地方和印度之间的通商和交通协定》中正式提出和平共处五项原则，主张"互相尊重主权和领土完整、互不侵犯、互不干涉内政、平等互利、和平共处"②。通过中国在各类国际会议上的大力倡导，和平共处五项原则不断深化发展，成为被广泛接受的国际交往准则。1955年4月，周恩来在29国参加的亚非会议上提出，国家之间和平共处应"求同而存异"③。在与会各国的共同努力之下，会议在和平共处五项原则的基础上将之扩展为十项原则，受到与会各国的一致认同。站在人类文明普遍发展的正道上，社会主义化的中华文明不仅看到了不同文明发展道路具有多样性的客观现实，也看到了各个民族和国家结合自身的社会历史独立探索文明现代化道路之于人类文明的积极意义。

---

① 毛泽东．毛泽东选集：第4卷．北京：人民出版社，1991：1466．
② 周恩来．周恩来选集：下卷．北京：人民出版社，1984：497．
③ 同②154．

20世纪60年代，大批亚非拉国家走上争取民族独立的道路，和平共处五项原则成为亚非拉国家摆脱殖民体系、正确处理对外关系的参照，在塑造平等的国际关系过程中发挥了至关重要的作用。70年代开始，随着中美、中日建交，以及后来中苏关系正常化，冷战格局开始松动，和平共处五项原则迎来实践发展的新契机，并在联合国《关于各国依联合国宪章建立友好关系及合作之国际法原则之宣言》《建立新的国际经济秩序宣言》等重要决议和宣言中得到承认。和平共处五项原则的国际化历程充分表明，各个民族和国家，不论意识形态和社会制度存在多大差异，如果能够遵循和平共处五项原则，就完全可以建立起相互信任、平等友好的关系；如果违反和平共处五项原则，那么即使意识形态和社会制度相同，彼此之间也可能引起不必要的矛盾，甚至发生冲突。霸权主义是世界和平的主要威胁，只有坚决反对霸权主义和强权政治，才能维护和平共处五项原则。只有世界各国在相互关系中都自觉遵循和平共处五项原则，国际局势才能得到缓和，世界和平才能得到维护，人类文明才能有大步前进的空间。

和平共处五项原则是马克思主义文明和谐思想中国化的首个重要成果。在马克思主义的科学指引下，中华文明中"协和万邦"的民族精神在人类文明由冲突走向和谐的历史关口获得了具有普遍性的时代形式。作为马克思主义文明和谐思想中国化的实践形式，和平共处五项原则为国际关系实践发展提供了重要的方向指引，在国际上得到越来越多的承认与支持，不仅是中国外交政策完整性和务实性的体现，也是中国独立自主的和平外交政策的基础，标志着中国外交政策逐渐走向成熟，并为推动构建公正合理的新型国际关系做出了历史性贡献。马克思主义文明和谐思想在中国的具体运用为中国的世界历史实践提供了正面的经验，为其进一步中国化打下了良好的基础。

和平与发展理论是中国面对不断变化的国际局势而提出的又一重要理论创见，是马克思主义文明和谐思想中国化的进一步发展。20 世纪 80 年代中期以来，人类文明进入以高科技为核心生产力引领世界发展的时代，冷战格局解体，全球化飞速发展，各个民族、国家、地区的利益深度地捆绑在一起。通过马克思主义文明和谐思想，党中央敏锐地洞察了国际局势的深层变化，做出了和平与发展是时代主题的判断，并以此为基础形成了服从于国内以经济建设为中心的大局、加快经济发展，同时维护世界和平、反对霸权主义的中国外交政策。中国倡导更加公正合理的国际政治经济新秩序，倡导建设和谐世界，等等，为促进世界公平、正义、繁荣和稳定提供了中国智慧与中国方案。

1985 年 3 月 4 日，邓小平在会见日本商工会议所访华团时发表谈话，系统论述了和平与发展理论。作为当今世界的两个主要问题，和平是东西问题，发展是南北问题，它们反映了各国人民的共同愿望，但是至今一个问题也没有得到解决。虽然制止战争的力量有了可喜的发展，但战争危险依然存在。只有坚持独立自主的和平外交政策，反对霸权主义和强权政治，推动世界向多极化发展，努力建立国际政治经济新秩序，才能维持世界的长期和平。发展问题则更加严峻，解决发展问题是人类文明可持续进步的关键，加强南北对话和南南合作是促进人类文明发展的可靠途径。中国向来秉持一切国家应当和平共处的理念，是制止战争的和平力量，同时也是促进世界发展的中坚力量，中国的发展将有力地捍卫世界的和平和促进人类文明的发展。

20世纪90年代以来，国际形势由两极格局转变为一超多强格局，区域化和全球化叠加发展，各个文明独立自主地探索自身的现代化道路，人类文明的现代化转型呈现出多元路径。在这样的背景下，"文明冲突论"在国际社会流行开来。对此，江泽民提出了新安全观，主张"文明的差异不是世界冲突的根源，而应是世界交流的起点"[1]，文明的交往应当以互信、互利、平等、协作为核心。互信要求不同文明超越意识形态和社会制度的限制，摒弃冷战思维和强权政治心态，互不猜疑，互不敌视。互利要求不同文明顺应全球化时代社会发展的客观要求，相互尊重对方的安全利益，在实现自身安全利益的同时，为对方的安全创造条件，实现共同安全。平等要求不同文明无论大小强弱，作为国际社会的一员，都应相互尊重，平等相待，不干涉别国内政，推动国际关系民主化。协作要求不同文明以和平谈判的方式解决争端，并就共同关心的安全问题进行广泛深入的合作，消除隐患，防止冲突和战争的发生。新安全观的实质是超越单方面安全范畴，以互利合作寻求共同安全。

江泽民多次引用"亲仁善邻，国之宝也"，以表达中国同世界各国睦邻友好的强烈愿望。根据这一中国传统和谐思想，党的十六

---

[1] 江泽民. 江泽民文选：第3卷. 北京：人民出版社，2006：520.

大报告提出了"与邻为善、以邻为伴"的思想。崇尚和平、求同求和的传统成为中华文明对外交往的文化底蕴。江泽民指出:"中华民族自古就有以诚为本、以和为贵、以信为先的优良传统……中国对外政策的宗旨是维护世界和平、促进共同发展。两千多年前,中国先秦思想家孔子就提出了'君子和而不同'的思想。和谐而又不千篇一律,不同而又不相互冲突。和谐以共生共长,不同以相辅相成……我们主张,世界各种文明、社会制度和发展模式应相互交流和相互借鉴,在竞争比较中取长补短,在求同存异中共同发展。"[1]这充分展现了中华文明爱和平、负责任的国际形象,对中国外交新格局的开辟产生了深远影响。

中国共产党的政策主张具有高度的一贯性和继承性。面对人类文明多样性的客观事实,胡锦涛主张"我们要维护人类文明多样性,本着平等民主的精神,推动各种文明和平共处、取长补短、共同发展,让世界更加丰富多彩"[2],并提出了"和平发展道路"的外交理念。这条道路既争取和平的国际环境发展自己,又以自身的发展促进世界和平;依靠自身力量和改革创新实现发展,同时坚持实行对外开放;顺应经济全球化发展趋势,努力实现与各国的互利共赢。中国对内坚持和谐发展,对外坚持和平发展,两者是统一的整体。和平发展道路是将内政与外交、国内大局与国际大局完全统一的中国大战略,其核心理念就是把中国人民的根本利益与世界人民的共同利益紧密结合起来。

---

[1] 江泽民. 江泽民文选:第3卷. 北京:人民出版社,2006:522-523.
[2] 胡锦涛. 胡锦涛文选:第2卷. 北京:人民出版社,2016:340.

和平发展道路这一外交理念的文明内核是中华民族构建"和谐世界"的美好愿景。和谐世界思想是对和平共处五项原则、和平与发展的时代主题、新安全观等主张全方位的继承和发展。在和谐世界的图景之下，中国将同各国一道，推动建设持久和平、共同繁荣的和谐世界：政治上相互尊重、平等协商，共同推进国际关系民主化；经济上相互合作、优势互补，共同推动经济全球化朝着均衡、普惠、共赢方向发展；文化上相互借鉴、求同存异，尊重世界多样性，共同促进人类文明繁荣进步；安全上相互信任、加强合作，坚持用和平方式而不是战争手段解决国际争端，共同维护世界和平稳定；环保上相互帮助、协力推进，共同呵护人类赖以生存的地球家园。和谐世界理念充分体现了中国推动国际秩序向更加公正合理的方向发展的主张，对促进人类进步事业产生了重大而深远的影响。

和谐世界思想是中国共产党对人类文明发展前景这一战略性、根本性问题做出的系统阐述。通过描绘和谐世界的美好前景，中华文明提出了和谐秩序观，反对霸权主义和强权政治，推动国际关系民主化，主张各国相互尊重、平等协商，坚持多边主义，恪守国际法和公认的国际关系准则，推动建立公正合理的国际政治经济新秩序；倡导了和谐发展观，致力于缩小南北差距、实现人类文明的科学发展和共同发展，主张各国加强合作、优势互补，共同推动经济全球化朝着均衡、普惠、共赢的方向发展，共同呵护人类赖以生存的地球家园，使21世纪真正成为"人人享有发展的世纪"；倡导了和谐文化观，要求各个文明尊重世界文明多样性、加强不同文明对话交流，主张不同文明相互借鉴而不是刻意排斥，在竞争比较中取长补短，在求同存异中共同发展，共同促进人类文明发展进步；倡导了和谐安全观，以互信、互利、平等、协作为基础，主张各国摒弃冷战思维，坚持通过对话和协商，以和平方式解决国际争端，维护联合国及其安理会的权威，实现共同安全；倡导了和谐管理观，通过合理、必要的改革，维护联合国权威，提高联合国效率，增强联合国应对新威胁新挑战的能力。联合国改革应该重点推动联合国加大在发展领域的投入。安理会改革要优先增加发展中国家特别是非洲国家的代表性，让更多国家特别是中小国家有更多机会参与安理会决策。

和谐世界思想既是中国外交的战略指导思想，为中国实现和平发展指明了前进方向，也为世界未来发展开辟了光明前景。在和谐世界思想指引下，中国积极引导二十国集团机制建设和世界银行、国际货币基金组织改革；积极参与应对国际金融危机的国际合作，成为各国共同发展的推动者；成功举办北京奥运会和上海世博会，成为不同文明对话交流的促进者；努力推动朝鲜半岛核问题等热点问题的解决，积极参与国际反恐、反海盗合作，是地区和世界和平的维护者；在应对气候变化、实现联合国千年发展目标等问题上自觉承担相应义务，是处理各类全球性问题的重要贡献者。和谐世界思想标志着中国的和平发展成为人类进步事业的重要组成部分，增强了中国和平发展道路的生命力和影响力，使中国的和平发展道路越走越宽广。

党的十八大以来，在继承中国共产党历代领导集体的文明和谐思想的基础上，习近平主席相继提出了"一带一路"倡议、全球发展倡议、全球安全倡议、全球文明倡议，针对世界文明交流互鉴做出了一系列重要论述。这些重要论述系统地阐述了平等、互鉴、对话、包容的文明观，高扬全人类的共同价值，以文明交流超越文明隔阂，以文明互鉴超越文明冲突，以文明共存超越文明优越，科学地回答了"不同文明之间如何相处""世界文明走向何方"的世界之问，将马克思主义文明和谐思想中国化提到了新的高度，为构建人类命运共同体提供了中国方案。

文明多样性是世界文明的基本特征，是人类文明进步的源泉，为多元文明交流互鉴提供了必要性与可能性。习近平主席强调："各国历史文化和社会制度差异自古就存在，是人类文明的内在属性。没有多样性，就没有人类文明。多样性是客观现实，将长期存在。"[①] 不同民族在自然地理、历史文化、社会民情方面存在显著的差异，这形成了生产生活实践方式的多元性，从而孕育出了既相互区别又相互补充的多元文明。光辉灿烂的多元文明是各个民族的集体记忆与实践成果，都应得到尊重和珍惜。任何文明如果不走出自身价值观念的狭隘视野，故步自封，就将失去其他文明的承认，面临闭门造车、停滞不前的窘境。只有认识到世界上每种文明都有可取之处，通过文明交流互鉴，各个文明内蕴的智慧结晶和民族精神才能在世界范围内广为流传，各个文明方能在促进人类文明的共同发展、共同繁荣的同时与时俱进，完成自身的现代化转型。

尊重人类文明的多样性意味着承认不同文明主体的平等地位，

---

① 习近平. 让多边主义的火炬照亮人类前行之路：在世界经济论坛"达沃斯议程"对话会上的特别致辞. 北京：人民出版社，2021：3.

这是多元文明交流互鉴的前提。习近平主席多次强调："各种人类文明在价值上是平等的，都各有千秋，也各有不足。"① 文明的辉煌源于人民的共同奋斗，在文明的演化历程中，各个民族都形成了既带有自身特色又具有人类普遍性的精神追求，从而赋予了一种文明对其他文明具有吸引力与感染力的内在价值。但"文明只有姹紫嫣红之别，但绝无高低优劣之分"②，不同文明的内在价值并没有高低之分。傲慢和偏见以独尊一种文明或贬损另一种文明为前提，是阻碍文明交流互鉴的无形屏障。只有反对强权主义思维和霸权主义逻辑，才能开辟文明交流互鉴的坦途。中华文明五千多年的正反两方面的历史经验表明，一种文明要想在人类的历史上绵延不绝，必须秉持谦虚、包容与开放的态度，与其他文明平等交流，善于从其他文明那里汲取营养和智慧。各个民族文明应该在相互尊重、求同存异的基础上共同促进彼此的交流互鉴，为人类文明发展进步注入新的动力。

文明平等并不仅仅是内在价值的平等，不仅仅意味着各个文明具有平等对话的权利，更重要的是意味着各个文明具有平等地享有选择自己的发展道路的权利。人类文明的一般进程要求各个民族文明在文明时代实现自身的现代化转型，这是人类文明发展的普遍性要求。同时，人类文明的多样性也要求现代化的普遍性与各个民族文明发展的具体实际相结合。习近平主席指出："一个国家的发展道路合不合适，只有这个国家的人民才最有发言权。"③ 同样，一种

---

① 习近平.在联合国教科文组织总部的演讲.人民日报，2014-03-28（3）.
② 习近平.习近平谈治国理政：第3卷.北京：外文出版社，2020：468.
③ 习近平.顺应时代前进潮流 促进世界和平发展：在莫斯科国际关系学院的演讲.人民日报，2013-03-24（2）.

发展道路是否适应这个文明的具体实际，从文明发展的活力上最能体现出来。各个民族应当把发展的重心放在发展自身文明之上，而非对其他文明强加干预，因为这种干预行为不仅违背了文明交往的内在规律，还会损耗自身文明发展的能量。各个民族应当独立自主地探索文明发展的道路，将文明进步的命运掌握在自己手中，同时尊重和支持其他文明对发展道路的自主选择，共同绘就百花齐放的人类社会现代化新图景。

习近平总书记关于马克思主义文明和谐思想的重要论述具有深厚的中华优秀传统文化的底蕴，其文明平等和交流互鉴的观点与中华优秀传统文化中的和合观高度契合。在中华民族源远流长的发展历程中，和合共生一直被烙印在中华民族的文化基因之中，深刻地塑造了中华文明与其他文明相处所秉持的思维方式、思想观念和行为习惯。道家主张"天地与我并生，而万物与我为一"，儒家主张"君子和而不同，小人同而不和"，都彰显了和合共生的处世智慧。习近平主席强调："我们应该把本国利益同各国共同利益结合起来，努力扩大各方共同利益的汇合点，不能这边搭台、那边拆台，要相互补台、好戏连台。要积极树立双赢、多赢、共赢的新理念，摒弃你输我赢、赢者通吃的旧思维，'各美其美，美人之美，美美与共，天下大同'。"[①] 这种"美人之美，美美与共"的观点正是传统和合文化观与马克思主义文明观相结合的经典概括，反映了平等、互鉴、对话、包容的文明观。

---

① 习近平.弘扬和平共处五项原则 建设合作共赢美好世界：在和平共处五项原则发表60周年纪念大会上的讲话.北京：人民出版社，2014：9.

当今世界，各个文明相互联系、相互依存的程度空前加深，形成了你中有我、我中有你的命运共同体。习近平总书记在党的十九大报告中呼吁："各国人民同心协力，构建人类命运共同体，建设持久和平、普遍安全、共同繁荣、开放包容、清洁美丽的世界。"[1]在全球化深化发展的当下，各个文明的生产生活实践随着世界性的普遍交往而紧密地联系在一起，各个民族的生产、交换、消费活动高度依赖世界市场。全球产业和贸易体系将各个民族捆绑在一起，可谓牵一发而动全身。任何贸易保护主义政策都违背了世界历史浩浩荡荡的大势，各个文明实际上形成了互利共赢、共同繁荣的经济共同体。面对各个民族文明发展休戚与共的局面，如何开展多元文明的普遍交往是时代为各个文明提出的课题。作为回答时代之问的中国方案，人类命运共同体倡导构建全球新型文明观，各个文明应当勠力同心，坚持对话协商、共建共享、合作共赢、交流互鉴、绿色低碳，共同构建和而不同、开放包容的文明共同体。

但与此同时，人类文明面临着百年未有之大变局，处在世界历史的十字路口。国际社会中的冲突与矛盾在不断地酝酿和激化。单边主义和保护主义在国际交往中层出不穷，文明冲突论、西方中心论、例外论、优先论甚嚣尘上，人类文明的前景蒙上了巨大的阴影。这表明虽然人类已经形成了相互依赖的经济共同体，但是全球化为各个文明带来的冲击与挑战尚未得到根本性的解决，贫富分化在发达国家与发展中国家之间日益加深，文明之间的对话协商与交

---

[1] 习近平.习近平谈治国理政：第3卷.北京：外文出版社，2020：46.

流互鉴受到阻碍，反映人类共同命运的文明共同体还未建成。面对人类文明的危机，中国为全体人类提出了"全球文明倡议"，为凝聚各个文明的共识而贡献中华民族的智慧。全球文明倡议以人类文明多样性为前提，弘扬和平、发展、公平、正义、民主、自由的全人类共同价值，以文明交流超越文明隔阂，以文明互鉴超越文明冲突，以文明共存超越文明优越，重视文明传承和创新，支持不同民族的优秀传统文化在现代化进程中实现创造性转化、创新性发展。[①]全球文明倡议坚定地站在历史正确的一边、站在人类文明进步的一边，占据着人类道义制高点，是对近代以来人类文明发展历史经验和历史规律的深刻总结，是人类文明发展史上具有里程碑意义的原创性理念。

  落实全球文明倡议要不断推进文明交流对话平台的建设，维护各个国家在国际事务中的发言权，加强国际人文交流合作，丰富交流内容，拓展合作渠道，开展多层次、宽领域、新形式的文化交流活动，发挥联合国相关机构在促进文明交流互鉴中的统筹作用。要不断推动"一带一路"倡议在相关国家落地，与周边国家共创共享发展机遇，以经济融通促进政治互信、民心相通、文明互鉴。更重要的是，要坚持规则由国际社会共同制定，维护以联合国为核心的国际体系、以国际法为基础的国际秩序、以联合国宪章宗旨和原则为基础的国际关系基本准则，坚持真正的多边主义。同时，各个文明要不断完善全球治理体系，携手推进全球治理体系改革和建设，

[①] 习近平. 携手同行现代化之路：在中国共产党与世界政党高层对话会上的主旨讲话. 北京：人民出版社，2023.

践行共商共建共享的全球治理观，推动国际秩序朝着更加公正合理的方向发展，在不断促进权利公平、机会公平、规则公平的努力中推进人类社会现代化。全球文明倡议不仅是马克思主义文明和谐思想在当代最新、最系统的理论认知，也是各个文明践行文明交流互鉴的行动指南，为重塑全球文明秩序指明了方向和路径。

第二章 "两个结合"与交融会通的文明和谐主张

习近平总书记在庆祝中国共产党成立 100 周年大会上的重要讲话中指出:"坚持把马克思主义基本原理同中国具体实际相结合、同中华优秀传统文化相结合,用马克思主义观察时代、把握时代、引领时代,继续发展当代中国马克思主义、21 世纪马克思主义!"[①]百余年来,马克思主义哲学在中国人的精神世界中生根发芽、开花结果。在与中国具体实际相结合的过程中,其每一表现都带有中国的特性,都体现为同中华优秀传统文化相结合。纵观马克思主义哲学中国化的百年历程可见,马克思主义哲学同中华优秀传统文化相结合及其实践应用已成为一个历史事实,在中国现代化的实践创造中得到了深刻表达,这使得马克思主义哲学获得了为中国人所喜闻

---

① 习近平. 在庆祝中国共产党成立 100 周年大会上的讲话. 人民日报,2021 - 07 - 02(2).

乐见的中华民族的文化形式，为中国哲学社会科学学术体系、学科体系、话语体系建设提供了思想基础，形成了科学有效的思想方法和工作方法。

第一节 "两个结合"与中华民族的旧邦新命

《诗经》有云："周虽旧邦，其命维新。"冯友兰先生将其重述为"旧邦新命"，认为"就现在来说，中国就是旧邦而有新命，新命就是现代化"[①]。中国式现代化是中华民族旧邦新命的实践形态，"新命"体现了具有历史连续性的中华文明的现代重塑，是通过马克思主义基本原理同中国具体实际相结合、同中华优秀传统文化相结合实现的。习近平总书记在文化传承发展座谈会上指出："'第二个结合'是又一次的思想解放，让我们能够在更广阔的文化空间中，充分运用中华优秀传统文化的宝贵资源，探索面向未来的理论和制度创新。"[②] 以思想和文化主动阐扬同马克思主义基本原理相结合的中华优秀传统文化的永恒魅力和时代风采，探究其何以为中国式现代化提供了丰富的文化滋养，首先要回溯现代化进程中的"古今中西之争"，深思在中国式现代化进程中实现文化综合创新的必要性和可能性。

近代中西文化比较在很大程度上体现为一种古今比较，彼时体

---

① 冯友兰. 三松堂自序. 北京：生活·读书·新知三联书店，2021：334.
② 习近平. 在文化传承发展座谈会上的讲话. 求是，2023（17）.

现农耕文明特征的中国传统文化在面对启蒙运动以来的西方现代文化时陷入了东方从属于西方的境遇。面对三千年未有之大变局，近代中国思想解放伴随着"古今中西之争"，伴随着对文化保守主义和文化激进主义的反思，中西之争实乃坚持文化本位主义与主张文化全盘西化之争，在很大程度上体现为古今之争，其间必然表现为传统与现代的冲突。在深切批判专制迷信、反对旧道德与旧文学的浪潮中，倡导科学与民主的新文化运动对"古今中西之争"做出了回答，"赛先生"和"德先生"的意义超出了科学知识或治理原则的范畴，具有使民众摆脱蒙昧的文化价值。其间亦有折中的"中体西用"之谓。学界逐渐在走出中西差异或古今对立的思维模式的过程中论证中国文化应当展现的现代图景，在现实情境中对中华优秀传统文化如何实现现代转化加以内在反思。

对任何有生命力的文明而言，古今之争都是一种普遍问题。文化传统是一种不断生成的实体，是与一个时代的生产方式相适应的观念体系，是面向未来流动的活水。文化传统的生成总是反映经济社会发展进程，体现为在现代化途中受现实影响的文化传承发展过程，体现为一个民族和国家在不同历史阶段延展的文化精神，深层体现为塑造具有世界意义的哲学形态。文化传统具有很强的稳定性，彰显了民族文化的标识，既表现在观念层面，也对日常生活具有现实影响力。

哲学是时代精神的精华与文明的活的灵魂，"古今中西之争"反映在中国近代哲学论争中，并促进了近代以来中国哲学的发展。在冯契先生看来，"中国近代的'古今、中西'之争是'中国向何处去'这一时代中心问题在政治思想领域的反映,它制约着哲学的演变。随着社会实践的发展,通过'古今、中西'的相互作用,中国近代哲学论争主要在四个方面展开,即历史观(以及一般发展观)问题,认识论上的知行问题,逻辑和方法论问题,关于人的自由和如何培养理想人格问题"①。近代以来中国哲学在上述方面的发展是中华优秀传统文化创造性转化、创新性发展的深层次反映。

毛泽东在《新民主主义论》这篇发表在《中国文化》创刊号上的"对一百年来困扰着中国人的'中国向何处去'的问题做了一个历史的总结"的文本中阐明:"我们不但要把一个政治上受压迫、经济上受剥削的中国,变为一个政治上自由和经济上繁荣的中国,而且要把一个被旧文化统治因而愚昧落后的中国,变为一个被新文化统治因而文明先进的中国。"② 这种以新文化取代旧文化,并使之促进中国经济和政治发展的实践探索,不仅使马克思主义在中国具体化,也使中国革命马克思主义化,使现代中国人以历史自信和文化自信走上中华民族伟大复兴之路,使中国马克思主义哲学在中国革命、建设、改革和新时代伟大变革中获得既一脉相承又与时俱进的发展。

百余年来,同马克思主义基本原理相结合的中华优秀传统文化不断实现创造性转化、创新性发展,成为建构中国自主知识体系的基础。正如习近平总书记所指出的:"经过长期努力,我们比以往

---

① 冯契.古今、中西之争与中国近代哲学革命.上海社会科学院学术季刊,1985(1).
② 毛泽东.毛泽东选集:第2卷.北京:人民出版社,1991:663.

任何一个时代都更有条件破解'古今中西之争',也比以往任何一个时代都更迫切需要一批熔铸古今、汇通中西的文化成果。"① 今天,中西文化比较在学术层面上更多地体现为合作式对话、互镜式学习、共生式融通,我们在文明交流互鉴中更好地理解了民族文化自我,在对话与会通中拓展了文化传承发展的空间。这一空间的实践场域是传承发展了中华优秀传统文化的中国式现代化,确证了"第二个结合"的现实必要性。

只要在中国式现代化的实践创造中理解中华优秀传统文化实现现代转化的内在逻辑,就会激活文化传统的生命力,并为之赋予时代内涵,将"古今中西之争"转换为文化古今相通与文明交流互鉴,以交融会通的方式促进文化"涵化"。在费孝通先生看来,"中华文明的结构和机制,在漫长的岁月中,经过一代代先人在实践中不断地探索、积累、完善,已经形成了一套相当成熟的协调模式","充分体现了古人高度的政治智慧和中华民族深厚的文化底蕴"②。中华优秀传统文化是我们创造新文化的来源之一,是建设中国式现代化的文化形态的起点,我们要以文化自信彰显百余年来在苦难和辉煌中汇聚的民族自立自强的精神力量,建设社会主义文化强国。

马克思主义基本原理同中华优秀传统文化相结合,既使马克思主义获得了中国文化性格,亦使中华优秀传统文化实现了现代转化。"结合"的前提是,这两种来源不同的观念体系存在高度的契

---

① 习近平. 在文化传承发展座谈会上的讲话. 求是,2023(17).
② 费孝通. 孔林片思:论文化自觉. 北京:生活·读书·新知三联书店,2020:211.

合性。这种契合反映了文明交流互鉴基础上的一种会通，我们从莱布尼茨、白晋、伏尔泰等欧洲思想家对儒家思想的认同中可见一斑。正是彼此相互契合的两种来源不同的观念体系在中国式现代化的实践探索中产生了"化学反应"，在有机结合中产生了一种新文化，拓展了中国特色社会主义道路的文化根基。

首先，中华优秀传统文化崇尚践履和躬行，与马克思主义实践的思维方式颇为契合。在章太炎看来，"国民常性，所察在政事日用，所务在工商耕稼。志尽于有生，语绝于无验"[①]。马克思指出："**真理的彼岸世界**消逝以后，**历史的任务**就是确立**此岸世界的真理**。"[②] 哲学研究的目的不仅仅在于解析现实生活，更在于解决时代问题，思想的直接现实性在马克思主义哲学中国化的进程中得到了高度强调。可以说，重视知行合一与实践的思维方式是马克思主义与中华优秀传统文化的重要交汇点。

其次，马克思主义哲学强调人的社会性规定，与中华优秀传统文化强调人的现实超越性内在契合。中国古代思想家在探究人性善恶之初始规定的同时，重视后天习得中的"日生则日成"，正是实践中的求索使"性相近"的个体"习相远"，弘毅者以良知良能成己成物。马克思强调作为总体的人占有自己全面的本质，强调人的本质的现实性是在实践中塑造的。在现实的关系域中理解人与其所处的社会环境，思考人的发展与环境的改变的一致性，是马克思主义与中华优秀传统文化关于人性及其实践生成的共有观念。

---

① 章太炎. 章太炎全集：第4卷. 上海：上海人民出版社，1985：195.
② 马克思，恩格斯. 马克思恩格斯选集：第1卷.3版. 北京：人民出版社，2012：2.

再次，中华优秀传统文化中的辩证法与马克思主义辩证法有内在契合之处，强调万事万物的变化与矛盾双方的相反相成。儒家主张"生生之谓易""一阴一阳之谓道"，揭示了变与不变的辩证法。马克思强调辩证法揭示的乃是内在的自我否定性，是一种生命原则和存在方式，其作为思维方法的特质是批判的、革命的。以唯物辩证法重释道立于两、和合共生、物极必反的时代内涵，反映了中国马克思主义哲学的辩证特质与实践内涵，呈现了马克思主义辩证法的中国语境。

最后，儒家孜孜以求的"大同"社会与马克思展望的未来理想社会内在契合，可谓大道相通。在马克思看来，未来理想社会是一种"真正的共同体"，其中每个人的自由发展是一切人自由发展的条件。大道之行、天下为公的社会素为中国古代先贤所向往，被描述为讲信修睦的"太平世"。可以说，"儒家的'大同'理想，构成社会主义思潮在中国传播的深厚而适宜的文化土壤。作为马克思学说的共产主义，其社会理想同中国古代儒家的理想社会之间具有某种兼容的性质"[①]。中国先进知识分子在接受马克思主义时有一种文化的"前见"，实则在追求理想社会层面的文化认同，深刻展现了马克思主义中国化的价值目的。

马克思主义基本原理同中华优秀传统文化的契合是其结合的前提，在结合中形成的新文化是有机统一的生命体，这个有机统一的生命体是在实践中生成的。作为一个为实践所确证的历史事实，

---

① 何中华. 马克思与孔夫子：一个历史的相遇. 北京：中国人民大学出版社，2021：271.

"第二个结合"在改变中华民族历史命运的过程中巩固了文化主体性。正是因为重视中国历史和文化遗产，重视中华优秀传统文化对中国社会结构、社会心理和中国人价值观念的深刻影响，同中国具体实际相结合的马克思主义在思想和情感上为中国人所接受，具有中国风格和中国气派，同时也使中华优秀传统文化实现了现代转化。我们应当在坚持问题导向的实践中认识到这一历史事实。百余年来，我们党在以历史唯物主义态度承继这份珍贵遗产的过程中，实现了马克思主义基本原理同中华优秀传统文化在解决问题的实践探索中的深度结合，使中国特色社会主义道路有了更宏阔深远的历史纵深，并有力地作用于中国特色社会主义理论和中国特色社会主义制度，既使中华文明获得了现代力量，亦使中国式现代化具有了中华文明的深厚底蕴。

在中国式现代化进程中，我们的道路选择、理论创新和制度建构体现了文化引领。马克思主义哲学是一种面向实践敞开的富于实际的思，中华优秀传统文化强调修己安人、内圣外王、修齐治平之道，二者皆为今日中国新文化之母体。中国特色社会主义文化来自源远流长的中华优秀传统文化，是从我们党领导人民在革命、建设、改革中创造的革命文化和社会主义先进文化中熔铸而成的，体现了马克思主义基本原理同中华优秀传统文化相结合的理论特质。正如习近平总书记所指出的："'第二个结合'，是我们党对马克思主义中国化时代化历史经验的深刻总结，是对中华文明发展规律的深刻把握，表明我们党对中国道路、理论、制度的认识达到了新高度，表明我们党的历史自信、文化自信达到了新高度，表明我们党在传承中华优秀传统文化中推进文化创新的自觉性达到了新高度。"① 我们党以马克思主义为指导，在传承发展中华优秀传统文化的过程中选择发展道路，推动实践基础上的理论创新，用经过创造性转化和创新性发展的中华传统美德涵养现代人的情操，实现国家治理体系和治理能力现代化，建构中国特色社会主义制度文明，筑牢中国式现代化的文化根基。

今日之中国是具有五千年文明史的古老中国的当代存在，中国特色社会主义文明是在马克思主义中国化进程中形成的五千年未有之制度文明。新时代新征程，传承中华文化"阐旧邦以辅新命"的传统，回应世界对中国文化发展的期待，努力建设中国式现代化的文化形态，不仅要秉持时代精神，补充、拓展和完善中华优秀传统文化的内涵，增强其影响力和感召力，而且要不断推进马克思主义中国化时代化，在实践中更新中华优秀传统文化既有的表现形式并激活其生命力。

为经济和政治所决定的文化之所以具有悠远绵长的力量，乃是因为其对经济和政治的反作用既具有直接现实性，又在一定程度上超越了时空限制，从而发挥了持久的作用。中华优秀传统文化的创造性转化、创新性发展取决于时代条件和实践需要。传承发展中华优秀传统文化，不是固守传统，而是深刻理解现代中国文化的发展过程、特质和发展趋势，实际作用于中国式现代化的实践创造，努力建设中国式现代化的文化形态。为此，要以历史连续性理解古代

---

① 习近平. 在文化传承发展座谈会上的讲话. 求是，2023（17）.

中国、现代中国和未来中国,认识到中华文明的突出特性是由中华优秀传统文化的很多重要元素共同塑造的。中国式现代化的文化形态是五千年中华文明史的当代延续,从中华大地上长出来的中国式现代化赓续了古老文明,基于中国国情和传统文化进行实践探索,体现了中华文明的返本开新。

只有走向历史的深处,才能看到更远的未来。历史上任何经济社会发展水平落后的民族都不可能仅仅凭借其优秀传统文化维系民族独立和文明进步,古希腊罗马时期北非、西亚遭到入侵而分裂是如此,拥有五千年文明史的中国在鸦片战争以后一度沦为半殖民地半封建社会也是如此。同马克思主义基本原理相结合的中华优秀传统文化只有在实践中转化为中国特色社会主义文明,才能产生现实的物质力量。正是一经诞生就把为中国人民谋幸福、为中华民族谋复兴确立为初心和使命的中国共产党,团结带领人民在百余年的实践探索中深刻改变了中华民族的前途和命运,实现了物质文明、政治文明、精神文明、生态文明和社会文明的持续发展,使中华优秀传统文化浴火重生,使中华文明绽放时代光彩。

努力建设中国式现代化的文化形态,要以新的思想解放进一步巩固中华文化主体性,不断夯实马克思主义中国化的历史根基和文化根基。中华文明源远流长、欣欣向荣,塑造了中国人独特的精神世界和日用而不觉的价值观,形成了与世界各民族文明交流互鉴的中华民族共同体。以历史思维方式探究百余年来中华民族在经济社会发展进程中形成的社会心理、文化取向和主流价值追求,要深刻理解中华文明兼容并包、再生再造的精神特质,充分汲取中华优秀传统文化中正心诚意、修齐治平等立德化民和治国理政之道，把握其深远历史意义及对促进中国式现代化的启示。

作为中华文化和中国精神的时代精华，习近平新时代中国特色社会主义思想是马克思主义基本原理同中国具体实际和中华优秀传统文化相结合所巩固的文化主体性的最有力体现。党的十八大以来，习近平总书记强调文化自信"是更基础、更广泛、更深厚的自信，是更基本、更深沉、更持久的力量"[1]。作为改革开放以来我们取得一切成绩和进步的根本原因之一，中国特色社会主义文化与中国特色社会主义道路、中国特色社会主义理论体系和中国特色社会主义制度共同构成了中国特色社会主义的基本结构，具有重要的理论内涵和现实价值。今天，同马克思主义基本原理相结合并经过创造性转化与创新性发展的中华优秀传统文化成为现代中国人思维方式、价值观念和生活方式的构成要素，打开了更为广阔的创新发展空间。"马克思主义中国化时代化这个重大命题本身就决定，我们决不能抛弃马克思主义这个魂脉，决不能抛弃中华优秀传统文化这个根脉。坚守好这个魂和根，是理论创新的基础和前提。"[2] 若想实现理论创新和文化认同，就要坚守魂脉和根脉，以符合时代精神的思维方式和价值观念创造美好生活，谱写中华文化发展的崭新华章。

概言之，"第二个结合"是实现中华民族旧邦新命的文化根据，是中国特色社会主义生机勃勃、充满活力的关键所在。作为又一次

---

[1] 习近平. 习近平谈治国理政：第2卷. 北京：外文出版社，2017：349.
[2] 习近平在中共中央政治局第六次集体学习时强调 不断深化对党的理论创新的规律性认识 在新时代新征程上取得更为丰硕的理论创新成果. 人民日报，2023-07-02(1).

思想解放，"第二个结合"开启了广阔的理论和实践创新空间，有力地破解了现代化进程中的"古今中西之争"，筑牢了中国式现代化的文化根基。推动物质文明和精神文明协调发展的中国式现代化行稳致远，以之促进中华文明的现代重塑，在实现中华民族伟大复兴途中创造人类文明新形态，推动构建人类命运共同体，具有深远的文明史意义。在新的历史起点上，我们要以新的文化使命与守正创新的正气和锐气，巩固和壮大中华民族共同体，实现中华民族的旧邦新命，努力建设中国式现代化的文化形态。

第二节 建设中国式现代化的文化形态

当近代中国有识之士深思"中国向何处去"，寻找"救亡图存"的出路时，启蒙与救亡居于同一历史进程。面对时代的根本问题，随着十月革命一声炮响传入中国的马克思主义发挥了思想先导的作用。"帝国主义和中华民族的矛盾，封建主义和人民大众的矛盾，这些就是近代中国社会的主要的矛盾"[1]，这一主要矛盾表现为彼时的根本问题。解决这一根本问题，必经社会革命而实现生产方式的变革，由此需要马克思主义基本原理同中国具体实际相结合，而其每一表现都内在反映了中华优秀传统文化的时代特质，从而使在中国革命实践中逐渐具体化的马克思主义形成了中国风格和中国气派。

---

[1] 毛泽东. 毛泽东选集：第2卷. 北京：人民出版社，1991：631.

在现代中国文化发展早期，以胡适、陈序经等为代表的"全盘西化派"与以梁漱溟、张君劢、熊十力等为代表的现代新儒家均提出了明确的文化发展主张。前者认同西方现代化理路，认为"我们自己百事不如人，不但物质机械上不如人，不但政治制度不如人，并且道德不如人，知识不如人，文学不如人，音乐不如人，艺术不如人，身体不如人"①，"中国必须充分接受现代文明，特别是科学、技术和民主"②，对中国传统文化进行否定性反思。后者反对将现代化等同于"西化"，审视第一次世界大战之后欧洲精神生活受到的影响，为解决中国问题而追溯历史和文化，欲以"本心仁性"安身立命，进而融合西方文化的长处；其中不乏以现代意识重释中国古典观念的探索，但对文化发展基本上持一种超历史的态度，体现为在特定历史境遇中形成的文化史观。

现代新儒家试图重建人的道德自我，在现代化进程中确认一种有尊严的理想人格，有其积极意义。他们力图解决其所处时代的中国问题而追溯历史和文化，将文化问题视为中国问题的本质，并将"礼乐制度"设定为"生活完全理性化的社会"③。例如，致力于"乡村建设"的梁漱溟在反思西方工业文明弊端的同时，力图再造现代乡村文明，将其视为一种"从乡村酝酿出来"的具有"伦理情谊"的社会主义文明④。这种现代新乡村建设以农业为基础，以礼乐为本位，强调改造和复兴中国文化，试图以反求诸己的方式实现

---

① 胡适. 南游杂忆. 吉林：吉林出版集团股份有限公司，2017：91.
② 罗荣渠. 从"西化"到现代化. 北京：北京大学出版社，1990：361.
③ 梁漱溟. 梁漱溟全集：第3卷. 山东：山东人民出版社，2005：110.
④ 梁漱溟. 梁漱溟全集：第2卷. 山东：山东人民出版社，2005：103.

民族自救，认为"如果要在政治问题上找出路的话，那决不能离开自己的固有文化，即使去找经济的出路，其条件亦必须适合其文化"①。这种文化研究理路远离当时社会的主要问题，认为民族危机的本质是文化危机，最要紧的事情在于发展文化。基于这种文化史观的设想和实验既不符合中国具体实际，也不符合历史发展的辩证法，因缺乏实践基础而不具有可行性。

上述两种观念之弊为时人所见，恰如张之洞所言："图救时者言新学，虑害道者守旧学，莫衷于一。旧者因噎而食废，新者歧多而羊亡。旧者不知通，新者不知本。不知通，则无应敌制度之术；不知本，则有非薄名教之心。"② 新文化运动将锋芒指向封建礼教，决意在与"旧我"决裂的过程中寻找真理，成为思想解放的重要引擎，但因急于更新而对以儒学为代表的传统文化缺乏辩证的分析。中国早期马克思主义者对此进行了反思。一方面，马克思主义者以唯物史观批驳"倒果为因"的文化史观，意识到文化的深层次变迁从根本上是社会生产方式变革的结果。现代新儒家倡导的现代新乡村建设不符合社会发展规律，这种"农业社会主义"虽强调"人生向上"，坚持"民族立场"，但很多措施并未得到农民的欢迎，或可视之为一种"知识分子的乡村改良主义运动"③。他们将乡村建设作为中国现代化道路，将"民族精神"作为一种固态性的"给定物"，以不变应万变，没有认识到民族精神是在历史中形成的，应当在经

---

① 梁漱溟. 梁漱溟全集：第2卷. 山东：山东人民出版社，2005：30.
② 张之洞. 劝学篇. 北京：华夏出版社，2002：1.
③ 孙冶方. 为什么要批评乡村改良主义工作. 中国农村，1936（5）.

济社会发展进程中实现文化传承发展。"任何一个民族都不能离开一定的社会存在,不能离开一定的文化环境。"① 可以说,现代新儒家实现"乡村自治"的主张是空想,无助于实现民族独立和解放。恰如瞿秋白所言:"二十世纪以来,物质文明发展到百病丛生。'文明问题'就已经不单在书本子上讨论,而且有无产阶级的社会主义运动实际上来求解决了。"② 在这场实际的运动中,中国先进知识分子勇敢地向前看,而不是向后看。他们既要在批判中继承传统,又要在反对帝国主义侵略的同时师夷长技,因而是一种双重变奏。另一方面,以毛泽东为代表的中国共产党人强调用马克思主义方法批判总结中华民族数千年的历史遗产并加以继承,在不懈奋斗中建设中华民族的新社会和新国家——"在这个新社会和新国家中,不但有新政治、新经济,而且有新文化"③,就是"民族的科学的大众的文化,就是人民大众反帝反封建的文化,就是新民主主义的文化,就是中华民族的新文化"④,从而使马克思主义内化于中华文明的演进历程,形成了自强不息、砥砺前行的精神力量。

新中国成立后,文化建设随着经济建设的高潮逐渐得到重视,民族的科学的大众的文化取向得到强化,贯彻"百花齐放、百家争鸣"的方针,强调"古为今用,洋为中用",促进了社会主义文化繁荣发展。毛泽东指出,对知识分子"应当给予信任,从根本上改

---

① 李毅. 中国马克思主义与现代新儒学. 天津:天津教育出版社,2007:107.
② 瞿秋白. 现代文明的问题与社会主义. 东方杂志,1924,21(1).
③ 毛泽东. 毛泽东选集:第2卷. 北京:人民出版社,1991:663.
④ 同③708-709.

善同他们的关系,帮助他们解决各种必须解决的问题,使他们得以积极地发挥他们的才能"①,从而让知识分子的思想被改造为"我国在各方面彻底实现民主改革和逐步实行工业化的重要条件之一"②。这在思想文化领域产生的影响是直接的,例如:贺麟在彻底把握西方文化的基础上寻求儒家思想的新发展,他以黑格尔主义方式重新论证了"心外无物",提出了"自然的知行合一观"③;冯友兰力图"写一部以马克思列宁主义、毛泽东思想为指南的中国哲学史"④,他在《新事论》中"融贯唯物史观之说以讨论文化问题"⑤,认为"一时代的经济状况,对于其时代之文化等,甚有影响,此诚无可否认"⑥。深入学习和掌握马克思主义认识论和辩证法,用以破解中国现代化过程中的实际问题,并在归纳实践经验的过程中将其上升为理论认识,逐渐成为学界文化研究的一种自觉。

改革开放以来,我们党强调坚持以经济建设为中心,坚持四项基本原则,坚持改革开放,持续建设中华民族新文化,加强社会主义精神文明建设。邓小平同志指出:"要懂得些中国历史,这是中国发展的一个精神动力。"⑦ 这种精神动力源于中华文明的生存土壤,凝聚着中华民族的精神追求,映现了中华优秀传统文化的生命

---

① 毛泽东. 毛泽东文集:第7卷. 北京:人民出版社,1999:225.
② 毛泽东. 毛泽东文集:第6卷. 北京:人民出版社,1999:184.
③ 贺麟. 哲学与哲学史论文集. 北京:商务印书馆,1990:131-132.
④ 冯友兰. 三松堂全集:第7卷. 北京:中华书局,2014:2.
⑤ 贺麟. 五十年来的中国哲学. 上海:上海人民出版社,2012:45.
⑥ 冯友兰. 三松堂全集:第1卷. 北京:中华书局,2014:525.
⑦ 邓小平. 邓小平文选:第3卷. 北京:人民出版社,1993:358.

力。文化传承发展之所以重要，乃是因为人们的实践创造是在承继历史的前提下并在特定历史条件下展开的，"人们自己创造自己的历史，但是他们并不是随心所欲地创造，并不是在他们自己选定的条件下创造，而是在直接碰到的、既定的、从过去承继下来的条件下创造"①。这种文化传承发展并非复古泥古，而是实现中华优秀传统文化面向未来的创造性转化、创新性发展，使之不仅存在于典籍和文物中，而且流传于中国人的日常生活世界，成为中国人生活世界的文化根基。

党的十八大以来，文化建设得到高度重视，中华民族的文化创造力日益强劲，人民日益增长的美好生活需要得到更好地满足。中国式现代化深深植根于中华优秀传统文化，体现了科学社会主义的先进本质。习近平总书记指出："我们必须坚持马克思主义这个立党立国、兴党兴国之本不动摇，坚持植根本国、本民族历史文化沃土发展马克思主义不停步，坚定历史自信、文化自信，坚持古为今用、推陈出新，以马克思主义为指导对中华五千多年文明宝库进行全面挖掘，用马克思主义激活中华优秀传统文化中富有生命力的优秀因子并赋予新的时代内涵，将中华民族的伟大精神和丰富智慧更深层次地注入马克思主义，有效把马克思主义思想精髓同中华优秀传统文化精华贯通起来，聚变为新的理论优势，不断攀登新的思想高峰。"② 在中国式现代化进程中，马克思主义基本原理同中国具体

---

① 马克思，恩格斯. 马克思恩格斯选集：第1卷. 3版. 北京：人民出版社，2012：669.
② 习近平在中共中央政治局第六次集体学习时强调 不断深化对党的理论创新的规律性认识 在新时代新征程上取得更为丰硕的理论创新成果. 人民日报，2023-07-02（1）.

实际相结合、同中华优秀传统文化相结合，形成了新的文化生命体，推动了中华优秀传统文化创造性转化、创新性发展，推动了中国式现代化的文化形态建设，为强国建设、民族复兴注入了不竭的精神动力。

在马克思主义中国化的百年历程中，中华民族从近代"国家蒙辱、人民蒙难、文明蒙尘"的文化自卑走向文化自信。正如毛泽东同志所指出的："自从中国人学会了马克思列宁主义以后，中国人在精神上就由被动转入主动。从这时起，近代世界历史上那种看不起中国人，看不起中国文化的时代应当完结了。伟大的胜利的中国人民解放战争和人民大革命，已经复兴了并正在复兴着伟大的中国人民的文化。"[①] 这种文化反映了在现代中国人自主探索民族独立和富强的历程中所展现的中华民族的文化尊严，体现了反封建和克服蒙昧的科学主张，是为全民族占大多数的人民群众服务的，进而成为人们喜闻乐见的新文化，逐渐形成了中国式现代化的文化形态。

中国式现代化在独特的国情和文化传统的基础上明确了其历史任务，彰显了中华文明演进的规律性特征。与古代中国和未来中国相连接，现代中国实现了中华文明的时代重塑，并根据社会条件和文化传统稳健发展。作为历史上曾在世界各地出现过的 26 种文明形态中唯一的连续文明体，中华文明随生产力和生产关系的发展而实现自我更新。中华民族在五千多年的历程中经历了社会形态和政治制度的多次变迁，经史子集、礼乐教化、四大发明曾闻名于世，

---

① 毛泽东. 毛泽东选集：第 4 卷. 北京：人民出版社，1991：1516.

经过多民族文化融合而兼收并蓄,形成强有力的文化传统,在与外来文化的交融会通中绽放新的活力。中国式现代化因文化传承发展而激活经济社会发展的内在精神动力,将不断汇集人们创造的物质财富与不断提高人们的精神生活质量融为一体。

一个社会的生产方式发生变化后,必然带来文化观念层面的变革,人们以往的思维方式和价值观念必然在新的社会建设中得到更新。在中国式现代化进程中实现的文明重塑不仅照亮了博物馆中为人们所静观的历史文物,而且成为日常生活中不断生成的文明实体。"读圣贤书""学而优则仕",是古代学人的自觉追求。这种传承一方面彰显了修齐治平的精神境界,使民本、王道、仁政等观念转化为明君良相的道德实践,另一方面也存在上述理想在古代读书人的为官之道中口惠而实不至的境况,因而需要扬弃文化糟粕的移风易俗。我们应当看到,"历史发展是包含矛盾的。在社会发展中,一个民族的传统既可能成为社会进步的垫脚石,又可能成为社会发展的障碍。因此,社会发展往往会成为破坏传统和重建传统的双重过程"①。以唯物史观传承、发展中华优秀传统文化,实现文明重建,使之促进中国式现代化,要明确为什么人要进行文化生产和文化创造的问题,使人们平等享受文化资源,切实满足文化需要。

在历史上的任何时期,文化建设几乎都是必不可少的,中国式现代化的文化形态是基于我国历史传承和文化传统形成的。解决今天的问题,不能从几千年前古代思想家的文献中寻找现成的答案,

---

① 陈先达.历史唯物主义与当代中国.北京:中国人民大学出版社,2019:353.

而要在解决问题的过程中赋予中华优秀传统文化以时代内涵。强调马克思主义基本原理同中国具体实际相结合、同中华优秀传统文化相结合，彰显了我们的历史自信和文化自信。马克思主义为中华民族提供了科学理性思维，拥有传承五千多年的优秀传统文化是中国最根本的实际。以"两个结合"的科学方法推进中国式现代化，体现了我们党的文化自觉。正如毛泽东在受中国人民政治协商会议第一届全体会议委托起草的会议宣言中所指出的："扫除旧中国所留下来的贫困和愚昧，逐步地改善人民的物质生活和提高人民的文化生活"[1]，"我们民族的前途是无限光明的"[2]。以马克思主义为指导，保持文化主体性、精神独立性、思想主动性，创造体现社会主义优越性的文明，中国式现代化以"古而又新"的姿态彰显了中华文明的特质。

在世界历史进程中推进中国式现代化，要对世界各民族的优秀文化取长补短、兼收并蓄，以正确的态度推动文明交流互鉴。中国式现代化的文化形态不是超越时空的存在，而是时代发展和社会现实的反映，这种文化形态是以马克思主义为指导，传承中华优秀传统文化中的积极要素并推陈出新的结果，体现了文化的前进方向，是与历史进步同频共振的。"在中华民族的开化史上，有素称发达的农业和手工业，有许多伟大的思想家、科学家、发明家、政治家、军事家、文学家和艺术家，有丰富的文化典籍"，"中华民族不但以刻苦耐劳著称于世，同时又是酷爱自由、富于革命传统的民族。……在中华民族的几千年的历史中，产生了很多的民族英雄和

---

[1] 毛泽东. 毛泽东文集：第5卷. 北京：人民出版社，1996：348.
[2] 同[1]347.

革命领袖。所以，中华民族又是一个有光荣的革命传统和优秀的历史遗产的民族"①。历史的选择在经济社会发展进程中深层次地体现为文化的选择，中国式现代化的文化形态是立足中国、面向世界、面向未来的，其以马克思主义基本原理为科学指南，同传承几千年的中华优秀传统文化和人民群众日用而不觉的价值观念相融通，借鉴吸收人类一切优秀文明成果，在广袤的中华大地上映现了文明发展的璀璨图景。

在中国式现代化进程中，中华民族追求小康和大同的价值理念被赋予时代新义，在创造性转化和创新性发展中成为实现民族复兴的使命担当。在马克思主义扎根于中华优秀传统文化沃土的同时，中华优秀传统文化的现代价值也得以彰显。马克思主义基本原理同中华优秀传统文化相结合而形成的文化生命体有其新陈代谢的过程，一种文明"如果长期自我封闭，必将走向衰落。交流互鉴是文明发展的本质要求。只有同其他文明交流互鉴、取长补短，才能保持旺盛生命活力"②。当今世界各国形成了"你中有我、我中有你"的命运共同体。在多样性文化交流互鉴图景中，任何文化都不可能完全拒斥其他文化而独立存在，文明冲突与观念碰撞使人们越来越深刻地理解文化异化的代价，形成文化交流互鉴的自觉。

由此，我们可以看到中国式现代化的文化形态所具有的基本结构，看到其基于历史实践所规定的层次和特征。"中华民族的古老文明构成中国式现代化的底色，是其本体性规定；以马克思主义为

---

① 毛泽东. 毛泽东选集：第2卷. 北京：人民出版社，1991：622-623.
② 习近平. 习近平谈治国理政：第3卷. 北京：外文出版社，2020：469.

指导，党领导人民在革命、建设、改革中创造的革命文化和社会主义先进文化，则是中国式现代化的本质性规定；吸收人类优秀文明成果，在全球化的过程中获得时代性与空间性规定，这共同构成了中国式现代化的文化内涵和精神气质。"[①] 中华文明革故鼎新、与时俱进，彰显了走向现代化的中华优秀传统文化的主体价值。"苟日新，日日新，又日新"，"以日新为道"，承前启后、继往开来，展现了中国人改变现实的进取精神和无畏品格。马克思主义反对事理分离、心物分离，强调人的自我意识和对象性意识是对客观现实的反映，在运用中国化时代化的马克思主义解决中国问题的过程中，中国式现代化彰显了精神上的自立自信，反映了现代中国人的实践创造。面对百年未有之大变局，我们要处理好文化传承与文化发展的关系、文化创造与文化传播的关系、文化批判与文化建设的关系，在与世界文化交融会通中激活新的创造力，以新的思想解放努力建设中国式现代化的文化形态，创造人类文明新形态。

思想解放具有解决当前乃至未来社会发展问题的明确指向，其价值并不停留于思想本身，其现实性表现为创新经济社会发展思路与方法。作为"又一次思想解放"，马克思主义基本原理同中华优秀传统文化相结合反映了中华民族的社会意识和价值取向，这种社会意识和价值取向是在五千多年中华文明史中形成和发展且随历史演进而延续的。正是在这种结合的过程中，古代中国的"文治""教化"逐步实现了现代转化。"在五千多年中华文明深厚基础上开辟和发展中国特色社会主义，把马克思主义基本原理同中国具体实

---

① 徐伟新. 中国式现代化的文化底蕴和文化特质. 理论导报，2023（5）.

际、同中华优秀传统文化相结合是必由之路。"① 以新的文化使命理解马克思主义基本原理同中国具体实际相结合、同中华优秀传统文化相结合的科学方法，进一步推动中华优秀传统文化在中国式现代化进程中实现创造性转化、创新性发展，是努力建设中国式现代化的文化形态的观念前提。

中国式现代化具有明确的历史定位和时代内涵，体现了独特的理论创新和实践创造。在中国式现代化进程中建设中国式现代化的文化形态，既要基于中国国情实现稳步迈进、协调发展，也要符合基本世情实现合作共赢、和平发展。与西方现代化以资本原始积累为开端，依靠坚船利炮、巧取豪夺建立的现代世界体系不同，中国式现代化从一开始就摒弃了以资本为中心的物质主义膨胀的模式，遵循社会主义建设规律和人类社会发展规律。与丛林法则和零和博弈的思维方式不同，中国式现代化将"己所不欲，勿施于人"的古训付诸实践，力图实现"己欲立而立人，己欲达而达人"的愿望，以敢于斗争的精神和坚毅的战略定力维护世界和平，其中内蕴着与西方现代化不同的历史观、文化观和发展观，体现了同马克思主义基本原理相结合的中华优秀传统文化的世界意识，彰显了中国式现代化的世界历史意义。

不断推进中国式现代化，稳步促进经济社会高质量发展，是建设中国式现代化的文化形态的实践基础。我们党将社会主义制度与市场经济结合起来，建立社会主义市场经济体制，既发挥社会主义集中力量办大事的制度优势，又使市场在资源配置中起决定性作

---

① 习近平. 在文化传承发展座谈会上的讲话. 求是，2023（17）.

用，使有效市场和有为政府在中国式现代化进程中更好地发挥作用，解放和发展社会生产力，不断加强社会主义现代化建设。中国式现代化以共同体发展为本位，使14亿多人口整体迈入现代化，使物质文明和精神文明协调发展，促进人与自然和谐共生，走和平发展道路，实现全体人民共同富裕，以新发展理念推动高质量发展。中国式现代化在文化创造过程中彰显了体现中国特色社会主义制度优势的先进的物质力量。

在传承发展中华优秀传统文化的中国式现代化进程中实现古今文化相通和文明交流互鉴，是建设中国式现代化的文化形态的基础。马克思主义基本原理同中华优秀传统文化有机融合、相互成就，使人们摆脱了传统观念的束缚，消除了马克思主义与中华优秀传统文化相互否定的错误倾向。面对中华民族伟大复兴战略全局和世界百年未有之大变局，我们要深刻理解中华文明的突出特性和中华民族的历史演进逻辑，不断推进马克思主义基本原理同中国具体实际和中华优秀传统文化深度结合，积极借鉴世界各民族文化的精华，加快建构中国自主知识体系，在实践探索中实现面向未来的理论和制度创新。盛世修文，文脉贯通。今天，我们要承古拓今，促进文化对话与文明交融，使实现综合创新的中国学术在现代化进程中更好地面向世界、面向未来。

在此基础上，实现中国人的现代化，是建设中国式现代化的文化形态的价值目的。中国式现代化深层次地体现为中华文化的现代转化和中国人的现代化。现代中国人既是在新的历史起点上创造新文化的主体，又总是从既有的思想中寻找和创造与中国式现代化相适应的文化形态。正是马克思主义使中国人深刻理解了"中国向何处去"的根本问题，并在中国式现代化的实践创造中焕发了内在于中国文化传统的哲学理念、道德意识、价值情怀的勃勃生机，形成了革命文化和社会主义先进文化。革命文化植根于中华优秀传统文化，并在中国式现代化进程中转化为社会主义先进文化，汇成延续中华文明连续性的现代中国文化的主流，成为确证中国式现代化实践成就的文化底气之所在。在中国式现代化进程中，我们要汲取中华优秀传统文化的源头活水，读懂润泽千年的文明故事，不忘本来，辩证取舍，提高全民族的科学文化素质，建立科学、文明、健康的生活方式，使人们不断提高现代文明程度，在情感上认同新时代中国特色社会主义文化，在行为上自觉体现社会主义核心价值观的要求。

坚持马克思主义基本原理同中国具体实际相结合、同中华优秀传统文化相结合，为中国式现代化提供了科学方法，呈现了中国式现代化的系统观念，彰显了中国式现代化的价值目的。马克思主义的真理之光激活了中华文明的现代意识，促进了中华民族在走向复兴的进程中的自我理解。马克思主义中国化时代化与中华文明的现代重塑处于同一历史进程，并为中华文明的现代重塑指明了方向，中国走出了一条超越资本逻辑的社会主义现代化道路。中国特色社会主义能够生机勃勃、充满活力，关键在于"两个结合"。文化主体性是一个民族和国家文化认同的根本支撑，是我们形成历史自信和文化自信的前提。"两个结合"彰显了中华民族的文化主体性，只有传承、发展中华优秀传统文化，在中国式现代化进程中彰显马克思主义中国化时代化的文化逻辑，创造人类文明新形态，方能彰显中国式现代化内在的精神动力。

在实现中华文明现代重塑的过程中，马克思主义逐渐具有了中华民族形式和时代内容，不断丰富和发展中国式现代化的文化形态，使人们在现代化途中形成符合时代发展要求的思维方式和价值观念。若想进一步提升中国人的现代文明程度，就要建构解决全球性问题的人类命运共同体，注重实现个人的自由与全面发展，从而使现代中国人在追寻美好生活的总体性实践中实现其个性的发展。"此中一些问题是中国式现代化独有的，也有一些问题是世界性的，另有一些古今接续的历史之问，须于古今中外十字路口的对照、对话中，觅得解题的思想线索。"① 这就要求在世界历史视野中不断培育和创造新时代中国特色社会主义文化，深入理解中国特色社会主义文化与中国特色社会主义经济和中国特色社会主义政治之间的关系，阐释中国式现代化的文化形态对政治、经济、科技等领域的现实影响力，深化对新时代中国特色社会主义文化发展规律的认识，在强国建设、民族复兴新征程上赓续历史文脉、谱写当代华章。

综上所述，文化立世，文化兴邦，文化关乎国本和国运。马克思主义基本原理同中国具体实际和中华优秀传统文化相结合，让我们能够在更广阔的文化空间中，充分运用中华优秀传统文化的宝贵资源。只有立足于波澜壮阔的中华五千多年文明史，我们才能真正理解中国特色社会主义道路的历史必然、文化内涵和独特优势。今

---

① 胡百精. 交往革命与人的现代化. 新闻记者，2023（1）.

天，我们要以历史唯物主义的态度科学看待中华优秀传统文化，深刻认识到中华优秀传统文化是中华民族的根和魂，其蕴含的思想观念、人文精神、道德规范是中国人思想和精神的内核，是我们最深厚的文化软实力。传统文化与时代精神相融合，进而实现其现代转化，激活了中国特色社会主义文化发展的内生动力。新时代新征程，我们要不断促进马克思主义基本原理同中国具体实际和中华优秀传统文化相结合，从中华优秀传统文化中汲取治国理政、安邦济世的治理智慧，以人类文明新形态回应面向未来的实践创造的大逻辑。我们要在文明发展的基础上实现文化繁荣兴盛，秉持新时代新的文化使命，在新的历史起点上大力推动文化繁荣、建设文化强国，推进中国式现代化的文化形态的实践创造。

第三节　面向未来的全球文明的价值重建

新时代新征程，我们要深刻理解习近平文化思想的核心要义，坚定文化自信，秉持开放包容，坚持守正创新，加强文明交流互鉴，以生生不息、欣欣向荣的文化力量促进中华民族伟大复兴。

一、深入了解中华文明史的总体进程

人类文明史是一部多元文明共生并进的历史。作为世界上唯一未曾中断过的古老文明，中华文明与古为新，在五千多年演进历程中丰富和发展，实现多民族的文化融合，吸收人类文明的一切优秀

成果，形成多元一体的文明发展格局。习近平总书记在文化传承发展座谈会上指出："中国文化源远流长，中华文明博大精深。只有全面深入了解中华文明的历史，才能更有效地推动中华优秀传统文化创造性转化、创新性发展，更有力地推进中国特色社会主义文化建设"①。中华文明是静水深流与波澜壮阔交织的文明，是革故鼎新、辉光日新的文明。我们要珍视中华民族五千多年文明宝库中的瑰宝并把握其突出特性，把握中华优秀传统文化蕴含的思想观念、人文精神、道德规范，用大历史观观察中华民族的发展历程，阐明中华文明自我发展、回应挑战、开创新局的文化主体性和旺盛生命力，揭示中华优秀传统文化的精神品格和价值追求，夯实文化自信的历史根基。

中华文明的演进有其规律和民族特点，体现了中华民族发展的历史逻辑和理论逻辑。我国百万年的人类史、一万年的文化史、五千多年的文明史在中华文明探源工程等重大项目研究中得到实证。若想全面深入了解中华文明的历史，就要读懂中国思想文化长河中的每一条独特的溪流，读懂中华文明典籍中的每一页光辉的历史，就要把握中华文明从"过去之我""现在之我"走向"未来之我"的历史逻辑，理解其丰富的思想内涵与支撑其文化生命的柱石。我们既要走向历史深处，也要从历史深处走出来，着眼于中华文明的未来走向，眺望人类文明的制高点；我们要以文化古今相通和文明交流互鉴的理路推进中国式现代化，创造人类文明新形态，探究符

---

① 习近平. 在文化传承发展座谈会上的讲话. 求是，2023 (17).

合时代发展需要的文化创新机制，建设我们的精神家园。

中华优秀传统文化是中华文明的智慧结晶和精华所在，习近平总书记将中华优秀传统文化的重要元素精练地概括为："天下为公、天下大同的社会理想，民为邦本、为政以德的治理思想，九州共贯、多元一体的大一统传统，修齐治平、兴亡有责的家国情怀，厚德载物、明德弘道的精神追求，富民厚生、义利兼顾的经济伦理，天人合一、万物并育的生态理念，实事求是、知行合一的哲学思想，执两用中、守中致和的思维方法，讲信修睦、亲仁善邻的交往之道。"[①] 中华优秀传统文化是中华民族传承发展的根本，是在历史中形成并在现实生活中作用于经济和政治的思维方式、价值观念、道德原则和生活方式。今天，我们要深刻理解中华民族的文化自我，融通中外、贯通古今，使中华文明在现代中国经济社会发展进程中焕发时代风采，为我们时代的文化创新和文明创造提供丰厚的思想滋养。

文化是民族生存和发展的重要力量，一种文化的生命力在于对传统的传承和发展，文明进步体现为新旧更替的实践创造。中华文明具有连续性、创新性、统一性、包容性、和平性，将颇具差异的广土巨族整合为多元一体的中华民族。中华民族有坚定文化自信的充分理由和充足底气，有以厚重的文化传统、坚实的文化发展基础矗立于世界文明之林的信心。古往今来有识之士埋头苦干、拼命硬干、为民请命和舍身求法的文化实践，映现着中华优秀传统文化的

---

① 习近平. 在文化传承发展座谈会上的讲话. 求是，2023 (17).

思想光芒，为中华民族持续发展提供了悠远绵长的精神力量。只有以文化自信不断提升民族精神，实现文化繁荣兴盛，苦难、辉煌的中华民族才能在历史洪流中屹立不倒，进而在历史前进的逻辑中稳步向前。

今天，我们要以文化主体性创造未来，使中华优秀传统文化在中国式现代化进程中再度青春化，并以世界历史的新精神创造人类文明新形态。我们要将中华文明悠久历史文化的传承与现代经济发展的活力结合起来，把握中国特色社会主义文化内涵，深刻理解中国式现代化的文化逻辑，深入思考如何更好地满足人民日益增长的美好生活需要，激活中华民族的文化创造力，推动社会主义文化繁荣兴盛。

二、掌握坚持"两个结合"的科学方法

马克思主义深刻揭示了人类历史发展规律，提供了认识世界、改造世界的科学世界观和方法论，是我们立党立国的根本指导思想。中华优秀传统文化根植于中国人的内心世界，积淀着中华民族最深沉的精神追求，在中华文明五千多年的历程中如波澜壮阔的长河，流淌过中华儿女繁衍生息的这片古老而又现代的土地，是中华民族生生不息、发展壮大的丰厚滋养。马克思主义既同中国革命、建设、改革和新时代伟大变革的实践相结合，又在体现中国风格和中国气派的过程中实际促进了中华优秀传统文化的现代转化。

坚持"两个结合"的科学方法，要深入研究其内在机理和实践逻辑，使之学理化、体系化并贯通于人民群众创造美好生活的文化

实践中，持续巩固我们的文化主体性。今天，我们要以历史主动精神融入创造世界历史的新征程，遵循明体达用、体用贯通的思想方法，促进理论与实践相结合，在中国式现代化的实践创造中知行合一、体用一如，使新的文化生命体具有强大的价值引领力、文化凝聚力和精神推动力。

坚持"两个结合"的科学方法，要深刻认识到，马克思主义同中华优秀传统文化在实践场域产生了"化学反应"，体现为两种来源不同的观念体系的"双向奔赴"，形成了特定历史民族的文化形式，并深层次地实现了双向格义。作为推进理论创新的科学方法，"两个结合"为我们认识世界和改造世界提供了强大的思想武器，形成了具有引领力、凝聚力、塑造力、辐射力的社会主义先进文化，使九州共贯、万物并育、富民厚生转换为中华民族共同体意识、人与自然和谐共生理念、共同富裕的价值原则，开辟了马克思主义中国化时代化新境界。

坚持"两个结合"的科学方法，要以辩证思维理解马克思主义同中华优秀传统文化在实践的思维方式、对人的社会性规定、强调辩证法的相反相成、对未来理想社会的冀望等方面的颇多契合之处。马克思主义与中华优秀传统文化彼此契合是实现结合的前提。"结合"丰盈了马克思主义的中华民族形式，使之彰显中国风格和中国气派；"结合"推动了中华文明的生命更新和现代转型，实现了中华文化从传统到现代的跨越，筑牢了中国式现代化道路的文化根基。缘于时间或空间因素，马克思主义与中华优秀传统文化的很多观念及其内涵发生了一定的变化，因此，要以从事中国实际工作的丰富经验和对中国历史文化的深刻认识为基础提出符合实际的新原理和新结论，将社会主义纳入中华文明发展的总体进程，或曰以民族的形式承载社会主义的内容，形成新的文明有机体。

坚持"两个结合"的科学方法，要以系统观念和创新意识掌握思想和文化主动，以新思路、新话语、新机制和新形式创造我们时代的新文化。"第二个结合"是又一次思想解放，拓展了中国特色社会主义道路的文化根基。中国式现代化是坚持"两个结合"的实践场域，在赓续中华古老文明的基础上实现文明转型，彰显了面向未来的理论和制度创新。在中国式现代化进程中，我们要以唯物辩证法关于联系、整体、发展的观点认识发展任务艰巨繁重、发展环境快速变化、发展中的矛盾错综复杂、发展不平衡不充分的问题，基于现实分析各种有利因素与不利因素，补充、拓展、完善中华优秀传统文化的内涵，使之实现创造性转化、创新性发展，使实现现代转型的中华文明体现符合时代发展需要的中华优秀传统文化的现实化。

习近平总书记指出："'结合'打开了创新空间……让我们掌握了思想和文化主动，并有力地作用于道路、理论和制度。"[1] 马克思主义是我们立党立国、兴党兴国的根本指导思想，源远流长、博大精深的中华优秀传统文化是中华文明的智慧结晶。马克思主义与中华优秀传统文化相互契合、有机结合，造就了一个有机统一的新的文化生命体。这本身就是一个重大创新，同时也开拓了理论创新和实践创新的宽广场域。

---

[1] 习近平. 在文化传承发展座谈会上的讲话. 求是，2023（17）.

不忘历史才能开辟未来，善于继承才能善于创新。理论、制度等总是在借鉴吸收前人已有成果的基础上不断向前发展的。只有以历史连续性理解古代中国、现代中国和未来中国，我们方能贯通历史、现在和未来，深刻认识到当代中国是历史中国的延续和发展。同时，任何有生命力的传统文化基因都会在时代发展中实现自我更新，彰显时代精神。将中华优秀传统文化中的治国理政、修身处世、格物究理等丰富智慧和理念，注入今天我们正在经历的广泛深刻的社会变革之中，理论创新和实践创新就有了更深厚的根基，就会得到人民的支持和拥护。

文化体现的是深层次的精神追求和坚守。坚定文化自信，是事关民族精神独立性的大问题。我们党坚定历史自信、文化自信，坚持古为今用、推陈出新，坚持把马克思主义思想精髓同中华优秀传统文化精华贯通起来、同人民群众日用而不觉的共同价值观念融通起来，不断夯实马克思主义中国化时代化的历史基础和群众基础，使植根于中国历史文化沃土的马克思主义真理之树根深叶茂。这既使马克思主义彰显了中国价值、中国智慧和中国精神，使其每一表现都带有中国的特性；又推动了中华优秀传统文化创造性转化、创新性发展，使中华民族最基本的文化基因与当代文化相适应、与现代社会相协调。推进"第二个结合"，巩固了中华民族的精神独立性、文化主体性，让我们掌握思想和文化主动，具有高度文化自信，为我们在世界文化激荡中站稳脚跟打下坚实根基。

中国特色社会主义道路、理论和制度，是我们党在不断推进"两个结合"中开创和发展的，"结合"有力地作用于道路、理论和制度。"结合"筑牢了道路根基，使中国特色社会主义道路成为科学社会主义理论逻辑和中国社会发展历史逻辑的辩证统一，拓展了中国道路的文化根基。"结合"为我们党推进理论创新提供了根本途径，是中国化时代化的马克思主义理论之树常青的奥秘所在。在推进"两个结合"的过程中，党的理论创新之源更丰富，理论创新之力更强劲。"结合"也为中国特色社会主义制度和国家治理体系的构建与完善奠定了深厚基础。习近平总书记指出："我们没有搞联邦制、邦联制，确立了单一制国家形式，实行民族区域自治制度，就是顺应向内凝聚、多元一体的中华民族发展大趋势，承继九州共贯、六合同风、四海一家的中国文化大一统传统。"[①] 可以说，"中国之制"之所以深得人民拥护、切实有效，植根中国大地、具有深厚中华文化根基是其中的关键密码。

"第二个结合"是又一次思想解放。历史表明，每一次思想解放都会释放出巨大的创造力，都能有力地推动社会发展和文明进步。我们要坚定历史自信、文化自信，充分激活并有效运用中华优秀传统文化中蕴含的宝贵而丰富的中国价值、中国智慧和中国精神，更好地推动中华优秀传统文化创造性转化、创新性发展，为理论和制度创新增添更多底气和智慧。

我们要坚定文化自信，深刻理解马克思主义基本原理同中国具体实际相结合、同中华优秀传统文化相结合的内在机理，深刻认识到"两个结合"改变了中华民族的前途命运。马克思主义推动中华

---

① 习近平. 在文化传承发展座谈会上的讲话. 求是，2023 (17).

优秀传统文化实现了现代转型，中华优秀传统文化充实了马克思主义的文化生命，使中国式现代化成为中华文明更新的现代化。中华优秀传统文化经与马克思主义相结合而发生"化学反应"，形成了新的文化生命体，实现了中华文明的凤凰涅槃。

回顾我们党带领人民团结奋进的百年征程可见，"两个结合"是我们取得成功的最大法宝，是推进理论创新和实践创新的科学方法。中国化时代化的马克思主义之所以行，是因为我们党始终坚守马克思主义"魂脉"和中华优秀传统文化"根脉"，使同中国具体实际相结合的马克思主义扎根于中华文化沃土，在立足实践、回答时代问题的过程中不断夯实历史基础和群众基础，不断彰显生命力和创造性，从而实现马克思主义基本原理同中华优秀传统文化在实践基础上的"双向奔赴"。我们要持续巩固我们的文化主体性，不仅用马克思主义激活中华优秀传统文化的优秀因子并赋予其时代新义，而且将中华民族的伟大精神和丰富智慧更深层次地注入马克思主义，聚变为新的理论优势。

我们要秉持开放包容的精神，推动构建人类命运共同体，共建"一带一路"，以世界视野和共赢思维为全球治理提供有益思路；践行全球文明倡议，在中国式现代化进程中创造人类文明新形态，弘扬全人类共同价值，体现关乎人类未来的全球文明的价值重建；坚持兼容并蓄、开放包容，以新的文化使命创造构建人类命运共同体所需要的文明新形态，让文明交流互鉴成为增进各国人民友谊的桥梁，弘扬共商共建共享的全球治理理念，使国际社会深刻理解中国为世界文明发展贡献的文化力量。这项面向未来的实践创造，体现了建设中国式现代化的文化形态的国际视野，彰显了中华文化走向世界的时代价值，因而具有世界历史意义。

我们要以大历史观把握时代走势，在历史的深处把握时代赋予的机遇，促进全球文明对话与融通，建构和而不同的文明发展格局。若想在创造人类文明新形态的过程中，超越西方文明中心论，在文化多样性格局中理解人类共同的命运，以合作共赢的新理念超越零和博弈的旧思维，促进世界多元文明和谐共存，就要通过包容互惠的文化交往实践，倡导文明交流互鉴，实现价值共识。使新的文化观念和文化实践在人类精神世界重新生发，对人们的认知方式、价值观念、生活态度、道德意识加以重新规范，是我们面向未来应有的文化主张。

我们要坚持守正创新，坚持马克思主义在意识形态领域的指导地位，坚守中华文化立场，不断推进马克思主义中国化时代化。马克思主义基本原理同中华优秀传统文化相结合，不仅是一种历史事实，而且是一种历史必然。正是因为植根本国、本民族历史文化沃土，马克思主义真理之树才根深叶茂。在中国式现代化进程中，要进一步推动马克思主义"魂脉"与中华优秀传统文化"根脉"有机结合，以文化主体性固本开新，推进社会主义文化强国建设，建设中国式现代化的文化形态。

我们要建设中国式现代化的文化形态，在延续几千年的历史文化典籍的基础上赓续文脉，以新的文化使命谱写中华文明的时代华章。中国式现代化的文化形态思接千载，搭建起古今文化相通和文明交流互鉴的桥梁，与古为新，博采众长。我们要加强文物保护利用和文化遗产保护传承，使之薪火相传并展现恒久魅力，使典籍里的思想绽放时代精神；以六合同风、四海一家的格局与世界各民族优秀文化交融对话，在构建人类命运共同体的过程中创造人类文明新形态。

三、秉持推进中国式现代化的文化主体性

文化兴则国运兴，文化强则民族强。一个民族的文化生命是一种有机体，充盈其中的文化精神体现了民族发展的内在价值。正如习近平总书记所指出的："任何文化要立得住、行得远，要有引领力、凝聚力、塑造力、辐射力，就必须有自己的主体性。"[①] 中国式现代化的文化形态是我们在新的历史条件下的自觉创造，是文化发展和实践创造的文明结晶，是包括物质文明、政治文明、精神文明、社会文明、生态文明的系统化整体，是实现中华文明返本开新、超越资本主义文明的新文明形态，体现了新时代新征程的精神气象，是汇聚中华儿女共同奋斗、实现中华民族伟大复兴的精神动力。

面对世界百年未有之大变局和中华民族伟大复兴战略全局加速演进并深度互动，我们要立足中华民族伟大历史实践和当代实践，深刻认识文化建设对于振奋民族精神和促进经济社会发展的重大意义；以民族精神和时代精神为底气，深入理解中华文明的现代发展规律，做到古为今用、洋为中用、辩证取舍、推陈出新，弘扬平等、互鉴、对话、包容的文明观，彰显走在复兴征程上的中华民族的文化自我；以新的文化生命体化解冲突、凝聚共识，努力建设中

---

① 习近平. 在文化传承发展座谈会上的讲话. 求是，2023（17）.

国式现代化的文化形态，以历史主动精神创造新的历史，以礼敬人类文明的情怀创造人类文明新形态。

中国式现代化的文化形态是在中国式现代化进程中积淀和发展的，具有鲜明的中国风格和时代内涵。同马克思主义基本原理相结合的中华优秀传统文化夯实了中国式现代化的文明底蕴，中国式现代化的实践探索推动了中华文明实现现代转型。中国特色社会主义文化是在中国式现代化进程中发展的，是在马克思主义基本原理同中国具体实际和中华优秀传统文化相结合的实践探索中凝结的。体现时代精神的文化发展要贯通古今、融通中外，正如鲁迅先生所言，"外之既不后于世界之思潮，内之仍弗失固有之血脉"。今天，我们要以新的文化使命迈向文化发展新高度，把握以中国式现代化全面推进中华民族伟大复兴的文化主线，进一步阐明中国特色社会主义文化发展规律，理解人民日益增长的美好生活需要的文化蕴含，促进中国特色社会主义文化繁荣兴盛。

加强社会主义先进文化建设是中国式现代化的必然要求，中国式现代化蕴含的独特世界观、价值观、历史观、文明观、民主观、生态观，为建设中国式现代化的文化形态提供了实践基础上的观念前提。今天，我们要深刻理解文化传承发展的战略意义，使之在强国复兴进程中发挥重要现实作用。我们要秉持中华民族共同体意识，坚持自信自立，建设具有强大凝聚力和引领力的社会主义意识形态，推动中华优秀传统文化创造性转化、创新性发展，培育和践行社会主义核心价值观，打造反映中国式现代化实践特质的新概念、新论断、新表述，建构中国自主的知识体系。我们要加强文明交流互鉴，形成兼容并蓄、博采众长的格局和气象，繁荣发展文化事业和文化产业，提高全社会的文明程度，促进中华文化更好地走向世界。

习近平主席在亚洲文明对话大会开幕式上的主旨演讲中指出："文明因多样而交流，因交流而互鉴，因互鉴而发展。我们要加强世界上不同国家、不同民族、不同文化的交流互鉴，夯实共建亚洲命运共同体、人类命运共同体的人文基础。"[①] 这就要求我们弘扬中华文化"和而不同"的精神，促进多样性文化交流互鉴，倡导平等与共享的全球治理理念，汇聚构建人类命运共同体的文化合力，为人类开启更美好的文化前景。

在人类历史长河中，不同民族、不同地域的文化汇聚成波澜壮阔的历史画卷，在相互映现、碰撞与融通的过程中塑造了璀璨夺目的文化光谱。四大文明古国产生了两河流域文明、埃及文明、印度文明和中华文明四种文明形态，历史上各具特色的文明因人们的交往和合作而彼此交融。发源于不同民族和不同地域的文化，都以不同形式体现着丰富多彩的人类文化图景。人类文明交往需要相互尊重、平等对话、借鉴融通，以和而不同、兼容并蓄的态度互学互鉴，在丰富人类精神生活的过程中促进时代进步。

理解文化的多样性存在方式并促进多样性文化交流互鉴，应具有世界历史眼界，更好地把握人类文化交往的未来趋势。不同文化在创造世界历史的过程中都是主体性存在，不同文化主体休戚与共，人类的未来命运处于共同建构的境遇中。所以，必须深刻认识

---

① 习近平.习近平谈治国理政：第3卷.北京：外文出版社，2020：468.

到，只有包容互惠、开放创新，顺应和平、发展、合作、共赢的时代潮流，才能在不同文化的交流与对话中增进共识，进而创造新文化、塑造新文明。

在多样性文化交流互鉴图景中，任何文化都不可能完全拒斥其他文化而独立存在，文明冲突与观念碰撞使人们越来越深刻地理解了文化异化的代价，形成了文化借鉴与融合的自觉。所以，应维护各民族文化的多样性，认识到各种文明存在的价值，使各有千秋的文化相互借鉴而不是相互对立；要摒弃唯我独尊、自我封闭的文化心理，摒弃试图同化和取代其他文化的意识，不要陷入独学无友、孤陋寡闻的文化境地。只有尊重和理解不同民族、不同地域的文明观念，才能把握世界各地"以文化人"的历史进程，才能把握世界各地"文以载道"的历史经验，才能理解世界文明的共同性及其百花齐放的绚烂景观，从而形成促进今日世界文明发展的基本观念。

多样性文化的发展体现了共同体的变迁，历史上各种共同体存在形式的变迁都体现为一种文化变迁。伴随着自然共同体、奴隶制共同体、封建共同体、货币共同体出现的都是反映这种共同体的实际样态并与之相适应的文化形式。在这个意义上，马克思在批判共同体的古典形式和现代形式的过程中提出的"真正的共同体"和"自由人联合体"体现了高远的文化境界。实现共同体由低级向高级的发展，应着眼于人类未来的命运，实现文化融合与再生，形成文化合力，同心打造人类命运共同体。

形成共同体的文化合力，并非要放弃任何文化主体的存在形式，而是要激活文化的主体间性：既要坚持文化独立的自主性，把握每种文化独特的历史、形式和潜能，将文化视为生命有机体；又要将文化传播与文化交往视为文化发展常态，将文化对话与文化融合视为文化发展的基本形式，更好地促进文化交流互鉴。应当看到，不同文化的交往体现了不同民族和地域的实践经验与思想观念的交流，这种交往不仅有助于增进了解，而且有助于拓展自身的文化视野。特别是在当今世界的"地球村"中，"你中有我，我中有你"，历史和现实交汇，东方和西方对话，更要在观念创新中形成文化合力。

强调共同体的文化合力，是因为当今复杂的全球问题并不是任何单一文化所能够解决的，而科学昌明时代的很多新问题一出现就带有面向全人类的特征。汇聚多样性文化的合力，必须消解单向度文化逻辑。应当看到，"文化霸权"或"文化殖民"是一种陈旧的文化发展与传播形式，是强势文化试图取代弱势文化，或将自身的文化价值观强加给对方的方式。要想在交流互鉴中形成共同体的文化合力，首先要有构建新型共同体的文化自觉，要有关怀人类共同命运的世界意识。正是在文化交流互鉴中，人们合理地理解文化差异，认识到文化冲突的深层次原因。"越是民族的，才越是世界的"，民族的文化之所以能成为世界的文化，不仅是因为它有独特的魅力而无可取代，而且是因为它能在与其他文化的交流互鉴中成为增进各国人民友谊的桥梁。历史证明，越是兼容并蓄、海纳百川的文化，就越是具有绵延不绝、生生不息的发展动力，就越会成为文化发展的典范。

今天，我们要考量以何种精神气质向世界展示中国，这不仅仅反映了我们的世界观念和文化视野,甚至将直接影响我国经济社会的持续发展。习近平总书记指出:"目前看,我们在经济合作上用力多,文化这条腿总体上还不够有力。要加强战略谋划,对外既要展现中华民族五千多年的悠久文明,又要传播当代中国蓬勃发展的多彩文化,以德服人,以礼服人,以文服人,加强情感认同。"① 为此,我们需要站在世界历史的精神高地上,实现哲学社会科学创新与文化复兴,塑造当今时代中华民族的文化自我,建构中国话语体系,以符合时代精神的价值理念促进高水平、多领域的国际合作。

回顾古代中国陆地和海上丝绸之路的历史画卷,我们可以看到,在这条丝绸之路上筚路蓝缕的古代中国人不仅为沿途各国带去了丝绸、茶叶、瓷器等中华特产,也带去了以儒家学说为代表的中国哲学智慧。从张骞出使西域到郑和下西洋,他们行走与远渡的"丝路"跨越历史约1 600年,既分陆路与海路,亦跨南方与北方。丝绸之路促进了古代亚欧之间的商业往来,成为古代哲学与文化交流的纽带,丝绸之路沿线国家商业与文化交流由此渐成传统。后来,利玛窦、汤若望等人沿着丝绸之路来到中国,使现代科学、艺术、数学对中华文明、中国信仰结构乃至中国社会发展方式产生了深刻影响,体现了中华文化与印度文化、基督教文化和伊斯兰文化的交融。

如今,当我们重新理解丝绸之路的历史价值,体会其内蕴的哲学精神与艺术情怀时,就会深切感受到实现当代中国哲学与文化观

---

① 中共中央文献研究室. 习近平关于社会主义文化建设论述摘编. 北京:中央文献出版社,2017:215.

念的自我更新和自我生成的重要意义。丝绸之路既是古代中国人探索的商业合作之路，也是沿线各国人民思想交流与文化对话之路。正是在丰富多彩的商业往来中，丝绸之路沿线各国实现了广泛的贸易往来，实现了民族和谐稳定，也实现了哲学与文化的深入交流和多样性发展。中外文化沟通交流有助于消除偏见和误解，我们要进一步加强文化对话，"保持对自身文化的自信、耐力、定力。桃李不言，下自成蹊。大音希声，大象无形。潜移默化，滴水穿石"①。只要讲好中国故事，加强文明对话，避免陌生、隔阂和不了解，就能避免因文化传统或价值观念不同而产生深层次的文明冲突，向世界展现一个真实的、立体的、全面的中国。

如今，"一带一路"的地理辐射范围远超古代丝绸之路，从亚太到欧洲，穿越非洲、连通亚欧，有助于拓宽不同文明的合作发展空间。可以预见，当历时约 2 000 年的古代商业网络重焕青春，丝绸之路的人文意境将被赋予当今时代的文化元素。正如习近平总书记所指出的："真正要建成'一带一路'，必须在沿线国家民众中形成一个相互欣赏、相互理解、相互尊重的人文格局。民心相通是'一带一路'建设的重要内容，也是'一带一路'建设的人文基础。要坚持经济合作和人文交流共同推进，注重在人文领域精耕细作，尊重各国人民文化历史、风俗习惯，加强同沿线国家人民的友好往来，为'一带一路'建设打下广泛社会基础。"② 在当代语境中，沿

---

① 中共中央文献研究室. 习近平关于社会主义文化建设论述摘编. 北京：中央文献出版社，2017：205.
② 习近平在中共中央政治局第三十一次集体学习时强调 借鉴历史经验创新合作理念 让"一带一路"建设推动各国共同发展. 人民日报，2016-05-01 (1).

线各国将通过贸易往来与商业合作，形成包容会通的文化交往，形成人类命运共同体意识，从而在互利共赢中增进对彼此的理解和信任。

重现以往丝绸之路的繁荣，促进全球文明对话，可以促进中国哲学社会科学创新。这种创新主要体现为以民族的语言、时代的品格解析世界的问题。这种锐意创新的哲学社会科学在面对全球化时代的全球性问题时日渐成为具有国际性的学术研究，因破解复杂的现实问题而对人们产生了深远的影响力。当代哲学社会科学创新需要文明的对话，需要重新发现以往被遮蔽的具有深远价值的思想的力量。实现哲学社会科学创新，有助于重新理解作为文化的宗教和艺术所具有的内在价值。

通过建设"一带一路"实现当代的文明梦想，实现文化认同和价值认同，需要实现新时代的文化复兴。在新时代，促进亚欧经济社会持续发展，从中开启新时期的文艺复兴，实现经济合作、政治对话和文化交融，是有益于人类社会且富有战略意义的文化选择。在丝绸之路经济带和21世纪海上丝绸之路上再创古老丝绸之路的历史辉煌，与沿线各国共享文明发展的成就，参与塑造全球化时代沿线各国命运共同体，体现了当代中国人的世界历史视野。在此基础上，促进经济要素有序、自由流动，实现更广泛、更高端的区域合作，在商业与文化的交融中展现和平合作、开放包容、互学互鉴、互利共赢的丝路精神，实现具有民族情怀、时代品格和世界视野的当代中国哲学的自我超越和当代中国文化复兴，乃是当代中外哲学社会科学家与文学艺术家共同的文化使命。

可以说，"一带一路"发展布局为新时期国际贸易与文化交流提供了理想的筑梦空间，形成了当代中国哲学创新的现实语境，而参与构建具有广泛影响力的世界哲学与世界文化，应以塑造中华民族的文化自我为前提。只有塑造了中华民族的文化自我，才能确立中国社会发展的文化自觉，才能形成促进世界文明进程的价值自信。

今天，我们遇到了越来越复杂的全球性问题，人类文化交流与冲突也日益多样化。我们必须形成适应新时代发展要求的新文化观念，在人类文明的制高点上理解本民族、本地域文化的内在价值，合理把握各种文明的差异及其间对话与合作的机制。"一花独放不是春，百花齐放春满园。"只有在增强文化自信的前提下，承认和尊重世界上各种思想文化的精华，在彼此理解和借鉴的基础上形成文化合力，才能真正解决当今时代共同的文化问题，在塑造人类未来命运的希冀中铸就共同体的文化根基。

新时代新征程，我们要深入学习贯彻习近平文化思想，以文化主体性创造未来，使中华文明的实体性内容再度青春化，以世界历史的新精神创造人类文明新形态。我们要将中华民族悠久的历史文化传承与现代经济发展活力结合起来，把握中国特色社会主义文化内涵，深刻理解中国式现代化的文化逻辑，深入思考如何更好地满足人民日益增长的美好生活需要，使文化成果惠及全体人民。我们要激活中华民族的文化创造力，在实践创造中进行文化创造，在历史进步中实现文化进步，推动社会主义文化繁荣兴盛，以新的文化使命谱写中华文明的时代华章。

第三章　文明交流互鉴的历史经验与发展规律

当今全球问题与生态危机使世界各国休戚相关，因文明的冲突而产生的价值分歧令人深深忧虑，人们日益意识到全球化时代的人类利益相互依存，切实摆脱全球危机，形成人类发展的全球共识意义重大。习近平主席指出："交流互鉴是文明发展的本质要求。只有同其他文明交流互鉴、取长补短，才能保持旺盛生命活力。"[1] 人们应尊重和理解不同民族、不同地域的文明观念，不断总结文明交流互鉴的历史经验与发展规律，冲破冷战思维、零和思维的束缚，抛弃仅靠实力决断的丛林法则，消除和弥合各种差异和分歧，遵循各国普遍适用的价值理念，实现共同利益，达成价值共识，在维护世界公平正义的过程中呵护人类的事业，以体现时代精神的全

---

[1] 习近平．深化文明交流互鉴 共建亚洲命运共同体：在亚洲文明对话大会开幕式上的主旨演讲．人民日报，2019－05－16（2）．

球治理理念和实践实现人类社会的美好愿景。只有这样，才能把握世界各地"以文化人"的历史进程，才能把握世界各地"文以载道"的历史经验，才能理解世界文明的共同性及其百花齐放的绚烂景观，从而形成促进今日世界文明发展的基本观念。

第一节　和合共生：文明交流互鉴的历史经验

历史上，中华文明、印度文明、希腊文明、基督教文明、伊斯兰文明、拉丁美洲文明与世界其他文明交流互鉴，形成了人类文明交往的经验。中华文化素来强调天下和平，主张"兼相爱，交相利"，强调只有"国与国不相攻，家与家不相乱"，方能"天下治"。"和而不同"不仅是一种君子人格，而且是文化交流与社会治理的基本理念。"和而不同""以和为贵"的观念在中华文化发展历程中源远流长，和平与合异体现了中华民族与时俱进的发展观。"和羹之美，在于合异"，我们要以和而不同的方式汇聚全球共识，在合作共赢中化解冲突，在价值多样性的互动中提炼当今人类价值观念的最大公约数，理解人类命运与共的现实境遇，以互鉴、合作和共享的方式实现价值共识。丝绸之路不仅是古代中国人探索的商业合作之路，也是沿线各国人民思想交流与文化对话之路。佛教传入我国并本土化为中国佛教，反映了华夏文明与印度文明、中亚文明的相互适应和包容。西学东渐、中学西渐的过程，在中西文化交流中具有里程碑式的意义，促进了两种不同文化之间的相互理解。我们要秉持文明交流互鉴的历史经验,发扬中华文化成己达人、和实生物的天下情怀,以互利互惠的文化理念构建新型国际关系。

一、丝绸之路与中外文明的交流互鉴

从历史上来看,丝绸之路分为三条:一是闻名于世的西域丝绸之路。自西汉武帝伊始,两汉经略边疆,便开通此路,以西汉在西域设置行政管理机构为标志。当时的道路由西向东,自长安经河西走廊通向中亚,分为两条路:一条出阳关,经鄯善,沿昆仑山北麓西行,过莎车,西逾葱岭,出大月氏,至安息,西通犁靬(今罗马);或由大月氏南入身毒。另一条出玉门关,经车师前国,沿天山南麓西行,出疏勒,西逾葱岭,过大宛,至康居、奄蔡。二是古代海上丝绸之路。它是由今天两广的一些口岸通向南海、南洋、印度洋的海上航行路线。据考证,双向交流的海上丝绸之路大约在东汉时就已经畅通了。三是到西汉中期被进一步开拓的西南丝绸之路。据张骞对汉武帝的描述,这条早期的西南丝绸之路,是从蜀通向身毒的道路,这里山水阻隔、民族复杂,是一条不易通行的羊肠小道。[①]

在西域丝绸之路上,中国的蚕丝、丝织品、铁器、漆器等被运往中亚和欧洲,铸铁和凿井技术也开始西传。而输入中国的西方物品有良马、橐驼、香料、葡萄、石榴、苜蓿、胡麻、胡瓜、胡豆、胡桃等。随着东汉初年政局的稳定、经济社会的发展,丝绸之路上公私人员和汉胡商旅来往,盛况空前。如《后汉书·西域传》记

---

① 袁行霈,严文明,张传玺,等.中华文明史:第 2 卷.北京:北京大学出版社,2006:34.

载：永元六年,"班超复击破焉耆,于是五十余国悉纳质内属。其条支、安息诸国至于海濒四万里外,皆重译贡献","汉世张骞怀致远之略,班超奋封侯之志,终能立功西遐,羁服外域……立屯田于膏腴之野,列邮置于要害之路。驰命走驿,不绝于时月,商胡贩客,日款于塞下"。当时的人们对西域珍奇货物的好奇和热衷,极大地促进了中外经济、文化的交流。

在海上丝绸之路上,秦汉时期的人们带到国外去的是黄金物品和丝织品等,从国外带回的是明珠、璧流离(宝石)、奇石异物等。西汉平帝时,还曾"厚遗黄支王,令遣使献生犀牛"。东汉和帝时,天竺多次遣使乘船前来,赠送方物。顺帝永建六年,叶调国王遣使师会渡海前来,赠送方物。汉封师会为汉归义叶调邑君,又赐叶调国王金印紫绶。桓帝延熹九年,大秦国王安敦遣使赠送象牙、犀角和玳瑁等。到了六朝时期,随着造船技术的发展,海上丝绸之路愈发兴盛。《南州异物志》记载:"舡大者,长二十余丈,高去水三二丈,望之如阁道,载六七百人,物出万斛。"可见,海上丝绸之路的货物交往,极大地拓展了人们对外部世界的认知和对自身的认识。这既是文明交流的自觉,也是文明互鉴的自省。

西南丝绸之路由来已久,至西汉中期,得到汉武帝的极大关注,汉武帝大力开拓,试图以此通向中亚的大夏等国,与它们联合共同打击匈奴。"西南丝绸之路的开辟,促进了中国和南亚地区的国家或民族的友好往来。"[①] 据载,东汉和帝永元九年,掸国国王雍

[①] 袁行霈,严文明,张传玺,等. 中华文明史:第2卷. 北京:北京大学出版社,2006:116.

由调与附近各族遣使到洛阳，奉献珍宝。和帝赐给雍由调金印紫绶，赐给掸族和其他贵族头人印绶和钱帛。据《后汉书》记载，安帝永宁元年，雍由调又遣使来京，"献乐及幻人，能变化吐火，自支解，易牛马头；又善跳丸，数乃至千"。这些魔术师自言是海西人（指大秦国即罗马帝国人）。安帝在宫廷中观赏了魔术表演，又封雍由调为"汉大都尉"，赐给印绶、金银和丝织品等。西南丝绸之路的开通与开拓，为中外文明交流互鉴开辟了又一个新的舞台，为后来中华文明的丰富多彩增加了又一条融贯之路。

"突破国家、民族、地域限制的'丝绸之路'的畅通，促进了商贸的繁荣，而其更为积极的结果却是文化的渗透。从商贸活动到文化交流，是一个飞跃性的发展，带来了文化融合的多元格局，并汇集为开创新时代的动力，最终形成了以隋唐为核心向四周辐射的文化圈。中外文化交流的深度和广度远远超过汉代。"[1] 隋唐时期，在器物文明交流方面，我国的丝绸大量输往国外，外来物品也纷纷涌入，西域的良马被大量引进以加强军队建设，骆驼作为"沙漠之舟"在丝绸之路上备受重视，频繁地出现在当时人们的文化作品和现实生活中。在精神文明交流方面，唐初的玄奘作为文化交流的标志性人物，在其中起到了举足轻重的作用。他决心获取佛教的真谛，克服万难西行天竺求取真经，自觉地承担起了沟通往来、传播文化的历史使命。经他之手翻译的1 335卷印度佛经，为今天在印度已经失传的佛经保留了难得的译本。

---

[1] 袁行霈，严文明，张传玺，等.中华文明史：第2卷.北京：北京大学出版社，2006：58.

由于隋唐能够容忍和接纳各种宗教、思想意识，因此隋唐时期的多元文化氛围逐渐形成，长安更是出现了"胡化之风"。中亚的粟特人将自身的文化直接带到隋唐，再经由当时人们的接纳和吸收，创造出了一种新的文化形式，如后来考古发现的艺术图像绶带鸟和"胡腾舞"等。除此之外，中亚和西亚人也将自身的生活习俗传入长安，比如当时皇城内架起的毡帐，就受到了各个阶层的人的效仿。为此，大诗人白居易还撰写了大量毡帐诗。西域的音乐、舞蹈、绘画的引入，为当时的传统文化注入了新的元素和活力。尤其是敦煌作为当时国际文化交流的大门，至今仍保存着诸多精美的塑像和壁画。这些文化瑰宝是不同文明在交流中进行再度融合和创造的反映，鲜明地反映了当时的人们对域外新鲜事物的接纳和改造，以及不同文化间的互鉴和文化创新。

在异域文化传入华夏的同时，华夏文明也东传到了日本、朝鲜和越南。随着魏晋南北朝时期的民族大融合与文化交融的形成，中华文明的影响力和辐射力逐渐显现。到了隋唐时期，周边各国纷纷派遣使者和留学生前来，积极学习和吸收中华文明，诸如中华典章制度、思想文学、生活方式和文化观念等，最终形成了以华夏文明为基础，以汉字为表征的汉字文化圈。"由于历史和地理条件，汉字伴随着汉文化东传朝鲜、日本，南被越南，形成'汉字文化圈'。"[①] 当时华夏文明的影响力主要表现在以下方面：一是汉字和汉文化的传播和被吸收；二是教育制度及教育观念的影响；三是以

---

① 陈玉龙，杨通方，夏应元，等. 汉文化论纲：兼述中朝中日中越文化交流. 北京：北京大学出版社，1993：5.

宫廷礼仪、儒家礼俗为核心的信仰文化、政治典章制度、法律制度的影响；四是道教东传至朝鲜、日本，产生了深刻影响；五是华夏文明的技术成就、实用知识、艺术创造以及风俗习惯等对东亚各国的影响。

丝绸之路的开通与拓展是人类文明交流史上的一件盛事，对华夏文明和周边各国文化的发展产生了重要而深刻的影响。一方面，华夏文明积极吸收和借鉴了印度文明和其他西域文化的要素，丰富和改造了既有的华夏文明，创造了与时代同频共振的新文明；另一方面，华夏文明也在当时的各国文明中产生了重要影响，形成了文化融合的互动效应，造就了东亚汉字文化圈的盛景。各国文明在交流互鉴中，并没有因为接纳其他文明而失去自身的个性，而是在交流互鉴的同时，保持了自身所赖以存在的特性，又积极吸收了新鲜血液和外域文化活力要素，从而共同创造和推动了文化的繁荣和发展。

二、佛教传入及其对中国文化的影响

至汉代中后期，具有完整形态的宗教开始出现在华夏文明中。作为中国历史上影响最大的两大宗教之一的佛教，就是在这个时候出现在中国的。但是从起源上来说，佛教是外来宗教，它产生于古代印度，创始人是释迦牟尼。关于佛教是何时、以何种方式传入中国的，学界有不同的说法。其中两种说法流传较久，也比较有影响力。

一种是"伊存授经"说。即在西汉末年汉哀帝时期，西域的大月氏派使臣前往长安,有中国人向他学习佛经。《三国志》记载了此事:"汉哀帝元寿元年,博士弟子景卢受大月氏王使伊存口受《浮屠经》,曰复立者,其人也。《浮屠》所载,临蒲塞、桑门、伯闻、疏问、白疏间、比丘、晨门,皆弟子号也。"这就是著名的"伊存授经"的故事。目前这一说法最为大多数人所接受,这一记载也最为可信。[①] 1998年,中国佛教界和学界以元寿元年即公元前2年为起点纪念佛教传入中国两千年,就是以此记载为依据的[②]。

另一种是"永平求法"说。即在东汉明帝永平年间,汉明帝做了一个梦,"神人"现身,"身体有金色,项有日光,飞在殿前",于是他派遣使臣到大月氏,抄取了佛经四十二章,将它们带回中国,从此佛教来到了汉地。学界一般认为该故事在细节方面存在的问题太多,想象的成分多于能够根据事实做出的推断,因此很难说具有多少真实性。不过,这个故事流传甚广,也充分表明那时的人们对佛教传入中国的探究之心和肯定之意。以汉明帝作为故事的依托,更是有增加故事可靠性和提高佛教地位的意图。

随着时间的推移,最初传到中原被当作流行的神仙道术的佛教开始被越来越多的人接受和理解。就两汉之际传入的佛教来说,是非常重视经典传承的。所谓"伊存授经"口传的就是《浮屠经》,即佛经。东汉末年,佛经得到大规模的翻译,主要代表人物有安世高和支娄迦谶。安世高在洛阳翻译佛经,数量相当多,但是完整流

---

① 袁行霈,严文明,张传玺,等.中华文明史:第2卷.北京:北京大学出版社,2006:192.

② 李富华.中国佛教研究意义深远:纪念佛教传入中国二千年.世界宗教研究,1998(3).

传下来的却不多。其翻译的重点在于"禅"和"数",即"善开禅数"。尽管其作品多已遗失,但安世高的贡献也是巨大的,影响也是深远的。一代宗师道安评价道:"世高出经,贵本不饰。天竺古文,文通尚质。"整理佛教译籍的专家僧佑认为:"天竺国自称书为天书,语为天语。音训诡蹇,与汉殊异。先后传译,多致谬滥,唯世高出经为群译之首。安公以为若及面禀,不异见圣。列代明德,咸赞而思焉。"可见,安世高的佛经翻译水平之高,冠绝当时。来自大月氏的支娄迦谶,翻译了《般若道行品经》《首楞严经》《般舟三昧经》,它们主要是大乘佛教的经典。这些作品极大地推动了中国佛教的发展。东晋时代的支敏度认为:"凡所出经,类多深玄。贵尚实中,不在文饰。"僧佑也认为:"凡此诸经,皆审得本旨,了不加饰。"上述两位是佛经翻译初期阶段的代表性人物,他们的翻译以重本尚质为基本遵循,推动了中国佛教在义学方面的发展,体现了佛教初传时代的特点。

在两晋南北朝时期,佛教迎来了真正的大发展,得到了上至王公贵族,下至普通民众的支持和信仰,从而使佛教在华夏文明中扎下了根,对中国文化产生了深远的影响。从这个意义上讲,佛教的传入对于中国吸收和借鉴外来文明具有重要启示意义,进而也是中外文明交流互鉴史上的重要历史经验。质言之,佛教的传入对中国文化的影响主要表现在以下方面。

一是佛教的传入为中华文明带来了新的文明要素,并且能够与中国本土文化相适应,成为中国化的佛教。在此之前,中国还没有像佛教这样发展成熟、形态完整的宗教,佛教的传入对当时中国的思想、文化、精神等产生了极为深刻的影响。这种影响不单单缘于它是外来宗教，更缘于它能够与中国原有的思想观念相融合，进而相互造就而形成能够扎根于中国的文明形式，成为中国文化内在的一部分，即佛教中国化。"佛教传入中国以后，确实跟儒、道发生了许许多多的交涉，中间冲突的东西很多，冲突的时间也很长。但是，里面也有很多共同的东西，所以说佛教跟中国本土的文化，特别是与儒家文化、道家文化有很多内在性的相同，这是佛教传入中国之后适应中国本土文化的一个非常重要的前提。"① 从这个意义上说，佛教的传入只是开始，要真正实现文明之间的交流互鉴，既要有文化的自适性和包容性，又要保持各自的个性，只有这样，佛教才能够本土化，进而渗透到中华文明的建构中。

二是佛教传入中国后，在创作形式和内容方面都对中国传统文学产生了重要影响。在《论近年之学术界》中，王国维指出："佛教之东，适值吾国思想凋敝之后，当此之时，学者见之，如饥者之得食，渴者之得饮，担簦访道者，接武于葱岭之道，翻经译论者，云集于南北之都，自六朝至于唐室，而佛陀之教极千古之盛矣。此为吾国思想受动之时代。"② 由此可见，佛教的传入对中国的传统思想文化造成了多么巨大的震动。在对中国传统文学的影响方面，一方面是佛经被翻译成汉文后，给当时的中国文学添加了新的语言要素和形式，另一方面，诸多佛经本身就是极具文学价值的作品，如《六度集经》《生经》《大庄严论经》等等，因而在内容上对

---

① 楼宇烈. 佛教中国化的启示. 中国宗教，2016（10）.
② 王国维. 王国维文集：第3卷. 北京：中国文史出版社，1997：36.

当时的中国文学具有极高的借鉴价值。

三是佛教的传入对中国的建筑风格、世俗生活、汉语本身、哲学思想等方面都产生了重要影响。在建筑风格方面，如《后汉书·襄楷传》记载，汉桓帝延熹九年，襄楷上谏曰："闻宫中立黄老浮屠之祠。"由此，印度的建筑风格被我国加以接纳和吸收。在世俗生活方面，茹素、中元节、地狱观念、阎王、阿弥陀佛、观音菩萨等成为家喻户晓的宗教要素，渗透到了百姓的日常生活之中。在汉语本身方面，一般认为学者对汉语声律的积极探索，很大程度上受到了佛教传入、佛经翻译活动的重要影响。在哲学思想方面，佛教所主张的因果论等学说，对中国传统的哲学思想做了必要的补充并与之融合，形成了具有中国风格的哲学思想。

佛教的传入及其对中国文化的影响是中外文明交流互鉴史上的宝贵经验，具有重要启示意义。佛教作为外来文化，要与中国本土文化相融合，首先需要它自身对中国文化具有一定的适应性，也就是说要与中国文化具有内在的共通性；其次，中国文化本身要具有一定的包容性，能够积极接纳和吸收这样一种外来文化，并将其加以本土化改造，使之能够成为中华文明的建设性力量。

三、西学东渐与中外文明的交流互动

在中外文明交流互鉴的历史经验中，西学东渐及由此引发的中外文明的交流互动对于中国从传统农业文明走向近代工业文明来说是极其值得关注的。在明末和清初的西学东渐时期，一方面，西方在科学技术、思想文化上走进了近代的视域，另一方面，中国仍然处于传统的轨道之中，尤其是伴随闭关锁国政策的推行，中国与近代世界的关系开始变得扑朔迷离，中华文明与世界文明的关系成为摆在中国人面前的一道必答题。

明末的西学东渐使得文明之间发生了实质性的互动。"在明朝之前，中西文化之间尚未发生实质性的互动。殆至明末，历史选择了欧洲天主教的耶稣会士充当一次颇有广度和深度的西学东渐使者。"① 这个耶稣会士就是利玛窦，他留下了许多具有重要价值的著述，对西学东渐做出了卓越贡献。一方面，他清醒地意识到，要想使天主教在中国传播，就必须有适应中国社会文化的相应策略——是通过平等对话交流，而不是通过武力屈服的方式；另一方面，他在文化互鉴、自然科学传播、语言与艺术交流方面的贡献，足以让他在西学东渐中产生实质性的影响。

在中西文化互鉴方面，利玛窦在分析中西文化的区别时，提出"孔子＋耶稣"的思想模式，试图以此糅合中西文化。在他看来，由孔子开创的儒学对中国的影响是深厚的，要想在中国传播耶稣教义，就必须找到与之相适应的思想文化交汇点，而天主教中的"天主"与儒学中的"上帝"、天主教中的"爱人"与儒学思想中的"仁"在基本思想上具有相当的共同性，所以儒学是能够借以使用的思想平台。在自然科学传播方面，利玛窦极大地推动了天文学、地理学、数学等在中国的发展。其中，由他传入的天文学与数学是核心内容，如地圆学说、九重天说、日地月大小说等。他还带来了

---

① 袁行霈，严文明，张传玺，等.中华文明史：第4卷.北京：北京大学出版社，2006：202.

大量的天文学书籍和形式各异的天文观测仪器。在语言与艺术交流方面,由他开创的以拉丁字母标注汉字的做法,有效解决了汉语音韵学中长期存在的字音与音素的问题;他自创了一部在当时广为流传的《西洋八曲》,增进了当时的国人对西方音乐的了解;他还把西方的油画及其绘画原理介绍到中国,深刻影响了明清两代的绘画艺术,推动了中国古代绘画艺术的进步。

与明末的西学东渐主要发生在耶稣会士与士大夫之间不同,清初的西学东渐主要发生在传教士、皇帝以及接受和反对西学的世俗学者之间。在清初的西学东渐时期,德国人汤若望是一个核心人物。他主要依靠西洋科技为当时的中国解决了制历授时之大事。由此,传教士在清廷中的地位得以擢升。"据统计,从1581年罗明坚来华始,至1664年杨光先为难天主教止,来华传教士之耶稣会士共82位,这期间,耶稣会士共刻印天主教的宗教书籍131种,历算类书籍100种,学术、伦理、物理类55种,卓有成效地推进了西学东渐。"① 当然,传教士以科学之事行神学之便,并非没有阻碍,但是无论如何,他们所传播的科学技术及经得起实践检验的科学道理确实为当时的中华文明增添了不少新鲜的血液。

在清初的西学东渐中,除了汤若望之外,还有一位发挥过重要作用的人物,即比利时的传教士南怀仁。他在与杨光先关于天文历法的较量中获胜,赢得了康熙皇帝的信任,从而为西学东渐的进一步发展提供了有利的政治和社会环境。"南氏忙于历书工作,指挥

---

① 袁行霈,严文明,张传玺,等. 中华文明史:第4卷. 北京:北京大学出版社,2006:215.

钦天监事务,并制造大型繁复仪器,供天文台使用,搬运巨石过桥,制造日晷仪及水表,又制造唧筒,引水至御花园,又油画小风水筒各花样,以便从三棱镜管观玩,乍看则有山水景致,有马有鸟,若从三棱镜管观看,则见有满洲人穿长袍,戴凉帽,观者无不啧啧称羡。南氏对此等工作甚感骄傲,在其致友人书中曾云:'此种工作,非同小可,如能因此导致皇帝改其信仰,岂非达成最高目标。天文机械,已赢得康熙皇帝信任与欢欣,因之带给我们的喜乐,达于顶巅,可是我还须要忍耐,等待适当时机,循序渐进,走到最艰难最要紧目的,也就是汤若望所希望等待皇帝心回意转的一天。'"[①] 他当时主要在天文学、欧氏几何学、算术等科学理论方面做了大量的传播和教育工作,为在当时的中国掀起的西学东渐热潮亦做出了重要贡献。

在西学东渐的同时,与之相伴的是中学西渐。它对于欧洲文明的形成也同样具有重要的意义。当时将中国思想文化传播到欧洲的作品主要有:利玛窦所著的《中国传教史》(1615年,奥格斯堡)在17世纪的欧洲产生了巨大影响。曾德昭的《中国通史》,又称《大中国志》(1642年,马德里;1645年,巴黎),全面介绍了中国历史、地理和思想史等方面的情况。殷铎泽著有《中国传教概况略》(1672年,罗马),还与柏应理等人合著了《中国哲学家孔子》(1686—1687年,巴黎)。杜赫德主编了《中华帝国全志》(1735年,巴黎,4卷),该书是在27位传教士的报告的基础上编成的中国百科全书,全面地介绍了中国各方面的情况,影响极大。在介绍

---

① 史景迁,叶舜庸.外人笔下之汤若望与南怀仁.国际汉学,2020(2).

儒家典籍方面，传教士郭纳爵、殷铎泽、柏应理、雷孝思、白晋等人都有译作在欧洲出版，他们将儒家经典如《大学》《中庸》《论语》《孟子》《周易》《书经》《孝经》《诗经》《春秋》《礼记》等翻译为西文出版。①

以此类著述为根本，当时欧洲的启蒙思想家们从中国文化中汲取了大量的思想要素，加入自身的思想体系中，推动了中学西渐的实质性进程。如法国启蒙运动的代表性人物培尔、伏尔泰、狄德罗、卢梭、霍尔巴赫、孟德斯鸠等都受过中国文化和思想的影响。其中伏尔泰就认为需要以儒学为参照建立一种新的宗教，即理性的和人道的宗教，以此来批判当时的欧洲传统宗教。德国启蒙思想家，如莱布尼茨和沃尔夫在对中国文化进行创造性解释和运用方面，也颇有见地。其中，莱布尼茨坚持认为中国人是以理为神的，认为儒学的理是神，而不是物质，它是不与物质完全分离的精神本体。诸如此类，不一一列举。由此足见，中学西渐对于近代欧洲文明的构建也曾经起到了非常重要的作用。

在人类文明交流互鉴的过程中，西学东渐和中学西渐是一个双向互动的进程。立足于当时的经济社会发展水平来说，西学东渐给传统中国带来的震动是巨大的，而从后来的社会发展趋势来看，中学西渐的影响也会慢慢展现出来。文明交流互鉴的过程是漫长的，其社会效应也不是一朝一夕就能显现的，这需要后来者在实践和理论上以更广阔的视野、更博大的胸襟、更有担当的责任意识

---

① 上述资料参见：袁行霈，严文明，张传玺，等. 中华文明史：第4卷. 北京：北京大学出版社，2006：228.

来推动和造就，以使不同文明能够以在世的方式和合共生。

第二节　把握文明交流互鉴的发展规律

习近平主席指出："世界文明历史揭示了一个规律：任何一种文明都要与时偕行，不断吸纳时代精华。我们应该用创新增添文明发展动力、激活文明进步的源头活水，不断创造出跨越时空、富有永恒魅力的文明成果。"① 促进文明交流互鉴，归根结底要确立一种具有世界历史视野的发展理念。"以和为贵"的观念在中华文化发展历程中源远流长，强调"推己及人""己所不欲，勿施于人"，这种忠恕之道是古代有识之士处理人际关系的基本原则，推而广之，应成为不同国家和不同民族的文化交往应当秉持的基本原则。著名历史学家汤因比认为，世界的未来依靠中华文明，因为中华文明具有世界主义思想，具有统筹政治、经济、文化的历史经验。在汤因比看来，"如果中国共产党能够在社会和经济的战略选择方面开辟出一条新路，那么它也会证明自己有能力给全世界提供中国和世界都需要的礼物。这个礼物应该是现代西方的活力与传统中国的稳定二者恰当的结合体"②。当发展中国家崛起成为不可阻挡的历史潮流时，必须将符合时代精神的真实的共同体当作社会发展的内在价值，通过在真实的共同体中分享社会发展成果来满足人们物质生活

---

① 习近平．习近平谈治国理政：第3卷．北京：外文出版社，2020：470.
② 汤因比．历史研究．刘北成，郭小凌，译．上海：上海人民出版社，2000：394.

和精神生活的实际需要。应更好地理解文化比较与对话的经验，在开放的世界中更好地解决当今全球共同的文化问题，努力形成包容、联动、会通的世界文化交往图景。

一、在差异性中寻求互补性

文明是社会实践的产物。在人类社会发展史上，曾出现过两河流域文明、埃及文明、印度文明、古希腊罗马文明和中华文明。由于生产方式、实践活动、地理环境、历史传统、社会制度和价值观念等方面的根本不同，由其顺势造就的文明也就具有不同的特点和属性。世界上没有千篇一律的文明，各个文明之间存在着一定的差异，如广袤无垠的耕地产生了农耕文明，一望无际的大海产生了海洋文明。差异性是文明交流互鉴的前提，我们应正确对待文明的差异性。世界文明是丰富多样的，尊重世界文明多样性是推动文明交流互鉴的基本前提。习近平主席强调："人类只有肤色语言之别，文明只有姹紫嫣红之别，但绝无高低优劣之分。"[1] 文明的差异性是客观存在的事实，各个文明都具有自身独特的价值，是世界各国拥有的共同财富。人类文明在差异化发展中寻求有利于自身发展的文明成果，搭建起文明交流互鉴的重要桥梁。无论是中华文明，还是西方文明，都是民族文明的瑰宝，不能随意改造、同化甚至取代与自身文明不同的其他文明形态。尽管文明具有差异性，但是要以差异性为基础，在差异性中寻求各个文明之间的互补性，推动不同文

---

[1] 习近平. 习近平谈治国理政：第3卷. 北京：外文出版社，2020：468.

明进行对话和交流，而不是企图以自身文明取代其他文明。在文明交流互鉴过程中，若是强迫其他文明服从于自身文明，则会导致文明冲突；相反，以尊重包容、兼收并蓄的态度对待其他文明，就是互相补充、互学互鉴的过程。

美国当代政治学家塞缪尔·亨廷顿在其著作《文明的冲突与世界秩序的重建》中指出："冷战后时代的世界是一个包含了七个或八个主要文明的世界。文化的共性和差异影响了国家的利益、对抗和联合。世界上最重要的国家绝大多数来自不同的文明。最可能逐步升级为更大规模的战争的地区冲突是那些来自不同文明的集团和国家之间的冲突。"① 可见，他把文明的差异性看作产生文明冲突的原因。他认为文化（广义的文化即为文明）的共性能够加强人们之间的合作以及增强凝聚力，而文化的差异只能加剧冲突和矛盾，"冲突是差异的产物"②。尽管亨廷顿认识到文明之间存在着差异性和共同性，但他把差异性看作对立性，并且忽视了差异性可以转化为互补性，从而实现各文明之间的交流互鉴。习近平主席指出："各国历史文化和社会制度差异自古就存在，是人类文明的内在属性。没有多样性，就没有人类文明。多样性是客观现实，将长期存在。差异并不可怕，可怕的是傲慢、偏见、仇视……各国应该在相互尊重、求同存异基础上实现和平共处，促进各国交流互鉴，为人类文明发展进步注入动力。"③ 所以，人类文明发展的最终指向绝不

---

① 亨廷顿. 文明的冲突与世界秩序的重建. 修订版. 周琪，等译. 北京：新华出版社，2010：23.
② 同①325.
③ 习近平. 习近平谈治国理政：第4卷. 北京：外文出版社，2022：460.

是文明的冲突，而是通过文明交流互鉴，在差异性的基础上寻求互补性，以促进自身文明繁荣进步并走向世界。

在中华文明发展史上，开放包容、互学互鉴是文明交流的基础。佛教传入中国并逐渐中国化的过程就是文明交流互鉴的成功范例，在当今仍具有时代意义和现实意义。佛教作为外来宗教，本发源于古印度，后传入中国，并与中国本土的思想文化相结合，逐渐融入并成为中华优秀传统文化的重要组成部分，后其影响遍及世界。诚然，佛教并非一经传入中国就被接受，其与儒家、道家文化存在着差异性。佛教与中国本土的儒家文化、道家文化在交流过程中也经历过冲突、碰撞、适应等，佛教得以中国化的关键在于中华文化的"和而不同"精神。"君子和而不同，小人同而不和。"中华传统文化讲究尊重差异性，主张和合共存。《道德经》也内含"知常容，容乃公"的包容思想。正是儒家、道家文化中的兼容并包精神，使中华民族以开放的态度积极吸收外来优秀传统文化。佛教所主张的慈悲情怀、行善积德等思想则丰富了中华文明的内涵。"经历了从隋唐到明代的发展与变化，佛教最终成为中华文明不可或缺的有机组成部分，与中国本土的儒家和道家思想相融合，构成今天通常所说的'儒释道'三足鼎立的中国传统文化。"[①] 只有尊重各民族的文化传统和宗教信仰，承认差异性，才能在交流互鉴过程中丰富和繁荣本民族文明。总之，佛教作为一种外来文化，在与儒家、道家文化的交流过程中，相互借鉴、取长补短，在各个方面交融互

---

① 袁行霈，严文明，张传玺，等．中华文明史（全四卷）．北京：北京大学出版社，2006：2215．

补。一方面，佛教源自印度，传入中国后得到发扬光大；另一方面，儒家、道家文化源于中国，也受到西方思想家的推崇。可见，尽管佛教与儒家、道家思想存在着差异性，但在文明交流互鉴过程中，双方不是对抗、矛盾的关系，而是相互尊重、择善而从。

"和而不同"是中华文明在交流互鉴过程中秉持的基本原则。"独学而无友，则孤陋而寡闻。"在文明发展史上，一种文明如果不与其他文明相互交流、借鉴，就会扼杀自身进步的动力。中华文明经历了五千多年的变迁，生生不息，创造性地发展了外来优秀文明。中华文明在与亚洲其他文明的交流过程中，不仅推动了亚洲其他文明的发展，而且推动了世界文明的繁荣。在文明交流互鉴过程中，中国的造纸术、印刷术、火药、指南针四大发明对欧洲的文艺复兴运动起到了重要作用；阿拉伯数字则传入中国，极大简化了数字语言。两千多年前，张骞出使西域，开辟了中国与世界文明交流的"古代丝绸之路"，促进了中国与世界上其他民族国家的经济、政治、文化交流，并引进了如葡萄、石榴、核桃、苜蓿、胡椒、蒜、莴苣、丝瓜、卷心菜等多种多样的食物，极大丰富了中国的物产生态；同样，中国的哲学、文学、艺术、医术、瓷器、香料、茶叶、丝绸等传入西方，丰富了西方文明的多样性。经历史考证，小麦源自幼发拉底河和底格里斯河流域的安纳托利亚高原，水稻最早种植于我国的长江流域，经过不断交流，小麦和水稻的种植不再局限于某一民族或地区，而是在全世界范围内推广。种种文明交流互鉴的结果都体现了互补性对人类文明的重要意义。"文明或文化之间的差异性不是冲突的根源，而是互补的前提。正确认识文明的差异，理解文化的多样性和相对性，增强文明的兼容性和互补性，减弱或消除排他性，使世界不同文明之间取长补短。"① 党的十八大以来，以习近平同志为核心的党中央高度重视对优秀传统文化的继承和发展，特别强调既要传承和发展中华优秀传统文化，又要借鉴和吸收外来优秀文明成果，在交流互鉴过程中发挥自身优势、取长补短，以丰富中华传统文化的内涵。

不同文明之间不是绝对对抗的关系，要认识到它们之间的差异性和互补性，差异性是促进文明交流互鉴的重要动力。黑格尔指出："不要自安于单纯的差异，而要认识一切特定存在着的事物之间的内在统一性。"② 任何一种文明的发展都离不开对不同文明的兼容互补，在差异性中寻求互补性是文明交流互鉴的发展规律之一。马克思和恩格斯在考察欧洲资本主义现实后指出："资产阶级，由于开拓了世界市场，使一切国家的生产和消费都成为世界性的了。"③ 这是全球化思想的萌芽，在此背景下，物质文明、精神文明等都应是世界性的。我们应遵循世界历史发展规律，尊重世界文明的差异性。虽然差异性不能转化为共同性，但差异性以异质性为前提，最后将转化为互补性。2013年9月和10月，习近平主席在出访中亚和东南亚国家期间，先后提出了共建"丝绸之路经济带"和"21世纪海上丝绸之路"的倡议，即"一带一路"倡议。从"古代丝绸之路"到当今时代的"一带一路"，沿线各国的文明都是丰富多彩的，这种文明多样性是世界文明多元化的表现，而非各国文

---

① 何星亮. 中西文化的差异性与互补性. 思想战线，2011, 37 (1).
② 黑格尔. 小逻辑. 贺麟, 译. 北京：人民出版社，1996：254.
③ 马克思, 恩格斯. 马克思恩格斯文集：第2卷. 北京：人民出版社，2009：35.

明对抗、冲突的根源。任何文明的繁荣发展都要建立在不同文明互补的基础之上,在文明交流过程中既要汲取优秀文明成果,又要吸取文明发展的教训。因而,在全球化进程中,各种不同文明要互相取长补短,并在共同性中增强互惠性。

二、在共同性中增强互惠性

在历史向世界历史转变的过程中,人们交往的范围不断扩大,日益形成普遍交往格局。在人类文明发展史上,世界历史视域下的普遍交往具有双重性:一方面,资本增殖与世界文明的进步是相辅相成的;另一方面,资本增殖与各民族文明呈现对抗性。诚然,文明是多元化的,"人类古老的文明有四种,都是沿着江河发祥的。这就是尼罗河流域的古埃及文明、幼发拉底和底格里斯两河之间的巴比伦文明、印度河与恒河流域的古印度文明、黄河和长江流域的中华文明"①。但是,不同文明之间存在着基本的共同性,共同性是各文明形态能进行交流的重要因素。塞缪尔·亨廷顿认识到共同性对实现文化共存的重要作用:"文化共存,需要寻求大多数文明的共同点,而不是促进假设中的某个文明的普遍特征。在多文明的世界里,建设性的道路是弃绝普世主义,接受多样性和寻求共同性。"② 我们既要看到文明的多样性、差异性,又要看到文明的共同性,这种共同性能够使双方实现互相交流。"一切美好的事物都是

---

① 袁行霈,严文明,张传玺,等.中华文明史(全四卷).北京:北京大学出版社,2006:45.
② 亨廷顿.文明的冲突与世界秩序的重建.修订版.周琪,等译.北京:新华出版社,2010:507.

相通的"①，不同文明之间必然存在着共同性。共同性（共性）与差异性（个性）是辩证统一的，人类文明既有独特的个性，又有广泛的共同性。我们在强调文明的差异性的同时，不能忽略文明的共同性。不同的文明得以存在于人类社会之中，离不开文明的共同性，共同性寓于差异性之中，并通过差异性表现出来。在人类文明发展史上，多种多样的文明相互碰撞和交流，既拥有各自独特的价值，又都有发展、进步的需要，承认人类文明的差异性和共同性是对多元文明的尊重和认同。

从"古代丝绸之路"到"一带一路"倡议，都是建立在文明共同性基础上的，这种共同性体现在共同的价值追求、共同的关切之上，沿线各国皆是在共同发展需要的驱使下进行交流和对话的。基于对中华文明发展史的考察，自汉代张骞出使西域，开辟了贯通东西、连接欧亚的丝绸之路，中国的冶铁技术通过丝绸之路传入西域，提高了西域的社会生产力水平，中国的四大发明也经由丝绸之路走向世界。中华文明以开放的胸怀与沿线各个文明形态互尊互信，吸收先进文明成果，正如波斯、罗马等地的植物、珠宝、艺术等也通过丝绸之路传入了中国。盛唐时期，中华文明包容波斯文明、阿拉伯文明、东罗马文明，并以汉字文化极大影响了东亚其他国家。到了明代，郑和七下西洋，通过贸易往来，将中国的丝绸、瓷器、纺织技术和耕种技术传向世界各地，同时又把世界各地的奇珍异宝带回中国。如今，"一带一路"倡议应运而生。中国从来追

---

① 习近平. 习近平谈治国理政：第3卷. 北京：外文出版社，2020：469.

求的都是共同发展，而不是一家独大。从古至今，中国人提倡尊重、包容、交流、互鉴的宗旨就是共享文明成果，惠及各方，从而实现互惠共赢。"一带一路"倡议与沿线各国的发展理念是契合的，在求发展、谋合作、促繁荣的理念下，各个国家的资源在空间、范围等方面实现互利、互补。在共同性的保障下，各个文明相互交流和融合，以增强各自的互惠性，这种互惠性既体现在物质利益上的经济往来中，又体现在精神文化上的交流、借鉴中。

习近平主席指出："法国有一句谚语：'一点又一点，小鸟筑成巢'。中国也有一句古语：'合抱之木，生于毫末；九层之台，起于累土'。"① 这说明了中国文明和法国文明是有共同性的，都强调了要脚踏实地干实事。不同的文明是拥有共同性的。例如，中国的游牧文明和阿拉伯的游牧文明既有差异性又有共同性。这种差异性表现在：中国的游牧文明以蒙古族的草原文明为典型；阿拉伯的游牧文明则以贝都因人的沙漠文明为典型。蒙古族长期生活在草原上，以"马背民族"著称，建立了以"马"为中心的游牧社会；阿拉伯沙漠文明以"骆驼"为中心，形成了沙漠游牧社会。尽管中国的游牧文明与阿拉伯的游牧文明各具特色，草原文明与沙漠文明在显性上具有差异性，但它们之间也具有共同性。这种共同性表现在都为流动民族。不同于农耕文明的固定形态，游牧文明的显著特点就是动态流动。无论是中国的游牧文明，还是阿拉伯的游牧文明，都呈现出流动性特征。游牧民族基于自然资源生存、生活，牧草和

---

① 习近平. 出席第三届核安全峰会并访问欧洲四国和联合国教科文组织总部、欧盟总部时的演讲. 北京：人民出版社，2014：28.

水源是其赖以生存的物质基础，因而它们会随着牧草和水源的变化而迁移。游牧文明既是中国文明与阿拉伯文明交流互鉴的支撑点，也是构建"中阿命运共同体"的内生动力。

我们应本着相互尊重、平等相待、合作共赢的态度，寻求各文明之间的共同性。文明的前进步伐不能止于差异性，要在共同性中增强互惠性，寻求不同文明蕴含的共同价值。古代丝绸之路的开辟以及马可·波罗东游等都是中外文明在共同性基础上交流互鉴的典型代表。随着交流的广泛深入，不同的文明形态在共同利益的驱使下，在交流过程中互相学习、互相借鉴、共同进步。文明是不断发展前进的，在文明沉淀的过程中，人们为了满足自身的需要而进行探索与交流。习近平主席指出："推动构建人类命运共同体，不是以一种制度代替另一种制度，不是以一种文明代替另一种文明，而是不同社会制度、不同意识形态、不同历史文化、不同发展水平的国家在国际事务中利益共生、权利共享、责任共担，形成共建美好世界的最大公约数。"① 中国秉持共商共建共享原则，同各国发展友好合作关系，这表明不同的文明可以相互交流，"文明因交流而多彩，因互鉴而发展"②，通过文明交流突破文明隔阂，实现各方互利共赢。中华文明在与其他文明交流的过程中，不仅汲取了优秀成果，促进了自身文明的进步，而且推动了世界文明的繁荣与发展。共同性是文明交流互鉴的保障，在共同性中增强互惠性是文明交流互鉴的发展规律之一。

---

① 习近平. 习近平谈治国理政：第 4 卷. 北京：外文出版社，2022：475.
② 习近平. 携手共命运 一起向未来：在中国同中亚五国建交 30 周年视频峰会上的讲话. 北京：人民出版社，2022：7.

党的二十大报告明确提出："我们真诚呼吁，世界各国弘扬和平、发展、公平、正义、民主、自由的全人类共同价值，促进各国人民相知相亲，尊重世界文明多样性，以文明交流超越文明隔阂、文明互鉴超越文明冲突、文明共存超越文明优越，共同应对各种全球性挑战。"[①]在人类文明演进过程中，尽管各民族拥有不同的文明表现形态，如不同的语言、文字、风俗习惯等，但是它们谋求和平发展，实现自由、民主的目标是一致的。因而，在文明交流互鉴的过程中，各民族秉持共同发展、共同进步的原则，扩大交流的广度，提升交流的深度，从尊重各文明形态的差异性，到发现各文明形态的共同之处，在人类文明的多元化中推动各文明形态向前发展、共享繁荣。历史证明，不同文明之间互相尊重、交流互鉴，不仅促进了自身文明蓬勃发展，而且推动了世界文明欣欣向荣。因而，人类文明的繁荣发展离不开文明交流互鉴，世界各国要在人类文明的多样性中顺应时代潮流，通过文明交流交融、互学互鉴推动人类文明进步。在文明交流互鉴过程中，世界各国要坚持文明的差异性与共同性的辩证统一，既在差异性中寻求互补性，又在共同性中增强互惠性。

三、在传承性中包容变异性

在人类文明发展史上，产生过埃及文明、两河流域文明、印度文明、中华文明等人类古老文明，而这四大古老文明中，只有中华文明历经五千多年的变迁，绵延不断、生生不息。中华文明自诞生

---

① 习近平. 高举中国特色社会主义伟大旗帜 为全面建设社会主义现代化国家而团结奋斗：在中国共产党第二十次全国代表大会上的报告. 北京：人民出版社，2022：63.

以来就一脉相承发展到现代。"文明在面对变化、面对它们永恒的和缓慢的变化时，或进行抵抗，或表示默许；回顾这些，我们或许能够提供一个可以恢复文明特有本质的最后解释，也就是说，文明的长期历史连续性。"① 在世界文明史进程中，中华民族是历史厚重的伟大民族，拥有灿烂的中华文明。正如习近平总书记所指出的："中华民族是世界上伟大的民族，有着5 000多年源远流长的文明历史，为人类文明进步作出了不可磨灭的贡献。"② 汤因比也分析了中华文明的连续性与持久性是经过历史证明的，没有传承性就没有连续性，并且连续性是中华文明的独特性质。

习近平总书记指出："如果没有中华五千年文明，哪里有什么中国特色？如果不是中国特色，哪有我们今天这么成功的中国特色社会主义道路？"③尽管在中华民族五千多年的历史文明中，伴随着朝代更替，但是中华文明从未被吞噬或泯灭，而是在传承中表现出连续性。究其原因，中华文明具有统一性，"家国情怀"以一种朴素的情感形态将国家、民族、宗教、伦理等联系在一起，从而逐渐成为凝聚中华民族的向心力和归属感的动力。在此基础上，中华文明一是尊重和包容外来文明的多样性，二是吸收、融合外来文明的优秀因素以丰富自己。2023年6月2日，习近平总书记在文化传承发展座谈会上强调："中华优秀传统文化有很多重要元素，共同塑造出中华文明的突出特性。中华文明具有突出的连续性，从根本上

---

① 布罗代尔. 文明史纲. 肖昶，冯棠，张文英，等译. 桂林：广西师范大学出版社，2003：53.
② 习近平. 习近平谈治国理政：第4卷. 北京：外文出版社，2022：3-4.
③ 同②315.

决定了中华民族必然走自己的路。如果不从源远流长的历史连续性来认识中国，就不可能理解古代中国，也不可能理解现代中国，更不可能理解未来中国。"[1] 文明传承的最典型方式就是文化传承，中华上下五千年，从传统节日到十二生肖，都表明中华文化经过了历史沉淀后延绵至今。

中华文明是接续不断的文明形态，但在演进过程中，也呈现出变异性特征。一方面，从纵向上看，作为文明主体的中华文明自身内部存在变异性。文化传承的桥梁就是文字，汉字是一种古老的文字，表征着独树一帜的中华文明。汉字作为一种书面语言符号，是延续中华文明的代表之一，承载着中华民族博大精深的智慧。"世界上出现过多种自源古文字，如苏美尔楔形文字、古埃及圣书文字、中国甲骨文等，唯有中国甲骨文延续发展为今天的汉字。"[2] 诚然，从象形文字到甲骨文再到金文、篆书、隶书、楷书、草书和行书等汉字字体形式，汉字在作为传承中华文明的纽带时，也会随着时代需要的变化而发生变异，"秦代的'书同文'解决的是战国用字混乱问题，采用的方法只是'罢其不与秦文合者'；汉代的'隶变'动因是提高书写速度，主要通过书写技法来改善——变线条为笔画、变圆转为方折；近现代的汉字简化主要是解决学习繁难问题，也只是通过部分字的笔画减省和字种合并来减轻学习负担，而且简化字80%以上是自身演变的结果，并非突然的全盘改造或替换"[3]。这种

---

[1] 习近平在文化传承发展座谈会上强调 担负起新的文化使命 努力建设中华民族现代文明. 人民日报，2023-06-03 (1).
[2] 李运富. 汉字之光永照中华文明. 语言战略研究，2022，7 (6).
[3] 同②.

文明主体内部的变异同样要取长补短，以促进更好地交流，并不是随意否定某一种字体，只承认一种字体的存在，而是基于现实的需要"百家争鸣"。早在战国时期，赵武灵王就通过服饰文化的交流，以"胡服骑射"促进了中原汉族与少数民族文化的交流借鉴。到了大唐盛世，"胡舞"和"胡乐"盛行，此时各民族文化大放异彩，相互交流，极大地证明了中华文化内部在交流互鉴过程中包容着变异性。

另一方面，从横向上看，中华文明在与外部其他文明交流的过程中产生变异性。2014年3月27日，习近平主席在巴黎联合国教科文组织总部发表演讲，他强调："佛教产生于古代印度，但传入中国后，经过长期演化，佛教同中国儒家文化和道家文化融合发展，最终形成了具有中国特色的佛教文化，给中国人的宗教信仰、哲学观念、文学艺术、礼仪习俗等留下了深刻影响。"[1] 在中华文明演进过程中，佛教文明的出现与融入使得中华文明发生变异。同时，正是这种变异性，构成了使佛教与儒家文化和道家文化进行交流互鉴、融合发展的前提，并形成了具有中国特色的佛教文化。可见，随着历史的变迁，客观物质存在和主观精神会发生变化，文明交流互鉴过程也会发生改变。传承性与变异性都是文明交流互鉴的发展规律，我们要坚持在传承性中包容变异性，不能只强调传承性或变异性。没有传承性就没有变异性，变异性体现在纵向和横向两个方面。任何文明的交流都会在经历冲突、对抗后各取所长、互学互鉴。可见，从冲突到融合是人类文明发展的普遍路径。在传承性

---

[1] 习近平. 习近平谈治国理政：第1卷.2版. 北京：外文出版社，2018：260.

中包容变异性是超越文明冲突、实现交流合作的有效路径。佛教自汉代伊始传入中国后，与中国本土文明产生过冲突和碰撞；在魏晋南北朝时期初步呈现本土化样态，与儒家思想和道家思想碰撞、交流；到了唐代得到大力支持，"儒释道"三足鼎立趋势明显，佛教作为外来文明在逐渐融入中华文明后中国化。

纵观历史，中国自古至今不仅融合了中华民族内部各民族的文明，而且吸收、借鉴了世界各国的优秀文明成果。"海纳百川"的交流方式，使得中华文明不仅吸收了西方先进文明思想，而且继承发展了中华优秀传统文化，并将二者有机融合在一起。习近平主席指出："人类文明因包容才有交流互鉴的动力。"[①] 我们不仅要包容外来文明，还要包容中华文明内部发生的变异性。在传承性中包容变异性是文明交流互鉴的发展规律之一。传承性与变异性不是相互矛盾、对抗、冲突的。我们应以辩证的态度对待中华文明演进过程中的传承性与变异性，尊重、包容和吸纳其他文明中的优秀文明成果，以此丰富、繁荣自身文明，而不是摒弃、拒绝与其他文明交流。中华文明赓续千年，源远流长、博大精深，在文明传承、交往、交流和交融过程中，包容变异性，接纳、融合外来文明，认同、传承自身优秀传统文明，孕育出丰富的文明成果。人类文明新形态就是根植于中华文明，从而不断传承、发展、创新的结果。

四、在互鉴性中推动创新性

文明交流互鉴不是单向的输出，而是双向的交融。文明互鉴就

---

① 习近平.习近平谈治国理政：第1卷.2版.北京：外文出版社，2018：259.

是不同的文明之间相互借鉴，使自身持续健康发展。文明交流与文明互鉴是协同发展、并行不悖的，"西方文明本身就是向东方文明学习而形成的，是文明互鉴的结果。这个史实充分昭示：不同的文明常常是相互借鉴、相互学习、相互促进的结果，文明互鉴是人类文明发展和进步的基本规律"[1]。人类文明的繁荣发展离不开交流互鉴，历史上中学西渐和西学东渐的过程，表明了人类文明是在互学互鉴基础上发展的。文明交流互鉴既是不同文化交融的重要路径，又是解决不同文明矛盾的重要手段。在漫长的文明交流互鉴过程中，人类创造和发展了丰富多样的文明，无论是中华文明还是其他文明，都是人类文明优秀成果。人类文明要谋求发展，不仅仅要相互交流，更要相互借鉴，交流只是打开了文明的大门，借鉴才会促进文明的进步。一切文明都是在相互借鉴的基础上实现繁荣的，文明的互鉴性能够促进不同国家间经济、政治、文化等各个方面的交流与融合。诚然，文明发展不能止于互鉴，过于强调互鉴性会抹杀自身文明的个性。在互鉴过程中，除了文明传承外，最重要的是发现创新、推动创新，创新是一切文明始终向前的动力。"每一种文明都延续着一个国家和民族的精神血脉，既需要薪火相传、代代守护，更需要与时俱进、勇于创新。"[2]

中华文明在继承创新中不断发展。交流互鉴要与时俱进，在互学互鉴中推动创新，而不是闭关自守、故步自封，勇于创新是文明

---

[1] 曹顺庆. 文明互鉴与西方文论话语的东方元素. 文学评论，2023（1）.
[2] 习近平. 出席第三届核安全峰会并访问欧洲四国和联合国教科文组织总部、欧盟总部时的演讲. 北京：人民出版社，2014：17.

发展的趋势。中华文明延绵不断、生生不息,既离不开对自身优秀文明的继承与发展,也离不开自身所具有的与时俱进、革故鼎新的精神品格。正如习近平主席所指出的:"自古以来,中华文明在继承创新中不断发展,在应时处变中不断升华,积淀着中华民族最深沉的精神追求,是中华民族生生不息、发展壮大的丰厚滋养。"① 人类文明的发展和进步要求各文明之间既要相互交流和借鉴,又要在交流、借鉴的基础上推陈出新。"中华文明具有突出的创新性,从根本上决定了中华民族守正不守旧、尊古不复古的进取精神,决定了中华民族不惧新挑战、勇于接受新事物的无畏品格。"②中华民族不是一个因循守旧的民族,中华文明自身具有创新性,《礼记·大学》中的"苟日新,日日新,又日新"等思想表现出中华文明的创新精神。文明交流互鉴应遵循创新原则,在交流互鉴过程中顺应时代要求,推陈出新、与时俱进,不断吸纳各时代的优秀文明成果。

中华文明在与其他文明进行交流互鉴的过程中,不断推动创新,从而促进了文明繁荣与进步。"我们应该用创新增添文明发展动力、激活文明进步的源头活水,不断创造出跨越时空、富有永恒魅力的文明成果。"③ 2023年2月7日,习近平总书记在学习贯彻党的二十大精神研讨班开班式上指出:"中国式现代化,深深植根于中华优秀传统文化,体现科学社会主义的先进本质,借鉴吸收一切人类优秀文明成果,代表人类文明进步的发展方向,展现了不同于西方现代

---

① 习近平. 习近平谈治国理政:第3卷. 北京:外文出版社,2020:470-471.
② 习近平在文化传承发展座谈会上强调 担负起新的文化使命 努力建设中华民族现代文明. 人民日报,2023-06-03(1).
③ 同①470.

化模式的新图景，是一种全新的人类文明形态。"① 人类文明新形态，正是中华文明在互鉴中推动创新的最大成果。在人类文明进程中出现的新形态，是五大文明（物质文明、精神文明、政治文明、社会文明、生态文明）协调发展的新形态，是社会主义性质的文明。我国正以中国式现代化推动中华民族伟大复兴，坚持把马克思主义基本原理同中国具体实际相结合、同中华优秀传统文化相结合，推动中华优秀传统文化创造性转化、创新性发展。

创新不是推翻一切旧事物，而是文明发展的内在逻辑。从原始社会的打猎到农业社会的耕作，再到工业社会的分工和机器，乃至当今信息社会的人工智能，历史证明，中华文明源远流长、博大精深的原因，不仅仅在于对中华优秀传统文化的传承，不在于对西方文化的盲目学习，而是关键在于在五千多年历史长河中，坚持兼容并包、革故鼎新。创新是一个民族、国家向前发展的不竭动力，回望中华民族五千多年的文明发展史，创新是文明发展的主旋律。"在文明交流互鉴中，如不遵循创新原则，交流互鉴就会质变为文明舶来。舶来不是文明交流互鉴的目的，也不是文明创造与文明发展的生存之道。"② 面对不同的文明，我们应以开放的态度吸纳顺应时代发展要求的时代精华，通过创新为文明发展注入动力。在互鉴性中推动创新性是文明交流互鉴的发展规律之一。文明创新既包括对自身文明的传承与反思，又包括对世界上其他文明的包容与

---

① 习近平在学习贯彻党的二十大精神研讨班开班式上发表重要讲话强调 正确理解和大力推进中国式现代化. 人民日报，2023－02－08（1）.

② 戴圣鹏. 论文明交流互鉴的载体与原则. 学习与探索，2023（5）.

借鉴。

创新是人类文明发展的必然要求。传承与创新中华文明，需要以辩证的眼光看待过去与未来，既要吸纳传统文化中的精华，并理性对待糟粕，又要在全球化背景下勇于突破、创新，走吐故纳新之路。习近平总书记强调要赓续中华文明，坚持守正创新。中华文明在发展过程中不断吐故纳新，不仅推动了自身文明的进步，而且促进了世界文明的繁荣。"一带一路"与"构建人类命运共同体"皆是在互鉴性中推动创新性的成果。"一带一路"拓展了文明交流互鉴的途径，沿线各个国家在经济、政治、文化、教育、科技、卫生等方面的交往与合作更加深入。文明交流互鉴的结果就是共建命运共同体，党的二十大报告再次强调要推动构建人类命运共同体，"深化文明交流互鉴，推动中华文化更好走向世界"[①]。我国积极倡议构建亚洲命运共同体、人类命运共同体，倡导全人类共同价值，在互鉴性中推动创新性，坚持守正创新，为推动人类社会的现代化进程，实现世界文明包容共存、交流互鉴提供了中国方案。

总而言之，差异性是文明交流、借鉴、发展和创新的源泉动力，我们要尊重文明多样性，在多样性中互通有无、共同发展。只有在差异性中寻求互补性，才能促进自身文明的繁荣与发展。诚然，在文明交流互鉴过程中，传承性与变异性是对立统一的关系，我们既要看到文明的传承性，又要认识到文明的变异性。文明交流互鉴要求与时俱进，在互学互鉴中推动创新。所以，静态来看，文

---

① 习近平. 高举中国特色社会主义伟大旗帜 为全面建设社会主义现代化国家而团结奋斗：在中国共产党第二十次全国代表大会上的报告. 北京：人民出版社，2022：46.

明交流互鉴的规律表现为：在差异性中寻求互补性，在共同性中增强互惠性。动态来看，文明交流互鉴的规律表现为：在传承性中包容变异性，在互鉴性中推动创新性。

第三节　践行文明交流互鉴的实践逻辑

　　文明交流互鉴是推动人类文明进步和世界和平发展的重要动力，傲慢偏见是文明交流互鉴的最大障碍。构建人类命运共同体，必须以一种与时俱进的世界观念和人类意识与各国携手并进，通过包容互惠和文明对话，在处理重大全球性问题的过程中与各国携手合作，体现全球治理的联动效应。为此，必须超越"修昔底德陷阱"之类的思维束缚。习近平主席指出："任何一种文明，不管它产生于哪个国家、哪个民族的社会土壤之中，都是流动的、开放的。这是文明传播和发展的一条重要规律。"[1] 各种流动的、开放的文明体现着生于斯、长于斯的人类实践的动力和规律，体现着文明从低级向高级发展的轨迹，体现着民族文化和地域文化愈益成为世界历史性的文化的趋势。在丝绸之路经济带和 21 世纪海上丝绸之路上再创古老丝绸之路的历史辉煌，与沿线各国共享文明发展的成就，参与塑造全球化时代沿线各国命运共同体，体现了中华民族的世界历史视野。在此基础上，促进经济要素有序自由流动，实现更

---

[1] 习近平. 在纪念孔子诞辰 2 565 周年国际学术研讨会暨国际儒学联合会第五届会员大会开幕会上的讲话. 人民日报，2014 - 09 - 25（2）.

广泛更高端的区域合作，在商业与文化的交融中展现和平合作、开放包容、互学互鉴、互利共赢的丝路精神，实现具有民族情怀、时代品格和世界视野的当代中国哲学自我超越和当代中国文化复兴，是时代之所需，必将促进世界文明发展。

在超越文明优越、文明冲突、文明隔阂、文明封闭的漫漫征程中，中国始终是积极促进文明交流、文明包容、文明共存、文明互鉴的倡议者，更是践行者。在实践中践行什么样的原则、以什么样的态度对待不同文明，事关人类文明进步事业，事关人类命运共同体的构建，事关世界能否和平与安宁。在对待文明交流互鉴的问题上，抱着傲慢偏见、冲突对抗、各自为政、封闭自守的态度，不仅不会促进文明进步，而且会让世界蒙受更多的混乱、动荡和苦难。只有秉持尊重、平等和谦虚的态度，展现对话的诚意，才能了解不同文明的独特之处、深层底蕴以及价值真谛；只有包容互惠，以海纳百川的宽广胸怀打破文明间的对抗和壁垒，才能在各个领域的治理中共同破解时代难题、化解风险挑战、走向合作共赢；只有各种文明和衷共济、和合共生、休戚与共，才能形成长期的你中有我、我中有你的稳固格局；只有促进不同文明相遇相知、互学互鉴，深化对自身文明和其他文明的共同性和差异性的认知，才能推动不同文明间交流对话，既为本国文明的发展提供充满勃勃生机的交流氛围，又为其他文明的发展创造机遇，让世界文明花园丰富多彩，让文明之花绽放得更加光彩夺目。可见，尊重原则是文明交流互鉴的实践前提，互惠原则是文明交流互鉴的实践动力，长期原则和发展原则是推动尊重原则和互惠原则更进一步践行的深刻体现。

一、尊重原则：从傲慢偏见走向平等对话

"人类文明因多样才有交流互鉴的价值"，"人类文明因平等才有交流互鉴的前提"①。之所以要尊重文明的多样性，是因为物质决定意识，每一种文明都是不同民族在不同地区、不同时期、不同环境的发展中进行物质生产和精神生产的产物，镌刻着当时人们的世界观、人生观和价值观，展现着独特的价值魅力和深厚底蕴。因此，文明之间理应是平等的，"人类只有肤色语言之别，文明只有姹紫嫣红之别，但绝无高低优劣之分"②。故懂得尊重他国文明、平等对待他国文明是对世界各国的发展要求，正是因为有了平等这个前提，人类文明才能有序发展、繁荣发展、纵深延展。然而，西方国家凭借先发优势和经济实力，为其文明优越论做了有力支撑，西方文化霸权主义仍然是当前的文化现实，文化霸权主义这种对他者不屑一顾和对自我文明盲目自信、高人一等的做法是愚蠢的、灾难性的。

一是要摒弃傲慢偏见的文化霸权主义思想，文化霸权主义误入了抽象普遍性的歧途。抽象普遍性正是马克思和恩格斯所严厉抨击的，因为抽象普遍性思维导致错误地认为自己的文明是十全十美的，是文明的巅峰，完全蔑视、漠视其他文明的客观存在、独特价值和合理性，这种离开了现实的历史的抽象思维是没有任何价值和

---

① 习近平. 习近平谈治国理政：第1卷.2版. 北京：外文出版社，2018：258-259.
② 习近平. 习近平谈治国理政：第3卷. 北京：外文出版社，2020：468.

意义的。每一种文明的形成都有其具体的社会历史条件，只有深入了解每一种文明的形成过程，才能更清晰地鉴别其优缺点，对其选择性地加以接受吸收，而不是全盘否定其他文明或对其他文明的优点视而不见。企图用自己的文明同化其他文明，将自己的历史文化和社会制度强加于其他文明，这种只在意自我文明主体性的做法会导致无法认知到自己文明与其他文明的差异，进而得到一个事与愿违的结果，因为"**与自身的同一……必须有与一切别的东西的差异作为补充**"①。换言之，每一种文明都基于与其他文明的差异而存在，一切妄图消灭或同化其他文明的做法，都会使自己的文明不复存在，"野蛮的征服者总是被那些他们所征服的民族的较高文明所征服，这是一条永恒的历史规律"②。因此，要摒弃"文明阶级论"的偏见，改变唯我独尊的恶劣态度，以辩证的眼光看待多姿多彩的文明，以宽广的胸襟接受差异，将历史积淀下来的各种积极文明成果与现实国情、当代文明、现代社会相结合、相协调，为人类文明的发展奠定基础，为文明社会的延续提供动力。

二是在重视、珍惜和理解本国文明的基础上，理解、尊重、平等对待他国文明及其独特价值，一直秉持平等、谦虚的态度和价值取向。尊重文明多样性、平等对待各种文明是文明交流互鉴的题中应有之义，因为没有任何一种文明可以脱离其他文明而独立存在发展，没有任何一种文明不是建立在不断兼收并蓄其他文明优秀成果的基础上，最终实现自我文明的螺旋式上升和世界文明的整体进步

---

① 马克思，恩格斯. 马克思恩格斯全集：第20卷. 北京：人民出版社，1971：557.
② 马克思，恩格斯. 马克思恩格斯全集：第9卷. 北京：人民出版社，1961：247.

的。各国各民族应懂得各种文明在主体上和价值上都是真正平等的,"大到一个国家、一个民族、一种宗教信仰和习俗,小到个体的人"①,每一个主体在文明的交流互鉴中都处于平等地位,每一种文明在价值指引中都各有千秋、各有不足,但各种文明终究都是人类奋斗的结晶,都来自人的实践,又促进人的实践,彰显人类文明底色,在平等的基础上实现和合共生。在认识到需要平等对待各种文明之后,还需要进一步认识如何实现文明平等,这就需要把文明普遍性与特殊性结合起来,把握住文明之间的相通性,进而为人类文明发展提供更加广阔的空间。其一,各种文明不管处在何种阶段的社会,都旨在追求有秩序的生活,这一价值内涵符合各种文明的利益。其二,个体的文明又受到具体社会历史的影响,形成不同的、独特的内容,这些内容在一定程度上都符合当时的国情,获得了人民的拥护支持,发挥了稳定政治、发展经济、改善民生的积极作用。可见每一种文明都是世界文明大花园中的核心成员,理应被平等对待和给予尊重,每一种文明都一直致力于实现稳定、繁荣等共同的目标,一直发展着自由、民主、平等等共同的核心价值理念。在"一带一路"国际合作高峰论坛开幕式上,习近平主席说,中国古语讲"不积跬步,无以至千里",阿拉伯谚语讲"金字塔是一块块石头垒成的",欧洲也有一句话是"伟业非一日之功"。可见,文明既多元独特,又共通相连,接受多样性、寻求共同性,离不开对彼此的尊重和平等相待。

---

① 惠春琳. 文明交流互鉴的理论逻辑与实践启示. 山东大学学报(哲学社会科学版),2022(2).

因此，只有坚守尊重原则，摒弃傲慢偏见，推崇平等对话，才能有效推动文明交流互鉴，从而防止傲慢偏见在自我文明与其他文明之间制造断层线。

二、互惠原则：从冲突对抗走向包容互惠

地理因素、民族特色、文化传统不同，孕育出的文明也千姿百态，不同文明的差异性导致各种文明之间时常出现激烈的碰撞。尤其是西方国家的文明，在资本逻辑的主导下，陷入了资本的盲目性、逐利性、斗争性。资本以追求剩余价值为核心，为了追求剩余价值不惜使用一切排他性的手段来消除障碍，例如近几年一些西方大国为了实现经济利益最大化，不断做出逆全球化的行为，在经济领域诉诸霸权主义与强权政治，但最终却遭到了反噬，导致本国内部矛盾日益尖锐。所以，任何一种文明都内在地蕴含着矛盾，必须正确认识矛盾与差异，任何与其他文明相冲突对抗的行为，都只会给自身带来更深重的危机。要清晰地认识到冲突对抗只是文明交流互惠互利中的一个小插曲，只是历史过程中一个有限的阶段，文明间的交流、交融、互惠、互利才是主流和常态，正如习近平主席所指出的："历史反复证明，开放包容、合作共赢才是人间正道。"[1]当面对差异性时，不仅要消解差异性带来的冲突对抗，而且要利用好差异性给各种文明带来的互补性依赖关系、互惠互利性关系和相互嵌入彼此文明的关系，不同文明之间的包容互惠是世界文明交流互

---

[1] 习近平. 团结合作勇担责任 构建亚太命运共同体：在亚太经合组织第二十九次领导人非正式会议上的讲话. 人民日报，2022-11-19（2）.

鉴的动力。包容互惠深刻地体现在世界文明交流互鉴的各个领域和各个方面,具有高度的现实性和可行性,很大程度上消解了自我文明优越论和对其他文明的狭隘观念,以及由此引发的矛盾和冲突。

第一,加强宽泛的文化交流和深度的文明对话。文明之间的交流不是单纯靠利益交换就可以驱使的,必须先通过文化的相互交流、文明的相互借鉴来消解各种文明间的对立、对抗和怨怼,同时建立起伙伴间的友善关系。中国始终坚持与其他文明深度对话,通过不断加深了解来减少冲突,通过实施开放的举措来搭建深度对话的桥梁。例如:把建立伙伴关系确定为国家交往的指导原则,深化人文合作委员会、文化联委会等合作机制,加强上海合作组织成员国会晤、中国-中东欧等国家的文化磋商,推动与"一带一路"沿线国家建立非物质文化遗产交流与合作的长效机制,举办官员研修研讨、技术人员培训、在职学历学位教育等项目 7 000 余期,向 80 多个国家派遣青年志愿者和汉语教师志愿者两万余名;深入开展教育、科学、文化、体育、旅游、卫生、考古等各领域的人文合作,加强议会、政党、民间组织往来,密切妇女、青年、残疾人等群体交流,汇聚各方智慧和力量,形成多元互动的人文交流格局;在国家交往过程中,绝不搞模式输出,而是始终在尊重其他国家的自主意愿和实际需求的基础上,帮助其他国家探索适合自身的文明发展之道,真正实现扎实交流、务实对话,造福各国文明发展。

第二,扩大利益同心圆,做大互利共赢的蛋糕。没有物质利益作为基础的文明交流是不现实的,要想加强文明交流互鉴,一定要以共同利益为基础,在"你有我无",并且是彼此间有着强烈需要的前提下，双方进行交流互鉴，利益有无、需求有无，是能否形成互惠关系的根本所在。要坚定秉持共商、共建、共享的经济交往理念，秉持开放、融通、互利、共赢的合作理念，摒弃任何以自我为中心的自私自利的狭隘政策，"维护世界贸易组织规则，支持多边贸易体制，构建开放型世界经济"①。在"一带一路"倡议下，我国设立"一带一路"专项贷款、丝路基金、各类专项投资基金，发行丝路主题债券，支持多边开发融资合作中心有效运作；激发各国金融机构参与共建"一带一路"投融资的信心，鼓励开展第三方市场合作，通过多方参与实现共同受益的目标，实现发展的普惠性。我国还采取一系列重大开放举措，加强制度性、结构性安排，促进更高水平、更多领域的对外交流。例如，在更多领域扩大外资市场准入，推动现代服务业、制造业、农业全方位对外开放，并在更多领域允许外资控股或独资经营。特别是在外国投资者关注的中国国内市场缺口较大的教育、医疗领域，将放宽对外资股份比例的限制。这些开放举措有助于应对逆全球化潮流，"只要大家齐心协力、守望相助，即使相隔万水千山，也一定能够走出一条互利共赢的康庄大道"②。

第三，亲诚惠容与合作共赢并驾齐驱。情感上的相知相亲和物质上的互利互惠是同等重要的，二者互为基础，以情感促利益，以利益换情感，情与利高度统一。"如果说政治、经济、安全合作是推动国家关系发展的刚力，那么人文交流则是民众加强感情、沟通

---

① 习近平. 习近平谈治国理政：第3卷. 北京：外文出版社，2020：441.
② 同①492.

心灵的柔力。……文化在增进人民相互了解和友谊方面可以起到春风化雨、润物无声的作用。"① 这种刚力和柔力体现在面对经济危机、地区冲突、文明对抗等问题时,各国以亲诚惠容的理念真诚合作,以经济互利的思维共同探索解决方案,这是指导文明交流实践的原则和依据,是构建人类命运共同体的重要实践路径。正如习近平主席所指出的:"一带一路"建设不是中国一家的独奏,而是沿线国家的合唱②。中国会始终按照亲诚惠容理念同周边国家深化互利合作。

因此,随着人类越来越生活在利益交融、荣辱与共的命运共同体中,我们不能将眼光局限在文明间的冲突、对抗和分歧中,任何与包容互惠的国际格局相逆行的做法都是不可取的,人类应在包容尊重的基础上,找到共同利益的交汇点,积极践行团结、包容、互惠、互利、持续的整体性观念,以此来为文明交流互鉴的实现提供充足动力。

三、长期原则:从各自为政走向休戚与共

国际社会是由不同文明有序整合而成的产物,丧失能动交流的世界文明是无法获得成长与繁荣的,正是各种文明的长期整合、平衡与统一,才推动了文明多样性的补充和发展。如果每一种文明都各自为政、自视优越,没有意愿展开对话,各文明主体就难以形成

---

① 习近平. 共创中韩合作未来 同襄亚洲振兴繁荣:在韩国国立首尔大学的演讲. 人民日报,2014-07-05(2).

② 习近平. 迈向命运共同体 开创亚洲新未来:在博鳌亚洲论坛2015年年会上的主旨演讲. 人民日报,2015-03-29(2).

长期稳定的互补、互尊、互信、互利的文明共同体，因此，可以通过为各文明主体塑造交流互鉴的格局、提供交流合作的纽带、构建世界文明秩序，来形成具有长期性、持久性、确定性的文明交流的先决条件。

首先，塑造多元主体参与的文明交流互鉴格局。国家、企业、社会组织、不同文化背景的个体等实践主体都需要交流往来，文化、商业、外交、旅游、教育等各个领域都需要参与到文明互鉴中，所以这是一项系统的工程。要想把这项系统的工程长期保持下去，就要积极调动多元主体发挥作用。从多元实践主体角度看，要建设中国特色新型智库，其中包括"建设学而不厌的学习型智库、与时俱进的研究型智库、长袖善舞的交流型智库、善于宣讲的传播型智库、守正创新的咨政型智库"①。智库是国家软实力的重要载体，越来越成为国际竞争力的重要因素。中国特色新型智库既有广泛国内影响又有很高国际声誉，既能积极服务于中国式现代化建设又能全力配合中国特色大国外交。通过建设新型智库，可以增强中华文明的影响力、感召力、塑造力，增强我国在国际舆论环境中的话语权、主导权，推动中华文明、中国价值观念走向世界，在国际舞台发出中国声音，发挥中国特色智库在文化互鉴中的重要作用。要鼓励青年担当文化使者的角色。习近平主席曾指出"'国之交在于民相亲'，而'民相亲'要从青年做起"②。在国家日益强大的时

---

① 牢记初心 为党献策：中国特色新型智库建设高层论坛（2023）召开．（2023-05-23）[2023-10-10]．http://theory.people.com.cn/n1/2023/0523/c40531-32692354.html.

② 习近平．习近平出席第十五届中越青年友好会见活动时的讲话．人民日报，2015-04-08（2）.

代，身为年青一代的中国青年，要驱使自己走出国门，告诉外国人什么是真正的中国；要具备创新和变革的主人翁精神，扛起文化交流的大旗，讲解中国故事，宣扬中华文化，消除外国人对中国的偏见与误解，加强更多人对中国文化的认同感。2016年，习近平主席在阿拉伯国家联盟总部演讲时提出，中国将提供阿拉伯青年领袖培训名额，培育中阿友好的青年使者和政治领军人物[①]，鼓励青年群体在中阿文化交往中发挥主体作用。要充分利用海外华人的天然优势。海外华人是中华文明基因的承载者、中外文明交流的践行者、中外文明互鉴的助推者，在中外文明交流互鉴中的作用更为显著。他们能发挥深谙中华文明与熟悉住在国文明的双重优势，为中外文明对话搭建更广阔的交流渠道。随着海外华人落地生根、融入当地，他们牵线搭桥、助推中外文明互学互鉴，使海外中华文化表现出异域元素，异域文化亦展现出中华色彩。随着中国综合国力和国际影响力的提升，海外华人更有底气和信心，书写华人故事，传承中华文化，推动中外文明交流互鉴，润物无声地将中华文明推向世界。

其次，拉紧人文交流合作的共同纽带。文明交流互鉴要以人文交流合作为纽带，这更符合时代潮流、发展规律和人民利益，更有利于增强人类命运共同体的文明基础。中国智慧和中国方案在教育、科技、文化等领域发挥的交流互鉴作用从未像近些年来这样巨大，但我们也应明白，成就属于过去，未来仍在不断变化并充满考验。我们要在巩固已有成就的基础上不断推进重点领域的交流合

---

① 习近平. 习近平谈治国理政：第2卷. 北京：外文出版社，2017：465.

作，不断完善合作机制、合作平台、合作渠道，让交流合作越来越紧密，越来越长久，越来越稳定。其一，发展教育、文化事业，扩大文明融通。利用好联合国教科文组织这一平台，持续强化不同文明间的对话。联合国教科文组织曾以宣言、公约、组织活动等方式促进文明和谐发展、共同繁荣。例如，其通过了《世界文化多样性宣言》《保护和促进文化表现形式多样性公约》，举办了东南欧地区八国的文明对话论坛，等等。中国积极配合联合国教科文组织的工作，在这个过程中不仅仅是参与者，更是组织者和倡导者。例如，在人工智能方面，联合国教科文组织与中国共同举办了有关人工智能赋能教育的大会。中国还是很多国际议题的主持者，把其他国家召集在一起，为许多议题的讨论创造了空间，这是中国的另一个相当重要的贡献。当然，中国的发展经验也具有重大价值，在教育领域、文化领域、科学领域，中国乐于与面临类似问题的国家分享相关经验。在这方面，中国和联合国合作做了很多工作，将中国的很多宝贵经验拿去与全球分享。我们要利用好孔子学院这一平台。孔子学院是文化外交的重要模式，不仅仅进行汉语教学，更旨在了解海外民众的多元化需求，孔子学院要增加开设课程，丰富活动内容，与学界、商界加强合作，深入社会，发挥社会力量，增加更多受众。其二，运用科技手段，打造具有国际影响力的外宣媒体。我们要将现代媒体技术嵌入文明交流互鉴的各个领域，突破关键核心技术，实现"互联网＋中国文化"的模式。我国在这方面已经进行了积极的探索，例如，北京市广播电视局与阿拉伯国家广播联盟签署了视听合作协议，这是北京新视听行业首次与区域性国际组织深度合作，致力于实现视听内容与科技的融合，自主打造 8K 超清转播车集成研发平台，展现光影技术与艺术之美。我们相信，基于 5G、8K、VR、AR 的融媒体矩阵发展，文明交流互鉴将更加便捷和深入，中国故事、中国声音、中国特色将得到更好的传播。

最后，重建公平正义的文明秩序和共建共享的文明互动格局，构建人类命运共同体。不合理、不公正、不平等的文明秩序是无法长期、稳定地推动文明对话的，只有基于和平、发展、责任、道德塑造的国际权力结构、规则、规范、机制，才能为人类带来一个公正、合理、稳定的文明秩序。人类一直在追求共同体生活，但是一些具有先发优势的国家仍然用等级森严的观念、霸权主义、文明优劣论、"利益在大炮的射程之内"等狭隘思维来对待其他文明，这种思维已经与当今的全球化世界格格不入。面对百年未有之大变局这一特殊的历史阶段，终结不平等的霸权秩序和不合理的西方中心主义迫在眉睫。我们必须重塑全球文明秩序，自觉地思考文明间的相处之道，主动地修正错误观念，加快解决文明间众多的深刻矛盾，将矛盾进行转化。只要坚持公平正义的文明秩序，坚持共建共享的文明互动格局，就不会使矛盾发展为文明冲突、文明对抗、文明取代，就能为文明交流互鉴营造一个和谐共生的氛围。人类命运共同体的构建离不开优秀文明的多样性、互动性、共通性，每个民族都有自己的优秀之处，因此每个民族在世界文明秩序建构中都应该享有同等的话语权，应该重视每一个民族在文明秩序构建中的角色和作用。习近平总书记于 2023 年在中国共产党与世界政党高层对话会上提出的全球文明倡议对于重建公平正义的文明秩序、共建共享文明互动格局、构建人类命运共同体具有重要意义。全球文明倡议认为,人类社会创造的各种文明,都闪烁着璀璨光芒,为各国现代化积蓄了厚重底蕴、赋予了鲜明特质,并跨越时空、超越国界,共同为人类社会的现代化进程做出了重要贡献。要共同倡导弘扬全人类共同价值,和平、发展、公平、正义、民主、自由是各国人民的共同追求。要以宽广的胸怀理解不同文明对价值内涵的认识,不将自己的价值观和模式强加于人,不搞意识形态对抗。相信在国际社会的共同努力下,文化交流将开启新局面,人文往来将达到新高峰,世界文明的百花园将愈发姹紫嫣红、生机盎然。① 全球文明倡议号召所有文明通过巧实力或软实力,而不是硬实力,来应对威胁世界多元民主模式的挑战。巧实力或软实力更具吸引力,其强调的是说服力、推理和对话,而不是威胁强迫或使用武器。

因此,塑造多元主体参与的文明交流互鉴格局、拉紧人文交流合作的共同纽带、重建公平正义的文明秩序和共建共享的文明互动格局,构建人类命运共同体,对于消解理念分歧、文明冲突、价值割裂的文明动荡失衡局势,形成公正合理、长远稳定的文明共同发展环境具有重要意义和重大价值。

四、发展原则:从封闭自守走向互学互鉴

文明因尊重、平等、互惠而交流,因交流而互鉴,因互鉴而发

---

① 习近平. 携手同行现代化之路:在中国共产党与世界政党高层对话会上的主旨讲话. (2023-03-16)[2023-10-10]. http://www.gov.cn/xinwen/2023-03/16/content_5746962.htm.

展，这是文明交流互鉴的发展逻辑。文明交流互鉴是实现文明发展的有效途径，是实现人类命运共同体的最佳方案。无论是哪个民族的文明，都是在互学互鉴中，在汲取其他文明的优秀成果中创新发展的，文明的多样性和差异性为互学互鉴和创新发展提供了前提。中国哲人在两千多年前便意识到了文化多样性和差异性的重要性。《国语·郑语》记载了西周末年史伯说过的话："和实生物，同则不继。"即性质不同的事物聚合在一起才能产生新事物；性质相同的事物重复相加，那就还是原来的事物，不可能产生新事物，就会发展停滞。文明或文化交流既是文化发展的重要动力之一，同时也是各民族文化丰富、繁荣的重要因素。因为，文化具有累积性，世界上流传至今的各种文化，都是经过长期累积而成的。文化的累积是文化成长、发展的一种基本形式，任何文化都无时无刻不在累积之中，或因发明而累积，或因引进而累积。发明和引进，大多是在文化交流的基础上发生的。从历史上来看，东方文明和西方文明一直都对彼此保持着巨大的影响力。英国著名思想家罗素认识到不同文明具有一定的互补性。在他看来，中国文化缺乏科学思维，但中国的艺术、文学、风俗习惯绝不亚于欧洲。他认为文化交流可以互补，对双方都有好处，中国可以由此学到必不可少的实用的效率，而欧洲则可以从中国学到一些深思熟虑的智慧。由此可见，异文明交流是互补发展的途径。越是异性、异质的文化，越有必要交流，越有可能从对方那里吸收有价值的东西，相互交流，相互学习，取长补短，互通有无，创新发展。

其一，不忘本来，坚定文化自信，筑牢互学互鉴的基石。在互学互鉴中，我们必须首先保持对自身文化的自信和定力，防止全盘西化。没有对自身文化的信心，也就无法实现在互学互鉴中彰显文化魅力。一要对中华优秀传统文化充满自信。源远流长的中华文明孕育出了灿若星辰的中华优秀传统文化：有修齐治平、仁义礼智、温良恭俭等高尚品格和博大胸怀；有诸子百家、骚人墨客、历代文豪的千古绝唱和经典著作；有传统节日、风俗习惯、农俗谚语等历史印记和文化传承……这些优秀的传统文化是中华民族的"根"与"魂"，也是中华民族生命力、凝聚力、创造力的重要源泉，值得中华儿女为之自豪和骄傲。因此，我们应该坚定文化自信，加大对优秀传统文化价值内涵的发掘、鉴别、归纳、整理及展现的力度，从中华优秀传统文化中汲取营养，增强中国的文化软实力。二要对革命文化和社会主义先进文化充满自信。无论是在血雨腥风、战火纷飞的革命年代，还是在意气风发、激情燃烧的建设年代，抑或是在波澜壮阔、生机勃勃的改革年代，红色文化一直激励着我们奋勇前进。新时期弘扬党的革命精神受到世情、国情和党情变化带来的影响，因此，弘扬党的革命精神，要把握时代发展脉搏，在继承中发展、在传承中创新；要把红色文化自信精神植根到理想信念上，牢固树立政治意识、大局意识、核心意识、看齐意识，始终保持信仰上的坚定、政治上的清醒、行动上的自觉；要用革命精神滋养思想、激励行为，真正将红色文化自信精神转化为推动我国改革发展的强大动力。中国社会主义先进文化是以马克思主义为指导进行的文化创新，它在新民主主义文化基础上建立，植根于中华优秀传统文化，立足于中国实际，吸收国外文化中的有益成果，通过不断改革创新，形成了具有自己民族特性的先进文化。中国社会主义先进文化的建立与发展符合先进生产力发展的要求，代表着历史发展的方向，在改革创新的实践中实现了民族性、科学性、大众性、开放性和包容性的有机统一。

其二，坚持引进来和走出去相结合，拓宽互学互鉴的途径。加强文明交流互鉴，促进民心相通，需要采用引进来和走出去相结合的方式，构建全球文明对话合作网络，增进理解、信任，消除隔阂、冲突。一是坚持政府的顶层制度设计与民间的底层往来探索相结合。政府要推动国家文化体制改革、文化战略深化、文化管理体制完善、文化法规制定，为文化产业引进来和走出去保驾护航，打造一批符合国际需求并具有中国特色的文化产业，打造一批具有国际化水平和国际认可度的文化品牌，让文化产业为国家为社会为人民谋效益。在发挥官方作用的同时配合民间组织的力量，在教育、考古、医药、公益等领域互学互鉴。例如，通过给发展中国家的留学生发放奖学金，帮助更多的留学生来到中国，将他们的文化传播进来，把我们的文化传播出去，在增进了解的同时，发现各国之间文明交流互鉴的堵点和断点。留学人员一般怀有特别的爱国情怀，了解海外情况，了解中外差异，在国际传播和国际交往当中扮演着特殊的角色，发挥着重要的作用，已经成为开展民间外交的生力军。例如，我国与乌兹别克斯坦科学院考古研究所正式组建了中乌联合考古队，我国考古队将我国 21 世纪以来逐渐形成的、具有中国特色的大遗址保护和大遗址考古的理念和实践无私分享，这不仅促进了不同文明间的比较研究，也推动了中国考古走出去，扩大国际影响力。二是推动文化产品的输出和输入，促进国内市场与国际市场相对接。近年来，不少中国文化产品，包括影视剧、网络文学、网络游戏、动漫等走红海外。中国文化"出海"，赢得世界认可，中国文化产业越来越有"国际范儿"。为推进我国对外文化贸易创新发展，商务部等27个部门于2022年7月出台了《关于推进对外文化贸易高质量发展的意见》。文化出海作为中国文化"走出去"战略的关键举措，将有效地提升我国文化贸易的国际竞争力。我国文化产业"走出去"除了有贸易式、投资式等传统形式外，还积极创新其他新形式，包括和其他国家互办文化年、举办建交周年庆典（如中国与美国、德国、英国、日本、韩国建交的周年庆典）、在国外举办具有中国特色的文化活动等。中国正成长为全球文化领域崛起的新力量。

其三，创新发展融通中外的话语体系，打造互学互鉴的示范高地。党的二十大报告指出："增强中华文明传播力影响力""加快构建中国话语和中国叙事体系，讲好中国故事、传播好中国声音，展现可信、可爱、可敬的中国形象"[1]。那么，如何深化文明交流互鉴，推动中华文化更好地走向世界？如何加强国际传播能力建设，全面提升国际传播效能，形成同我国综合国力和国际地位相匹配的国际话语权？首先，要加快构建中国话语和中国叙事体系。"深入研究中国的国情、理论与实践，准确把握所需对外介绍内容及其体现的中国特色社会主义道路、理论、制度的丰富内涵，提炼通俗易懂的概念、话语进行对外表达。"[2] 此外，还要坚持国际视野，注重

---

[1] 习近平. 高举中国特色社会主义伟大旗帜 为全面建设社会主义现代化国家而团结奋斗：在中国共产党第二十次全国代表大会上的报告. 北京：人民出版社，2022：45-46.

[2] 吕巍. 坚守中华文化立场 讲好新时代中国故事. 人民政协报，2023-05-17（1）.

共情传播，在表达创新上下功夫，调动各方力量，不断推进、争取实效。其次，要加强国际传播能力建设。新时代新征程，加强国际传播能力建设，需要从宏观视野构建具有鲜明中国特色的战略传播体系，需要用好国际化传播平台，推动中华文化更好地走向世界。讲好中国故事不能闭门造车，要在以我为主的基础上完善国际传播体系建设，提升话语表达力和针对性。要做好有质有量的数据储备，建设开放、共享的中华文明海量数据库；做好数据规模化发布、交易预备，建立中华文明数据海外流动、互通机制；做好自主通用人工智能设施和通用小模型准备，建构多元主体协同研发体系。在确保数据安全与用户个人隐私的前提下，充分发挥大数据、云计算、人工智能等算法算力技术优势，对受众进行多维分析，提高受众画像精准程度；盘活海外站点资源，通过主动加强同当地不同行业、不同领域的人士与团体的交流互动，推动中国故事与目标群体精准对接。最后，要创新中国故事的全球化表达，打破孤立的语言环境。要将国家叙事与个人叙事融合起来，以情动人、以艺通心。要坚持"中国立场，国际表达"的原则——要想让世界认可中国的话语表述，中国的话语表述就必须是与大多数国家的需求相契合的。

因此，封闭自守的文明只能停滞和倒退，只有互学互鉴的文明才能获得长足发展，才能不断创造出符合当今国际局势、符合本国国情、符合人民意愿的新理念、新科学、新技术，这些文明发展成果正是由于文明互学互鉴才得以形成，并促进了人类社会的前进。

总之，新时代正在加速变革，复杂性前所未有，对文明间互动的深度和广度提出了更高的要求。在实践中谋求交流互鉴需要坚持尊重原则、互惠原则、长期原则、发展原则，增进文明间的平等对话、包容互惠、休戚与共、互学互鉴，增进中国与世界的相互理解，提升中国文化的影响力，拓宽国际文化格局，全面探寻新时代文明交流互鉴的多元化路径，全面把握文明交流互鉴对构建人类命运共同体的意义和价值。

第四章　中国式现代化与文明和谐的社会发展道路

中国式现代化是在现实的历史中塑造的。它不仅反映了中国具体实际，而且体现了受历史传承、文化传统、经济社会发展影响的现代化的民族文化形式，体现了渐进改进和内生性演化的结果，进而在世界历史中彰显普遍性内涵。在中国式现代化途中创造人类文明新形态，其意义并非达到西方现代化的某种标准，而在于成为超越资本现代性的文明新形态，这种文明新形态具有使之成立的坚实物质基础，具有彰显其历史规定性的文化特征，具体体现为马克思主义哲学中国化和中华优秀传统文化创造性的实践转化。马克思主义同中华优秀传统文化相结合，是我们党与生俱来的文化基因，中国革命实践与中国式现代化的探索是这种结合的确证。中国式现代化在起步阶段即超越了西方现代社会的对抗性矛盾，在以共同富裕为目标的实践中遵循创造现代文明的生产逻辑，将马克思关于现代文明转型的构想在中国具体化，初步形成了发展中国家走现代化道路的实践经验。在中国革命、建设和改革进程中，中华文明不断实现从传统到现代的转型，在社会主义现代化建设中焕发蓬勃生机，展现了深刻的文明史意义，能够引领人类社会走向文明和谐的社会发展道路。

第一节　中国式现代化的文明内涵

习近平总书记在党的二十大报告中指出："在新中国成立特别是改革开放以来长期探索和实践基础上，经过十八大以来在理论和实践上的创新突破，我们党成功推进和拓展了中国式现代化。中国式现代化，是中国共产党领导的社会主义现代化，既有各国现代化的共同特征，更有基于自己国情的中国特色。"[1] 中国式现代化是中华民族在世界历史进程中实现文明重塑的创造性探索，既是中华文明在中国革命、建设、改革和新时代伟大变革进程中的自我更新，也是对西方现代性危机及西方文明局限的内在超越。从现代化的普遍性角度看，世界历史进程中的现代化探索是以现代工业和科技革命为推动力，使工业文明进入经济、政治、文化、思想各领域并引起社会组织和行为深刻变革的具有独特历史规定性的过程。[2] 选择中国式现代化道路并实现文明重塑是中国有识之士以新历史观开眼

---

[1] 习近平. 高举中国特色社会主义伟大旗帜 为全面建设社会主义现代化国家而团结奋斗：在中国共产党第二十次全国代表大会上的报告. 北京：人民出版社，2022：22.
[2] 罗荣渠. 现代化新论：世界与中国的现代化进程（增订本）. 北京：商务印书馆，2004：17.

看世界，薪火相传、接力奋进，使经济社会发展赶上世界先进水平的创举，为中华文明的自我更新创造了历史前提，映现了特定世界历史民族实现特定历史使命的文明底蕴，彰显了走向复兴的中华民族创造人类文明新形态的世界历史意义。马克思、恩格斯对西方现代化的反思和批判具有典型的参考意义，不仅为我们理解西方现代化以及现代化的一般特征提供了重要的视角，也为我们理解中国式现代化的文明内涵和底蕴提供了前提。

一、马克思、恩格斯思想中的现代化

现代化是人类文明史上最深刻和最具有影响力的进步和变革，发轫于西欧。马克思说："世界贸易和世界市场在16世纪揭开了资本的现代生活史。"① 西欧社会从13世纪开始走出封建等级社会和农奴制，在14到16世纪逐步发展和积累起大量的商业资本，经过工业革命后，这些商业资本转化为工业资本，社会生产力和生产方式转变为以大机器和工业化为基础的生产力和生产方式，这些历史过程推动了现代化的形成。直到现阶段，大机器、工业化、城镇化和市场经济仍然构成现代化的核心。

在关于西方现代化的反思和批判中，马克思和恩格斯无疑是最深刻和最具有影响力的思想家，他们既深刻地揭示了西方现代化的本质和内在缺陷，也表明了人类社会现代化的某些基本特征。在他们的思想中，现代化具有如下几个方面的主要特征。

首先，在马克思的论述中，现代社会主要指资产阶级社会：

---

① 马克思，恩格斯. 马克思恩格斯文集：第5卷. 北京：人民出版社，2009：171.

"'现代社会'就是存在于一切文明国度中的资本主义社会，它或多或少地摆脱了中世纪的杂质，或多或少地由于每个国度的特殊的历史发展而改变了形态，或多或少地发展了。"① 现代化是资本主义社会的共同特征。西方现代社会的重要内涵之一是摆脱中世纪封建等级制度、发展资本文明的社会形态。马克思从生产方式的角度把人类社会划分为几个阶段："大体说来，亚细亚的、古希腊罗马的、封建的和现代资产阶级的生产方式可以看做是经济的社会形态演进的几个时代。"② 就此而言，"现代"不仅仅是一个时间范畴，更是西方资本主义社会区别于前资本主义社会的重要标志。对于前现代文明（古代希腊罗马文明和中世纪西欧封建文明），西方现代文明具有继承的一面。马克思指出，前现代文明为西方现代文明积累了生产力，奠定了生产的现代化基础："直接奴隶制也象机器、信贷等等一样，是我们现代工业的基础。没有奴隶制，就没有棉花；没有棉花，就没有现代工业。"③ 恩格斯认为，西方现代文明建立在前现代文明的基础上："没有希腊文化和罗马帝国所奠定的基础，也就没有现代的欧洲。我们永远不应该忘记，我们的全部经济、政治和智慧的发展，是以奴隶制既为人所公认、同样又为人所必需这种状况为前提的。"④

但与此同时，西方现代文明对前现代文明更具有批判性、革命性和彻底否定的一面。现代社会从中世纪西欧封建社会过渡而来，

---

① 马克思，恩格斯. 马克思恩格斯全集：第19卷. 北京：人民出版社，1963：30.
② 马克思，恩格斯. 马克思恩格斯文集：第2卷. 北京：人民出版社，2009：592.
③ 马克思，恩格斯. 马克思恩格斯全集：第27卷. 北京：人民出版社，1972：484.
④ 马克思，恩格斯. 马克思恩格斯全集：第20卷. 北京：人民出版社，1971：196.

在 16 世纪随着现代世界贸易和世界市场的出现而出现，现代运动的特征就在于：它"消灭一切封建等级和它自己先前的封建生存方式，因而也可以消灭这些封建等级赖以进行生产的封建生产关系"[①]。不过，对传统和旧社会的批判和革命并不是现代资产阶级主动赋予自己的高尚品格，而是现代资本本身生存的需要。不仅前现代社会被血缘关系、地域政治关系、封建等级关系束缚的财产形式（人身化的财产、地域化的财产和等级化的财产）不符合现代资本主义生产方式所要求的财产形式，而且现代资本只有彻底否定这些前现代社会的财产形式才能成为自身，即成为纯粹现代的私有财产。马克思、恩格斯在《共产党宣言》中着重强调了现代资产阶级的革命性："资产阶级除非对生产工具，从而对生产关系，从而对全部社会关系不断地进行革命，否则就不能生存下去。……生产的不断变革，一切社会状况不停的动荡，永远的不安定和变动，这就是资产阶级时代不同于过去一切时代的地方。一切固定的僵化的关系以及与之相适应的素被尊崇的观念和见解都被消除了，一切新形成的关系等不到固定下来就陈旧了。一切等级的和固定的东西都烟消云散了，一切神圣的东西都被亵渎了。"[②] 依靠这种批判性和革命性，资产阶级政治运动消灭了中世纪等级制度和封建大地产，建立了现代资本主义社会。批判封建传统制度和传统文明是西方现代文明的核心要义之一。

---

① 马克思，恩格斯. 马克思恩格斯全集：第 4 卷. 北京：人民出版社，1958：352.
② 马克思，恩格斯. 马克思恩格斯文集：第 2 卷. 北京：人民出版社，2009：34 – 35.

其次，现代资产阶级社会以商业和工业为基础①，更进一步而言，以资本主义生产方式为基础。恩格斯说："资本和劳动的关系，是我们现代全部社会体系所依以旋转的轴心。"② 西欧社会在 16 世纪左右完成了资本的原始积累，但商业资本并不直接催生资本主义，只有当商业资本通过产业革命转化为工业资本时，资本主义才真正发展起来。产业革命使西欧社会的生产方式建立在大机器工业的社会化大生产基础上，发展了现代生产力、现代生产方式和现代生产关系，这是西方社会现代化最为核心的要素。它也表明，生产社会化、工业化、机器智能化和市场化不仅是现代化的最基本特征和要求，也是一种文明能够成为现代文明的基础条件。

现代化的这些要求不仅促使一个社会的经济领域发生彻底的改变，而且要求整个社会的结构和其他各个领域发生相应的改变。对现代西欧社会而言，社会结构最大的一个变化是市民社会的出现。在封建社会，政治国家和市民社会处于同一的关系之中，双方不分"你我"，因此实际上并不存在具有独立形式的政治国家和市民社会。资产阶级在兴起和发展过程中，出于共同反抗农村贵族的需要，逐步形成了市民阶级③，由此产生的市民社会脱离了政治国家的束缚，获得了独立的形式，成为现代资产阶级社会本身。政治国家则转化为物质国家，即以市民社会为基础的现代国家。现代国家的共同特征是："它们都建筑在资本主义多少已经发展了的现代资

---

① 马克思，恩格斯．马克思恩格斯全集：第 6 卷．北京：人民出版社，1961：290．
② 马克思，恩格斯．马克思恩格斯全集：第 16 卷．北京：人民出版社，1964：263．
③ 马克思，恩格斯．马克思恩格斯文集：第 1 卷．北京：人民出版社，2009：569．

产阶级社会的基础上。"① 具有这种意义的国家不仅与现代私有制相适应，而且本质上成为资本主义的机器，是资产阶级为了维护自身的利益而建立起来的组织②。以资本主义为核心，西方现代社会逐渐发展出一套完整的现代文明，涉及社会的绝大部分领域。仅在马克思和恩格斯的著作中就已经出现了大批的现代化领域：现代工业、现代农业、现代军事、现代国防、现代科学、现代文化、现代技术、现代哲学、现代文学、现代艺术、现代语言、现代教育、现代城市、现代建筑等等。

再次，西方现代社会具有深刻的二重性。一方面，它具有积极的历史进步意义。它极大程度地发展了生产力，提高了劳动生产率，为人类的社会生活创造了大量的物质财富，使人摆脱了封建社会中的等级制度和人身依附关系，发展了现代意义的文明形态，使社会生活的各个领域都进入了现代化的发展阶段。相对于中世纪封建社会来说，现代社会具有历史进步性，并且是使一个社会迈向更高发展阶段的必经阶段。因此，马克思、恩格斯对工人和小资产者们说："宁肯在现代资产阶级社会里受苦，也不要回到已经过时了的旧社会去！因为现代资产阶级社会以自己的工业为建立一种使你们都能获得解放的新社会创造物质资料，而旧社会则以拯救你们的阶级为借口把整个民族抛回到中世纪的野蛮状态中去！"③ 马克思和恩格斯为当时落后于英法这些现代国家的德国如何实现现代化的问

---

① 马克思，恩格斯. 马克思恩格斯全集：第19卷. 北京：人民出版社，1963：30-31.
② 同①240.
③ 马克思，恩格斯. 马克思恩格斯全集：第6卷. 北京：人民出版社，1961：230.

题而出谋划策。恩格斯认为,当时的德国刚从中世纪中挣脱出来,需要尽快进入现代资产阶级社会,发展资本主义生产方式的矛盾,这是它摆脱资本主义向更高社会阶段发展的途径①。追求德国的现代化,是马克思、恩格斯的理论目标之一,在他们的有生之年,德国也实现了现代化。

但是,另一方面,西方现代社会具有尖锐的矛盾和不可克服的缺陷。在马克思、恩格斯看来,现代社会是"工业的、笼罩着普遍竞争的、以自由追求私人利益为目的的、无政府的、塞满了自我异化的自然的和精神的个性的社会"②。现代资产阶级不仅发展出了作为自身的对立面的现代无产阶级,还与之形成了深刻和普遍的矛盾对立关系,使阶级斗争和社会的对抗关系上升到最尖锐的程度。现代社会以资本的竞争为基础,资本的逐利本性支配着人们的社会生活,使每一个人都成为自己私欲的奴隶。为了实现这种私欲,人与人之间陷入普遍的社会斗争关系中,"现代社会促使个人敌视其他一切人,这样就引起了一个一切人反对一切人的社会战争"③。资本统治所带来的异化和拜物教现象使得个人受物的支配,"在现代,物的关系对个人的统治、偶然性对个性的压抑,已具有最尖锐最普遍的形式"④。资本主义生产不以人为目的,而以追求剩余价值和物质利益的最大化为目的,人只不过是实现这个目的的手段,现代制度是"专制的、产生赤贫现象的、使**劳动附属于**资本的现代

---

① 马克思,恩格斯. 马克思恩格斯全集:第34卷. 北京:人民出版社,1972:306.
② 马克思,恩格斯. 马克思恩格斯全集:第2卷. 北京:人民出版社,1957:156.
③ 同②608.
④ 马克思,恩格斯. 马克思恩格斯全集:第3卷. 北京:人民出版社,1960:515.

制度"①，西方资本文明是一种"建立在劳动奴役制上的罪恶的文明"②。在这种西方现代社会里，"文明的一切进步，或者换句话说，**社会生产力**的一切增长，也可以说**劳动本身的生产力**的一切增长，如科学、发明、劳动的分工和结合、交通工具的改善、世界市场的开辟、机器等等所产生的结果，都不会使工人致富，而只会使**资本**致富；也就是只会使支配劳动的权力更加增大；只会使资本的生产力增长"③。资本文明建立在资本毫无顾忌地追求剩余价值、对外扩张、殖民主义和霸权主义的基础之上，它使全球各文明处于相互冲突的关系之中。"西方构建的现代化道路，实质上希冀以资本逻辑来引导社会发展方向：自由市场的经济制度和个人主义、种族主义、工具理性、战争、权力等观念形态是西方构建现代化理论的标尺。以美国为代表的西方社会一向将自己作为测量不发达国家是否缺少现代性的尺度。显然，西方构建的现代化理论包含着影响甚至干涉他国发展并从中获利的企图。"④ 现代西方资本文明试图在全球范围内建立资本霸权统治下的"和平"，把全球多种多样的民族建成"拥有统一的政府、统一的法律、统一的民族阶级利益和统一的关税的统一的民族"⑤。然而实际上，这种统一只是以资本同一性逻辑来取消民族多样性而实现的"同一"，只会给全球各文明和各民族带来压迫、动乱和相互敌对。由此实现的"自由"与"和平"不过是资本主义经

---

① 马克思，恩格斯．马克思恩格斯全集：第16卷．北京：人民出版社，1964：219.
② 马克思，恩格斯．马克思恩格斯文集：第3卷．北京：人民出版社，2009：175.
③ 马克思，恩格斯．马克思恩格斯全集：第30卷．2版．北京：人民出版社，1995：267.
④ 张文喜．中国式现代化对当代世界的意义．光明日报，2021-12-06（15）.
⑤ 马克思，恩格斯．马克思恩格斯文集：第2卷．北京：人民出版社，2009：36.

济的"副产品"①,其实质并非自由与和平,而是支配与冲突。

最后,马克思和恩格斯在对西方现代资本主义深刻的认识和批判的基础上,提出对未来社会的设想。他们在讨论到未来的时候说道,"到那时'现代国家制度'现在的根基即资产阶级社会已经消亡了"②,"现代社会制度的主要缺陷就会消除"③。换言之,未来社会既继承和发展现代资本主义社会所具有的现代生产力以及各种积极因素,保持现代性,同时又彻底消除资本主义生产方式及其弊病,它将会以"共和的、带来繁荣的、**自由平等**的**生产者联合**的制度"来替代现代资本主义社会"专制的、产生赤贫现象的、使**劳动附属于**资本的现代制度"④。恩格斯经常把未来的社会主义社会称为"现代社会主义",他说:"现代社会主义,就其内容来说,首先是对统治于现代社会中的有产者和无产者之间、资本家和雇佣工人之间的阶级对立和统治于生产中的无政府状态这两个方面进行考察的结果。"⑤ 现代社会主义一方面超越现代资本主义的阶级统治,乃至消除任何的阶级对立和统治,另一方面实行自觉的、可由人掌控的社会生产方式。现代社会主义的这两方面内容都建立在对现代资本主义进行积极扬弃的基础上。不过恩格斯也表明,共产党并不一劳永逸地、先验地设定"未来非资本主义社会区别于现代社会的特征",未来社会的具体内容需要

---

① 波兰尼.大转型:我们时代的政治与经济起源.冯钢,刘阳,译.北京:当代世界出版社,2020:260.
② 马克思,恩格斯.马克思恩格斯全集:第19卷.北京:人民出版社,1963:31.
③ 马克思,恩格斯.马克思恩格斯全集:第2卷.北京:人民出版社,1957:605.
④ 马克思,恩格斯.马克思恩格斯全集:第16卷.北京:人民出版社,1964:219.
⑤ 马克思,恩格斯.马克思恩格斯全集:第20卷.北京:人民出版社,1971:19.

结合历史事实和发展过程来进行具体的探讨①。他也指出了这些特征在经济方面的基本内容，简言之就是：生产力高度发达，实行生产资料的社会所有制，消除阶级统治，人们掌握社会规律和自然规律，克服异化现象和物化现象，从必然王国进入自由王国②。

马克思和恩格斯对现代化的上述理解为我们理解中国式现代化提供了重要的视角。马克思认为现代社会会"或多或少地由于每个国度的特殊的历史发展而改变了形态"③，这为我国发展中国式现代化提供了理论支撑。中国式现代化是经过中国的"特殊的历史发展而改变了形态"的现代化。在形成方式上，西式的现代化具有内生性的特征，是一种由社会内部的经济因素（资本和市场）主导形成的现代性，资本主义生产方式和生产关系所包含的各种内容（工业化，市场化，以及在资本逻辑的支配下形成的掠夺式、压迫式、对外扩张式和霸权式的资源配置方式，等等）赋予了这种现代性以相应的特征。中国式现代化与之形成鲜明的对比。一方面，中国式现代化最初是一种外生的现代化④，这是社会由于受到外部因素的冲击而发生内部的政治变革并进而推动经济变革的现代化形成道路；

---

① 马克思，恩格斯. 马克思恩格斯选集：第 4 卷. 3 版. 北京：人民出版社，2012：582.
② 马克思，恩格斯. 马克思恩格斯全集：第 20 卷. 北京：人民出版社，1971：305-308.
③ 马克思，恩格斯. 马克思恩格斯全集：第 19 卷. 北京：人民出版社，1963：30.
④ 内生的现代化（modernization from within）指一个国家的现代化进展主要由本国社会经济发展的内部力量驱动，外来的影响或作用居次要地位；外生的现代化（modernization from without）指一个国家的现代化的动力主要来自外部国际因素的影响并模仿现代化先行国，进而形成内部变革导向、机制和目标，而且内部力量是在外部力量冲击下逐渐积累变化的，制度创新和技术创新的动力主要受国际环境冲击而产生。具体请参阅：罗荣渠. 论现代化的世界进程. 中国社会科学，1990（5）. 刘伟. 中国式现代化的本质特征与内在逻辑. 中国人民大学学报，2023，37（1）.

但另一方面，中国式现代化正开始从最初的外生型现代化转变为内生型现代化，在当代中国式现代化的发展历程中，最初由外部因素诱发而产生的政治变革和由此引起的经济变革的过程，已经转变为内部强大的经济力量在国家科学的顶层设计的引领下促使社会内部不断地自我创新、自我变革的内发变迁过程。"从当代人类历史大变局所开启的视角来看，中国式现代化从有意识或无意识地以欧美的现代化文明形态为参照系，转而向世界提供自己的现代化经验和智慧，尤其是提供一种特殊的经验、一种具有巨大确定性的中国特色社会主义的治国理政经验。"① 一种在西式现代化的冲击下形成的外生型现代化，若不能摆脱路径依赖，就将在很大程度上仍然是西式现代化，当代中国只有将最初的外生型现代化创新性地转变为内生型现代化，实现范式转换，才能够形成既具有现代化的共同特征，同时又与西式现代化具有本质区别的现代化模式。由此实现的中国式现代化是一种能够创造人类文明新形态的社会主义现代化，既奠基于中国的具体生产力和具体国情，也扎根于源远流长的中华优秀传统文化，具有丰厚的中华文明底蕴。

二、中国式现代化的文明底蕴

文明是人类改造自然和社会所创造的物质财富和精神财富的总和，以社会现实生活的生产和再生产为基础，是在历史中形成且在实践中为人们所共同遵循的社会素质，是衡量社会进步的尺度，也

---

① 张文喜．中国式现代化对当代世界的意义．光明日报，2021-12-06（15）．

是社会发展的内在动力。文明的创造呈现了人与世界的关系，以内在的方式对社会发展发挥着潜移默化的作用，在将自然人化与确定社会秩序的过程中昭示着意义和希望。在现代化实践中塑造的文明形态凸显了科学技术、市场经济、民主法治的价值，呈现了超越传统文明形态的理性化过程，使文明重塑成为每个走向现代化的民族的普遍命运。

具有五千多年历史的中华文明素来被视为世界最古老的文明之一，也是历史上唯一没有中断的文明，"惟中国能以其自创之文化绵永其独立之民族生命"①。中华文明是当代中国发展的坚实文化根基，赋予当代中国的发展道路以自身的特色和品格，为中国式现代化提供了超越西方现代化模式的重要思想资源，包含着丰富的具有历史进步性和普遍意义的积极因素。习近平总书记指出："中华文明源远流长、博大精深，是中华民族独特的精神标识，是当代中国文化的根基，是维系全世界华人的精神纽带，也是中国文化创新的宝藏。在漫长的历史进程中，中华民族以自强不息的决心和意志，筚路蓝缕，跋山涉水，走过了不同于世界其他文明体的发展历程。"②绵延数千年的中华文明有其独特的价值体系，形成了潜移默化影响中国人思维方式和行为方式的中华民族的文化基因，体现了讲仁爱、重民本、守诚信、崇正义、尚和合、求大同的精神特质和发展形态，具有开放包容的文化品格，追求和谐，在文明交流互鉴

---

① 梁漱溟. 中国文化要义. 上海：上海人民出版社，2011：8.
② 习近平在中共中央政治局第三十九次集体学习时强调 把中国文明历史研究引向深入 推动增强历史自觉坚定文化自信. 人民日报，2022－05－29（1）.

中不断推陈出新。"从历史上的佛教东传、'伊儒会通',到近代以来的'西学东渐'、新文化运动、马克思主义和社会主义思想传入中国,再到改革开放以来全方位对外开放,中华文明始终在兼收并蓄中历久弥新。"① 中华文明在农业文明时代遥遥领先,及至历史进入工业文明时代,却在西方文明的挑战中"蒙尘",陷入东方从属于西方的关系格局,一度落后于现代世界文明进程。当马克思列宁主义随着十月革命一声炮响实际地传入中国,此前千辛万苦向西方寻求真理的中国先进知识分子重新思考中华民族的历史命运,探究实现中国现代化的具体社会条件和历史环境。中国共产党在马克思主义与中国工人运动相结合的过程中应运而生,中国人民开始从精神上由被动转为主动,逐渐看清了资本主义文明的弊端,从中国的实际出发,走自己的现代化道路。

马克思主义哲学在中国的传播使中国人以科学理性思维重新理解中华文明,深刻意识到中华优秀传统文化返本开新的必要性。在关于体用问题的反复讨论中,有识之士逐渐对中西古今之争的本质问题做出内在反思。正如毛泽东所说:"我们这个民族,从来就是接受外国的先进经验和优秀文化的","从来不拒绝接受别的民族的优良传统"②。中华文明兼容并包的品格彰显了独特优势,审视中华文明海外传播及其与其他各文明对话的历程,可见中华文明走向世界的自觉及其对外来文化博大宽宏的气度。在与现代西方文明的历史性相遇中,中华文明开始实现创新与转化,使之在创新

---

① 习近平. 习近平谈治国理政:第3卷. 北京:外文出版社,2020:471.
② 毛泽东. 毛泽东文集:第6卷. 北京:人民出版社,1999:264.

与转化中超越现代西方文明的正是体现中国风格和中国气派的中国化时代化的马克思主义。同中华优秀传统文化相结合的马克思主义在其每一表现中都带有中国的特性，在更新古老中华文明的过程中伴随着对西方现代文明的批判反思，从而走向一种文明新形态的实践创造。

第一次世界大战的爆发使人们对西方文明的长处颇有幻灭之感。恰如梁启超所感喟的："当时讴歌科学万能的人，满望着科学成功，黄金世界便指日出现。如今功总算成了，一百年物质的进步，比从前三千年所得还加几倍，我们人类不惟没有得着幸福，倒反带来许多灾难。"[1] 这种对现代西方文明的质疑促动国人不仅欢迎社会主义之新文明，而且以之激活中华文明的内在活力，形成以中国革命融入世界革命的历史意识。毛泽东指出："帝国主义列强侵入中国的目的，决不是要把封建的中国变成资本主义的中国。帝国主义列强的目的和这相反，它们是要把中国变成它们的半殖民地和殖民地。"[2] 对现代西方文明的单向度认同并不能使中国独立地发展资本主义，而只能导致中国渐至沦为西方殖民主义的附庸。秉持在马克思主义中国化进程中形成的新文明观，中国先进知识分子做出了历史的选择。

具有五千多年历史的中华文明是中国式现代化探索的"前见"，这种文明底蕴决定了选择中国式现代化道路使中华民族不仅赶上了时代，而且将超越现代殖民主义和资本逻辑的范围，限制物质主义

---

[1] 梁启超．欧游心影录．北京：商务印书馆，2014：18．
[2] 毛泽东．毛泽东选集：第 2 卷．北京：人民出版社，1991：628．

和唯科学主义的单向度弊端。"经纬天地曰文，照临四方曰明。"中华文明强调人与自然、人与人、人与社会和合共生，在长期演化中积累了道法自然、协和万邦、求同存异、和实生物、兼收并蓄等影响深远的观念。诚然，仅靠这些观念及其对象化实践难以构成实现现代化的内生动力，但与马克思主义相结合的这种文化传统对超越现代西方文明的误区具有独特价值，并在中国式现代化的实践创造中实现了中华文明的自我更新。可以说，马克思主义基本原理同中国具体实际相结合、同中华优秀传统文化相结合这一历史事实实际体现为中国社会的深刻改变与中华文明的自我更新。正如《中共中央关于共产国际执委主席团提议解散共产国际的决定》所指出的："中国共产党人是我们民族一切文化、思想、道德的最优秀传统的继承者，把这一切优秀传统看成和自己血肉相连的东西，而且将继续加以发扬光大。中国共产党近年来所进行的反主观主义、反宗派主义、反党八股的整风运动就是要使得马克思列宁主义这一革命科学更进一步地和中国革命实践、中国历史、中国文化深刻结合起来。这一运动表现了中国共产党人在思想上的创造才能，一如他们在革命实践上的创造才能。"[1] 从中可见，马克思主义与中华优秀传统文化是我们党与生俱来的文化基因，中国革命实践与中国式现代化的初步探索正是马克思主义基本原理同中华优秀传统文化相结合的确证。

作为一种"被延误的现代化"，中国式现代化历经器物、技术、

---

[1] 中共中央文献研究室. 建党以来重要文献选编（1921—1949）：第20册. 北京：中央文献出版社，2011：318-319.

制度和文化层面变革的尝试，直至以马克思主义为指导的社会革命激活了中华文明的内生动力。在新民主主义革命时期，"以中国为中心，以马克思主义为方法，重建中华文明的历史主体性，以实事求是的启蒙精神，提出马克思主义中国化，同时推动中华文化的现代化"[①]。新中国成立后，我们党深刻认识到新兴工业的建立是一切文明民族生命攸关的问题，团结带领人民努力建设具有高度现代文明程度的工业化国家。在社会主义工业化进程中，中国式现代化拓展到农业、国防和科学技术领域，在"两步走"的探索中推动经济社会发展，彰显了中华民族把握历史命运的自觉和自信。可以说，中国式现代化在起步阶段就超越了西方现代社会的对抗性矛盾，摒弃了资本占支配地位的生产关系，在以共同富裕为目标的实践中遵循创造现代文明的劳动逻辑，将马克思关于现代文明转型的构想在中国具体化，初步形成了发展中国家走现代化道路的实践经验。

改革开放使中国式现代化的蓝图在汲取世界先进技术和成果的基础上展现，邓小平用《礼记·礼运》中的"小康"一词指称中国式现代化，强调"四个现代化"所具有的社会主义特征。实施"三步走"战略，其中到20世纪末人民生活达到小康水平，到21世纪中叶基本实现现代化。"这个小康社会，叫做中国式的现代化。翻两番、小康社会、中国式的现代化，这些都是我们的新概念。"[②] 这些概念是基于中国国情和文化传统并在中国式现代化的实践探索中

---

① 李文堂. 中国共产党百年文化成就. 中国党政干部论坛, 2021 (10).
② 邓小平. 邓小平文选：第3卷. 北京：人民出版社，1993：54.

凝结的。在党的十二大开幕词中，邓小平提出"建设有中国特色的社会主义"，明确指出加紧社会主义现代化建设的核心是经济建设，它是解决国际国内问题的基础①。在集中精力推动社会主义现代化建设的过程中，中华民族迈出了实现伟大复兴的关键一步，体现了现代化的中华民族的文化形式，并赋予"小康"这个中国古代社会理想以时代新义，反映了人们对和平安定的社会环境、良好的道德风尚与愉悦的生活状态的向往。

在新时代，我们党团结带领人民全面建成小康社会，以新发展理念探索实现现代文明转型的新路，中国式现代化建设进入新的历史阶段，走向文明新形态的实践创造。这种文明新形态摒弃了由资本逻辑主导的物欲膨胀、两极分化、零和博弈的思维定式，从总体上实现了社会全面进步和人民生活水平持续提升，重构了现代化的文明图谱。习近平总书记提出两个阶段的战略安排：到2035年基本实现社会主义现代化，到21世纪中叶建成富强民主文明和谐美丽的社会主义现代化强国。"到那时，我国物质文明、政治文明、精神文明、社会文明、生态文明将全面提升，实现国家治理体系和治理能力现代化，成为综合国力和国际影响力领先的国家，全体人民共同富裕基本实现，我国人民将享有更加幸福安康的生活，中华民族将以更加昂扬的姿态屹立于世界民族之林。"②凝结了社会主义现代化中国经验的中华文明由此实现现代重塑和实践转化，在为解决人类问题贡献中国智慧的过程中绽放出新的时代光彩。

---

① 邓小平. 邓小平文选：第3卷. 北京：人民出版社，1993：3.
② 习近平. 习近平谈治国理政：第3卷. 北京：外文出版社，2020：23.

第二节 中华优秀传统文化的实践转化

中国式现代化具有明确的社会主义方向和原则，基于中华优秀传统文化并在以马克思主义为指导的百年奋斗中实现其创造性的实践转化与创新性发展，体现了中华文明的时代内涵。在实现中华文明自我超越的同时，中国式现代化打破了"特殊主义的普遍化"，对现代西方文明的挑战逐渐做出有力的回应，在社会革命中形成独立自主的发展道路，成为中华文明实现实践转化的历史前提。当然，并非所有的文化理想都能成为现实，正如恩格斯所说："文明是实践的事情，是社会的素质。"① 文化的实践转化体现为社会存在，形成彰显时代精神的现实物质力量。继承优秀传统文化，并非依靠古代文明解决今天的问题，而是要在实践中创造符合新时代发展要求的新文明。

所谓文化的实践转化，指的是一个社会在自身的发展和变迁的现实实践过程中，遵循经济基础决定上层建筑的历史唯物主义基本原理，对传统文化进行改造，使之在新的历史条件下具有与新的经济基础相适应的文化形式，为这个社会的发展和变迁提供来自文化领域的智慧和支撑。这种意义的文化实践转化是每一个社会在转型过程中都会自觉或不自觉地进行的。西方社会在现代化进程中也同

---

① 马克思，恩格斯. 马克思恩格斯文集：第1卷. 北京：人民出版社，2009：97.

样对传统文化进行了实践转化。

一、西方现代化与传统文化的转化

西方现代化的核心要义之一是对传统尤其是封建等级社会的传统文化进行批判和革新。但是，这种批判和革新并非无差别地摒弃一切传统文化理念，那些对现代资产阶级统治有利用价值的传统文化理念并没有被摒弃，而是被置于新的社会历史条件中唤醒新的生命力，为西方资本主义社会的现代化做出贡献。

西方现代社会坚持着一种文化理念："秩序、财产、家庭和宗教。"① 马克思和恩格斯曾如此理解欧洲社会："保守的欧洲——这个'秩序、财产、家庭和宗教'的欧洲，这个君主、封建主和资本家的欧洲。"② 在市民社会和政治国家相同一的封建时代，这些文化理念的要素都具有明显的封建性质。"秩序"指的是基于大土地占有制的封建权力秩序；"财产"是具有封建性质的财产关系；"家庭"的概念可以在封建贵族家族中得到充分的展示，血缘、世袭和出身成为封建贵族保持自身的贵族身份的根本条件；"宗教"则是完全反映封建社会的权力体系和等级制度的宗教形式。总之，这几个因素都是封建制度中人们生活的关键因素，它们深入当时人们的意识观念之中，成为重要的文化理念。而到了现代社会，这些文化要素不仅仍旧存在，而且构成了资产阶级的生存条件，成为资本文明统治的

---

① 马克思，恩格斯. 马克思恩格斯全集：第10卷. 北京：人民出版社，1962：399.
② 同①.

实际基础。马克思在《1848年至1850年的法兰西阶级斗争》中指出:"**秩序党**在自己的选举纲领中公开地宣布了资产阶级的统治,即保全这阶级统治的生存条件:**财产、家庭、宗教、秩序!** 当然它是把资产阶级的阶级统治以及这阶级统治的条件描绘为文明的统治,描绘为物质生产以及由此产生的社会周转关系的必要条件。"① 到了现代资产阶级社会,"秩序"显然转变成了符合资本自由运动的社会秩序;"财产"成为纯粹现代的私有财产;"家庭"现在已经是私有制条件下的家庭,保护家人与保护个人财产、个人权利,基于同样的私有制关系;"宗教"现在则是清教式的,鼓励劳动、贡献和节俭的宗教。显然,西方资产阶级在使西方社会进入现代化的过程中并没有完全摒弃那些落后、保守、腐朽的封建因素,他们以实践转化的方式使这些因素转变成了具有现代意义的文明因素,为资产阶级的统治和资本主义生产方式的生存提供了条件。

这种实践转化的关键与西欧封建社会向现代社会的过渡方式有密切的关系。马克思说:"资本主义社会的经济结构是从封建社会的经济结构中产生的。后者的解体使前者的要素得到解放。"② 封建社会的经济结构的解体使得各种生产要素——土地、劳动力、货币、生活资料、劳动工具等——从封建关系的束缚中解放出来,在现代资本逐步变强的支配力量下,这些被解放出来的要素以新的形式被结合起来,最终形成资本主义生产方式和生产关系。西欧封建

---

① 马克思,恩格斯.马克思恩格斯全集:第7卷.北京:人民出版社,1959:68.
② 马克思,恩格斯.马克思恩格斯文集:第5卷.北京:人民出版社,2009:822.

社会的文化要素同样经历了这样一种解体和过渡的过程。在封建等级社会中，政治国家与市民社会相同一，市民生活的各种要素本身就是国家生活的要素，如马克思所说："旧的市民社会**直接**具有**政治性质**，就是说，市民生活的要素，例如，财产、家庭、劳动方式，已经以领主权、等级和同业公会的形式上升为国家生活的要素。"① 但封建制度的瓦解使政治国家与市民社会的同一关系也发生了瓦解，由此，"中世纪市民社会瓦解为现代社会诸要素"②，在市民社会里，"在政治上仍被特权束缚的生活要素获得自由活动场所"③。由于经济基础和社会生产方式发生变化，虽然来自封建时代的"秩序、财产、家庭和宗教"的文化理念在形式上被保存了下来，但每一个要素都被赋予了完全不同的内涵。如前所述，在这种实践转化中，"秩序"从封建专制的秩序转化为资本自由运动的秩序，"财产"从等级财产转化为以纯粹私有制形式表现出来的自由资本，"家庭"从以封建制度为基础的家庭形式转化为基于现代私有制的家庭形式，"宗教"从中世纪封建制度在精神世界的复制品转化为符合并反映资本主义精神的宗教形式。

西方现代社会对传统文化的转化，还有一个更能体现西方资本文明的本质的案例：对自由理念的转化。自由是西方文化的核心概念之一，最早孕育于古希腊的民主政治。古希腊的自由主要表现为

---

① 马克思，恩格斯.马克思恩格斯文集：第1卷.北京：人民出版社，2009：44.
② 马克思，恩格斯.马克思恩格斯全集：第26卷：第3册.北京：人民出版社，1974：586.
③ 马克思，恩格斯.马克思恩格斯全集：第2卷.北京：人民出版社，1957：148.

政治自由，古典时代雅典的政治看上去是"公民共同生活的自由形式"①。这种自由实质是公民群体或特权群体在政治方面免于被支配和享有某些特权的自由，因此是一种特权形式的自由。它建立在古希腊（古雅典）面向公民群体的小块土地所有制的基础上。马克思指出："劳动者对他的生产资料的私有权是小生产的基础，而小生产又是发展社会生产和劳动者本人的自由个性的必要条件。"② 古典时代的雅典公民拥有土地，因此能够在生产方面自由支配劳动产品，这是公民群体拥有自由的经济基础。但是，这种自由同时也以奴隶制为重要基础。在人数上占少数的公民群体支配着大量的奴隶，通过剥削奴隶的剩余劳动产品的方式来成全自己的闲暇生活和需要花费大量时间来进行的政治生活，这是公民群体尤其是一等级或二等级公民不需要亲自从事农业生产、享受着自由的重要原因。所以，阿克顿在分析西方自由史时发现："奴隶制本身是通向自由的一个阶段，这简直不是一种夸张。"③

中世纪西欧封建等级社会具有森严的人身依附关系，上至大封建领主下至最底层的奴隶，每一个人都处于支配-被支配的人身依附关系之中，无人享有真正意义上的免于被支配的自由（君主在理论上是自由的，但实际上在王室权力被各层级的封建领主瓜分殆尽的情况下，君主并没有拥有多少支配他人的权力）。但即使在这种情况下，西欧封建社会仍然蕴含着自由的理念。这种自由以纯粹法

---

① 梅耶. 古希腊政治的起源. 王师, 译. 上海：华东师范大学出版社, 2013：13.
② 马克思, 恩格斯. 马克思恩格斯文集：第5卷. 北京：人民出版社, 2009：872.
③ 阿克顿. 自由史论. 南京：译林出版社, 2001：12.

律层面的自由人身份表现出来。这是一种"屏蔽"了经济关系上的人身依附关系后，人们在法律层面保持着的自由平等的关系。恩格斯说："给领主当侍从的关系的产生，乃是出于双方自由的协议——所谓自由，乃是罗马的和现代的法学上的自由——它往往跟现代工人为工厂主服务的情况是一样的。"① 在人身依附关系无处不在的情况下，这种法权层面的自由似乎难能可贵。但是，一个人如果不是因为在经济上受到直接或间接的支配，直至处于生存危机之中，那么是不会"自由"地向领主献出自己的人身和土地，给领主当侍从和附庸的，正如在现代资产阶级社会，一个人如果不是因为无法获得生活资料，那么是不会"自由"地与工厂主签订契约出卖自己的劳动力的。因此，这种纯粹法律层面的自由虚假且脆弱，经济的力量很容易突破法律为自己修筑的堡垒，使经济层面的人身依附关系渗入法律领域，使人们在"经济上的屈从取得了政治上的认可"②。中世纪的自由还指与特许权（franchise）密切相关的自由，这种自由"通常指的是赋予土地所有者的一种特权……它逐渐囊括了领主在其土地范围内的统治权，而这完全可以被看作进行独立政治行动的权利"③。如果说前一种自由还多少被掩盖在权利的表面形式下，那么这种作为特许权的自由则是赤裸裸的特权，而这种自由是封建社会的自由的普遍形式。中世纪的自由理念显然根植于西欧封建社会把经济、政治、司法、宗教和习俗等各种因素"糅"为一

---

① 马克思，恩格斯. 马克思恩格斯全集：第 19 卷. 北京：人民出版社，1963：555.
② 同①554.
③ 哈丁，何涛. 中世纪的政治自由. 政治思想史，2014，5（3）.

体的经济结构和社会关系。在这种经济结构中,人们既有可能借助封建法权给自己修筑的堡垒赋予自己某些法权层面的自由,即使他们在实际的经济关系中处于被支配的地位(这种自由对于在经济上不具有竞争优势的贵族而言尤其重要),也有可能反其道而行之,充分利用经济层面的支配权,使之贯彻到其他一切领域,从而成为经济、司法和宗教等领域的支配权,形成特权形式的自由。因此,如果说中世纪西欧社会的自由理念从古希腊延续而来,那么它把这种自由理念置于完全不同的社会生产关系和经济结构中,进行了明显的转化。

对自由理念进行的更彻底的转化出现在西方现代资产阶级社会。资产阶级在自身的发展过程中,根据自身的需要,尤其是根据资本增殖和流通的需要,通过改造自由理念的经济基础的方式,对古代的和封建的自由理念进行了彻底的实践转化。马克思说:"交换价值的交换是一切**平等**和**自由**的生产的、现实的基础。作为纯粹观念,平等和自由仅仅是交换价值的交换的一种理想化的表现;作为在法律的、政治的、社会的关系上发展了的东西,平等和自由不过是另一次方的这种基础而已。而这种情况也已为历史所证实。这种意义上的平等和自由恰好是古代的自由和平等的反面。"[①] 现代资产阶级社会将自由平等的理念置于资本主义生产方式所需要的自由平等的经济条件中,其他领域的自由观念都由此而产生。它消除了前现代社会的自由理念所依赖的前提条件——古代的和宗法式的社

---

① 马克思,恩格斯. 马克思恩格斯全集:第 46 卷:上册. 北京:人民出版社,1979:197.

会生产方式以及由此产生的人的依附关系，将自由理念置于一个完全不同的经济基础——资本主义的现代生产方式以及由此产生的物的依赖关系——之上。对传统文化的转化最为根本的环节是对生产方式的转化。中世纪的生产方式在政治上表现为特权，现代资产阶级生产方式在政治上表现为权利、平权[①]，由于西方现代资产阶级社会对中世纪的生产方式进行了彻底的改造，所以它才能对传统的自由理念进行转化。

从古希腊到中世纪，再到西方现代资产阶级社会，自由理念经历了漫长而彻底的实践转化，被置于完全不同的社会历史条件中进行了多次重塑。不过，经过这些转化，西方现代资本文明所理解的自由仍然保留着自由概念最初的这样一层内涵：自由是免于被支配的自由。在社会生产力还没有发展到使所有人都免于被支配的情况下，这种自由就实际发展为以支配他人为前提和基础的自由。这种自由的实现不是使不同的个人、不同的民族和国家、不同的文明和种族处于和谐、和睦相处的状态，而是相反，使它们都处于资本霸权或强国霸权的支配之中。西方现代资本文明把这种霸权统治下的"自由"和"和平"理解为真正的自由和和平，但这种以支配-被支配的方式实现的"自由"以对被支配者的自由的剥削为前提，因此其实质是非自由、被支配；以这种方式实现的"和平"以损害他人的利益和权利为基础，因此其实质是霸权、对立、冲突、战争和不和谐。资本主义生产方式无法把传统的自由理念转化为真正意义上

---

① 马克思，恩格斯. 马克思恩格斯全集：第 3 卷. 北京：人民出版社，1960：375.

的自由，不是发展生产力的绝对形式，它的内部矛盾最终会使生产力的发展面临不可克服的限制，因此资本主义也无法为真正意义上的自由的产生提供充足的生产力条件。真正意义上的自由，必然不是个人权利可以无限地膨胀和放大的自由，不是个人感性冲动可以无限制地恣意放纵的自由，因此不是特定的特殊性将自身冒充为普遍性从而获得支配其他特殊性的自由。相反，真正意义上的自由只能通过这样一种方式实现：每一种特殊性在普遍的关联中都获得解放，从而每一种特殊性自身就是普遍性，以此，相互区别的诸特殊性得到充分调和，处于普遍的和谐共处的关系中，每一种特殊性的存在都免于任何的支配和限制，获得真正的自由。这种真正意义上的自由包含着一个与中华优秀传统文化相关的核心范畴：和。

二、中华优秀传统文化"和"理念的实践转化

中国式现代化道路是马克思主义基本原理同中国具体实际和中华优秀传统文化相结合的实践场域，体现了中国人徐图自强、赶上时代的精神，彰显了中华民族的历史主体意识。中华优秀传统文化在历史演进中不断得到创新性发展，体现为受现实的历史影响的人文日新的过程。当其被对象化为历史实践时，就转换为历史的具体。换言之，实现中华优秀传统文化创造性的实践转化，要从中国特色社会主义的生产方式和生产关系出发，从具体的社会历史条件出发，将与时俱进的思想理念、人文精神和传统美德转化为现实的社会文明。

如果说西方现代文明经过对传统文化多次转化，为人类社会带

来实质是对立、冲突、抗争和不和平的"和平",那么中国式现代化能够从中华优秀传统文化中吸取一种完全不同的和平理念,它以真正意义上的协调、和平、和睦、和谐为基质,根源于中华传统文化古老而独特的"和"范畴。

《汉字源流字典》认为,"和"字是"形声字。甲骨文从龠,禾声。金文大同。古文简化,省作从口禾声,篆文整齐化。隶变后楷书分别写作龢与咊。俗又改作和。如今皆用'和'来表示"①。"和"字最初的形式是"龢"字,此字包含着调和众音之意。"《说文》云:'龢,调也。''盉,调味也。'乐调谓之龢,味调谓之盉,事之调适者谓之和,其义一也。和今言适合,言恰当,言恰到好处。"②《国语·周语下》也说:"声应相保曰龢。"调和众音也就是使各种不同的音调彼此处于协调一致的关系之中。在后来的发展过程中,"龢"字转变为"和"字,其所包含的调和众音之义发展成为使相互区别的因素和谐相调的含义。例如,《诗经·小雅·常棣》用"和"来形容夫妻兄弟的友好和睦关系:"妻子好合,如鼓瑟琴。兄弟既翕,和乐且湛。"《尚书·尧典》进一步把"和"应用到国与国的关系之中,认为君主高尚的品德能够让万邦和谐共处:"克明俊德,以亲九族。九族既睦,平章百姓。百姓昭明,协和万邦。黎民于变时雍。"

中华传统文化对"和"最具有哲学深度的理解出自《国语·郑语》中郑桓公与史伯的如下一段对话:"公曰:'周其弊乎?'对曰:'殆于必弊者也。《泰誓》曰:"民之所欲,天必从之。"今王弃高明

---

① 谷衍奎. 汉字源流字典. 北京:华夏出版社,2003:363-364.
② 杨伯峻. 论语译注. 北京:中华书局,2006:8.

昭显，而好谗慝暗昧；恶角犀丰盈，而近顽童穷固。去和而取同。夫和实生物，同则不继。以他平他谓之和，故能丰长而物归之；若以同裨同，尽乃弃矣。故先王以土与金木水火杂，以成百物。是以和五味以调口，刚四支以卫体，和六律以聪耳，正七体以役心，平八索以成人，建九纪以立纯德，合十数以训百体。出千品，具万方，计亿事，材兆物，收经入，行姟极。故王者居九姟之田，收经入以食兆民，周训而能用之，和乐如一。夫如是，和之至也。于是乎先王聘后于异姓，求财于有方，择臣取谏工而讲以多物，务和同也。声一无听，物一无文，味一无果，物一不讲。王将弃是类，而与剸同，天夺之明，欲无弊，得乎？"①这段对话把"和"置于哲学上的本体论位置，认为万物都因和谐的关系而生成，不仅如此，人体各器官、社会的各种关系乃至君王对百邦万民的治理都依赖于和谐的关系。同时，这段对话还对"和"与"同"做出了深刻的区分。"和"是相互区别的各事物的协调和对立统一，"同"则是事物无差别的同一。这种无差别的同一要么反映了诸事物本身不具有区别性，要么反映了诸事物处于被绝对统治的条件中，这两种情况都意味着事物多样性的湮灭、生机的丧失。因此，"同"无法成为万物生成和运行的原则。

在儒家传统中，"和"的思想得到了充分的发展。在《礼记·礼运》中，孔子对未来社会的描述是人与人高度和谐和睦的理想图景："大道之行也，天下为公。选贤与能，讲信修睦，故人不独亲

---

① 徐元浩. 国语集解. 北京：中华书局，2002：470-482.

其亲,不独子其子,使老有所终,壮有所用,幼有所长,矜寡孤独废疾者,皆有所养。男有分,女有归。货恶其弃于地也,不必藏于己;力恶其不出于身也,不必为己。是故谋闭而不兴,盗窃乱贼而不作,故外户而不闭,是谓大同。"这样一幅天下大同的未来图景是儒家文化乃至整个中华传统文化对未来社会最能引起共鸣的想象,它所依靠的就是根据大道而在人与人之间普遍实行的和谐共处,其中自然包含着不同国家、不同文明和不同种族之间的和谐共处。不过在孔子看来,"和"并不是毫无原则的。那种天下不依行大道而人与人之间相互隔绝、毫无关联的状态并非真正的和平,那种基于绝对统治条件的"和平"只会使事情处于无差别的同一关系,扼杀事物的多样性,使人类社会的发展和运动失去生机,也不是真正意义上的和平。真正的和平是人与人之间依循共同的秩序礼法、处于普遍的关联和交往的和谐状态。因此在《论语·学而》中,孔子说:"礼之用,和为贵。先王之道斯为美,小大由之。有所不行,知和而和,不以礼节之,亦不可行也。"我们不能为了和平而和平,"和"要体现出"爱人"的"仁"的要求,只有依循特定的秩序礼法、因时制宜地采取灵活的渠道和方式才能实现。这种通过"礼"和"中"的方式、充分反映"仁"的要求的"和",才是真正值得人类去追求的和平,以此实现的"大同世界"才是真正解放每一个个人并使之获得自由的理想世界。

虽然这种意义上的"大同世界"是人类社会发展的一个终极的理想状态,但它对中国式现代化的实现具有重要的范导意义。它所蕴含的和平美好愿景完全区别于西方现代资本主义所追求的资本霸权统治下的"和平"。后者在现实中实际表现为强国霸权统治下的"和平",它不是以真正解决不同国家、不同文明和不同种族之间的对立冲突为目的的,相反,为了争夺和垄断资源、扩大市场和控制交易,西方资本主义强国会根据自己的利益挑起这些对立和冲突,乃至发动战争,通过以强权压制异己者和反抗者的方式来实现"和平"。它并不尊重事物的多样性和特殊性,而是以同一性逻辑和虚幻普遍性来压制这些多样性和特殊性,使之失去反抗的能力。以此实现的社会状态与其说是"和",不如说是"同"。"大同世界"所追求的未来社会愿景是使事物在普遍的关联中获得普遍的解放,不同的民族和国家、不同的文明和种族都能够在这种普遍的关联中充分实现自身的特殊性,处于相互调和的状态中。任何试图破坏这种状态实行统治和支配的欲望都既不可能产生,也没有实现的现实条件。每一个个人不仅在个人修养方面而且在社会生活方面都能达到孔子所说的"从心所欲,不逾矩"的自由状态。以此,不是诸特殊性以压制自身的方式统一于某种虚幻的普遍性,而是每一种特殊性都按照使自身能够同时成为普遍性的方式来实现自身并与其他特殊性相互关联。在这种普遍关联中,每一种特殊性都既能保持自身的特殊性,又同时成为普遍性,获得真正的自由。它们之间的这种和谐共处状态应当是人类文明发展的最高和最完美状态。中国式现代化结合马克思主义所追求的未来社会愿景也正是这种意义上的"大同世界"。

但是,中华传统文化中的"和"并非超历史的抽象理念,它基于中国传统社会的生产方式和生产关系,因此具有自身的历史规定性，需要经过一定的实践转化，才符合中国式现代化对未来的设想。一方面，传统文化中的"和"是基于狭隘的血缘关系和宗法关系而产生的文化理念，它所要实现的"仁"是宗法关系下以血缘关系为根据的"爱人"，它的实现所遵循的"礼"其实是孔子所遵从的周礼，这种"礼"所包含的社会秩序是"君君，臣臣，父父，子子"的宗法差序秩序。这样一些前现代的因素不能为中国式现代化和现代社会主义所包容。中国式现代化奠基于现代社会关系和社会结构，因此我们需要根据中国式现代化的要求，对传统文化中的"和"的理念进行实践转化，将它所依赖的社会关系"置换"为现代的社会关系，这样才能使之成为与时俱进的、具有普遍现代意义的文化理念。另一方面，落后的小农经济和生产关系使得传统文化中的"和"具有较大的历史局限性，它所描绘的"大同世界"在较大程度上是当时氏族共同体对未来社会的想象，而非基于社会生产力的高度发展对未来社会做出的科学预测；它所要建构的"天下"格局也包含着与宗法等级结构相似的等级秩序；它所描绘的未来社会的个人并非经验上普遍的个人，而是落后的小农经济中孤立的、处于分散状态的个人。中国式现代化结合马克思主义，科学地推进这种现代化的现实进程，它基于高度发展的社会生产力来理解现代社会主义的生产方式、生产关系和社会结构的转变，以及个人在社会交往和社会关系方面的转变。从这个角度来看，传统文化中的"和"需要根据中国化马克思主义来进行实践转化，使之被置于现代生产力、现代生产关系和现代社会关系的条件中来理解和阐发。

虽然"和"所描绘的"大同世界"这个终极理想世界只有在未来社会才能实现，但"和"本身却离我们并不远。它既是一个名词，表示一种状态，同时也是一个动词，表示我们接近和实现这种状态的过程。它是我们在当下就可以践行的活动，并且能够以阶段性的方式实现。在某种程度上，《诗经》所描述的"小康"社会就可以说是实现"天下大同"的理想社会的一个阶段性状态。"小康"这个传统文化理念和范畴在20世纪中下叶开始被中国特色社会主义加以实践转化，现在已成为我们用来理解中国式现代化社会的当代话语。1979年，邓小平在会见日本首相大平正芳时指出："我们要实现的四个现代化，是中国式的四个现代化。我们的四个现代化的概念，不是像你们那样的现代化的概念，而是'小康之家'。"他在谈到"小康的状态"和"小康的国家"[①] 时强调经济社会发展要达到"小康水平"，实际上指的是有中国特色的物质丰裕的社会主义现代化，经济社会发展达到中等发达国家水平。因此，要实现物质文明和精神文明共同发展，"两手抓、两手都要硬"。这表明中国式现代化既要尽快赶上西方发达国家的经济发展水平，又要遵循社会主义的本质要求，形成与之相适应的人们的文化素养和社会风尚。

"小康"一词源于《诗经·大雅·民劳》，原指丰裕安乐的社会状态。"民亦劳止，汔可小康""民亦劳止，汔可小休""民亦劳止，汔可小息""民亦劳止，汔可小愒""民亦劳止，汔可小安"。孔子

[①] 邓小平．邓小平文选：第2卷．北京：人民出版社，1994：237-238.

将"小康"社会视为"守礼义""笃父子""睦兄弟""和夫妇"的社会，这样的社会丰实有序，虽然尚未达到"老有所终，壮有所用，幼有所长，矜寡孤独废疾者，皆有所养"的"大同"世界的理想状态，但是也体现了"大同"世界所要求的和睦、和谐、和平。何休在《公羊传》解诂中提出"衰乱""升平""太平"三世说，以此重新安置儒家的秩序。其中，"升平"世大体上相当于"小康"，体现了一种和平崛起的发展状态。[1]"小康"不仅体现为一种社会发展状态，而且体现为人们对国泰民安的期待。《诗经·大雅·民劳》中提到的"小康""小休""小息""小愒""小安"指的都是百姓安康，过上较为舒服、殷实的生活。

不断满足人民追求美好生活的需要，体现了"小康之家"的中华优秀传统文化底蕴，体现了实现中国式现代化的价值目的。这就要使人民群众摆脱贫困和劳苦的生活，努力实现共同富裕，这种汲取了中华优秀传统文化精华的思路体现了中国共产党的文化自觉。"中国共产党从成立之日起，既是中国先进文化的积极引领者和践行者，又是中华优秀传统文化的忠实传承者和弘扬者。"[2] 可以说，马克思主义与中华优秀传统文化是我们党与生俱来的文化基因，在中国式现代化道路上，我们党注重从中国具体实际出发，在实践探索中使中华优秀传统文化在保留自身独特性的同时不断面向未来丰富其现代内涵，进而实现中华文明的现代重建和实践转化。我们要

---

[1] 臧峰宇，博尔. 全面建成小康社会的观念资源与现实探索. 当代中国价值观研究，2020，5 (1).

[2] 习近平. 习近平谈治国理政：第3卷. 北京：外文出版社，2020：35.

汲取求同存异、和谐共生、兼容并包等思想的时代精华，反对霸权主义和强权政治，坚持睦邻友好和互利共赢，解决一系列文化冲突，在新的价值层面加以文化整合，使中国式现代化成为传承中华优秀传统文化和光耀中华文明的现代化。

三、马克思主义与中华优秀传统文化创造性的实践转化

中国共产党以马克思主义为指导，团结带领中国人民取得新民主主义革命和社会主义革命的胜利，在实践中把马克思主义基本原理同中国具体实际和中华优秀传统文化相结合，形成了马克思主义中国化的理论形态，中国化的马克思主义成为中国式现代化道路的理论基础，具有深远的历史意义。探究马克思主义基本原理同中华优秀传统文化相结合之于中国式现代化的重要意义，乃是要揭示特定的世界历史民族在实现特定历史任务时秉持的文化自信，这样的文化自信对创造文明新形态具有特殊重要性。马克思主义为中国先进知识分子所理解和接受，必然体现为中国文化形式，其传播和实际运用必然带有中国的特性，并在转化为中国话语的过程中得到彻底的表达。正如毛泽东所说的："必须将马克思主义的普遍真理和中国革命的具体实践完全地恰当地统一起来，就是说，和民族的特点相结合，经过一定的民族形式，才有用处……中国文化应有自己的形式，这就是民族形式。"①

马克思主义为中华优秀传统文化注入了科学理性精神和强大动

---

① 毛泽东. 毛泽东选集：第 2 卷. 北京：人民出版社，1991：707.

力，为其创新性发展提供了深刻思想内涵。"创新性发展，就是要按照时代的新进步新进展，对中华优秀传统文化的内涵加以补充、拓展、完善，增强其影响力和感召力。"① 纵观中华优秀传统文化的发展历程可见，创新性发展是中华文化绵延不绝的重要成因。创新的前提是传承，要积极总结符合时代需要的古典智慧，扎根于滋养中国人精神世界的文化土壤，弘扬跨越时空、富有永恒魅力和当代价值的优秀传统文化，由此实现符合时代精神的古为今用和推陈出新。传统文化推陈出新，要不断适应时代发展要求，去粗取精，去伪存真，赋予其新的时代内涵和哲学新义，使其与现代社会相协调，随着时代前进的步伐不断实现创新性发展。

从马克思主义基本原理同中华优秀传统文化相结合的角度看，中国式现代化道路体现了马克思主义中国化的历史选择，满足了中华优秀传统文化实现创造性的实践转化的内在要求。"马克思主义传入中国，能够成为中国的主流意识形态，是因为它适应了中国现代化的需要；马克思主义是在正确解答中国的现代化问题，创造中国的新思想、新文化的活动中成为中国先进文化的代表，并从中获得了中国文化身份的合法性。"② 马克思主义中国化使马克思主义成为中国思想文化的主导观念，实现中国化的马克思主义为中国社会发展注入科学理性精神，使中国古代道德理性传统经受现代文明洗礼。马克思主义中国化在面对中国具体实际的实践探索中不断深化

---

① 习近平. 论党的宣传思想工作. 北京：中央文献出版社, 2020：57.
② 何萍. 从马克思主义哲学中国化的视角看马克思主义与儒学的关系. 思想理论教育, 2015（1）.

对马克思主义基本原理同中华优秀传统文化的结合与创新，赋予中国式现代化以明确的任务和文化特质。

百年来，中国共产党始终将马克思主义写在自己的旗帜上，运用唯物辩证法和唯物史观认识和解决中国社会的主要矛盾和矛盾的主要方面，激活了积淀几千年的中华文明的伟力，团结带领中国人民延续民族文化血脉，开拓进取。马克思主义中国化不仅创造了中华文化的新气象，使中华优秀传统文化吸收科学理性精神，亦丰富了马克思主义的中华文化内涵。体现马克思主义基本原理同中华优秀传统文化相结合的、民族的、科学的、大众的文化，在社会主义建设和改革开放进程中面向世界、面向现代化、面向未来，彰显了中国式现代化的精神气质。朝向文明新形态的中国式现代化植根于中华文化沃土，却并非颂古非今，而是反映中国特色社会主义经济和政治的发展，具有鲜明的时代特色。

马克思深刻指出，资本现代性在全球的流动加速了前现代社会的消逝："在再生产的行为本身中，不但客观条件改变着，例如乡村变为城市，荒野变为开垦地等等，而且生产者也改变着，他炼出新的品质，通过生产而发展和改造着自身，造成新的力量和新的观念，造成新的交往方式，新的需要和新的语言。"① 这对中华优秀传统文化创造性的实践转化具有启示意义。在中国现代化进程中必然会形成带有中国风格和中国气派的新的文化观念、话语和交往方式，由此塑造现代中国人的文化品质和精神力量。因此，强调中华

---

① 马克思，恩格斯. 马克思恩格斯文集：第8卷. 北京：人民出版社，2009：145.

优秀传统文化是中国式现代化的文化基因，并非意味着中国式现代化具有某种前现代特征，而是表明同马克思主义基本原理相结合的中华优秀传统文化具有跨越时空的精神力量，能在创新性发展中以独特的方式破解现代化进程中的普遍问题，构成中国人所喜闻乐见的现代化的中国文化形式。这是一种不同于西方现代文明的文化发展思路，为发展中国家走现代化道路提供了全新的选择。

在中国实践场域中探索的现代化道路，力图摆脱资本逻辑的束缚，扬弃零和博弈的思维方式，展现了世界历史意义。"当今中国的历史性发展之所以展现其世界历史意义，是因为中华民族的伟大复兴不仅在于中国将成为一个现代化强国，而且在于：它在完成其现代化任务的同时正在开启一种新文明类型的可能性。"[1] 也就是说，中国式现代化并非西方现代化的某种翻版，而是旨在于中国特色社会主义发展进程中完成现代化的历史任务，并以共同富裕为重要特征，在摆脱资本逻辑的探索中实现现代文明向更高形态跃迁。可以说，百年来中华民族在社会发展的历史进程中实现了马克思对现代文明转型的期待，反映了特定的世界历史民族在走向现代化的过程中不断解放和发展社会生产力、不断满足人民群众对美好生活的需要的历史自觉，释放了强大的社会发展活力。

从中华优秀传统文化创造性的实践转化角度看，将中华优秀传统文化中的美好理念转化为中国特色社会主义的制度文明，要把中华优秀传统文化转化为现代新文明的实践逻辑。在中华民族五千多

---

[1] 吴晓明. 世界历史与中国道路的百年探索. 中国社会科学，2021（6）.

年文明史和世界社会主义发展五百年的视野中理解这个问题，就会对中华民族在实践创造中进行文化创造充满信心，理解中华优秀传统文化创造性的实践转化何以在历史进步中实现。马克思主义基本原理同中华优秀传统文化相结合确立了文化自信的根基，"文化自信是更基础、更广泛、更深厚的自信，是一个国家、一个民族发展中最基本、最深沉、最持久的力量，没有高度文化自信、没有文化繁荣兴盛就没有中华民族伟大复兴"①。只要从历史事实出发理解文化的发展过程，就会认识到中华优秀传统文化的实践转化是具体的、有条件的，实现其转化的是选择和实践这种文化理念的历史创造者。

历史上，以儒家思想为主导的中原政权在战争中往往不是善骑射的游牧民族的对手，受农耕文化影响的人们安土重迁、不舍家园。但是，马上得天下而不能马上治之，在战争中取得政权的游牧民族往往要学习儒家治理理念与实践。② 民族文化的融合正是在此过程中实现的，经过融合创新的文化在转化为文明的过程中体现了时代进步。文化需要积淀和传承，文明则体现为新旧更替的实践创造，新文明彰显了更先进的物质力量。现代化的实质是生产方式变革引发的社会变迁，随之而来的是生成适应现代社会生产方式的新文化，文化在人们的生产生活实践中得到创造性的实践转化，现代文明由以取代古代文明。在新时代，中华优秀传统文化创造性的实

---

① 中共中央关于党的百年奋斗重大成就和历史经验的决议.人民日报，2021-11-17(1).
② 陈先达，臧峰宇.文化的实践转化与制度文明的时代建构.中央社会主义学院学报，2020(4).

践转化和创新性发展的着力点是建设新文明形态。文明总是与其所处社会的生产方式相适应，走中国式现代化新道路，实现中华民族伟大复兴，需要发展为此提供保障的中国特色社会主义制度文明，由此激活文化传统的生命力。

中华优秀传统文化创造性的实践转化是在中国特色社会主义实践场域中展开的，有其明确的时代性和现实的问题域。因而，要基于中国经济社会发展的现实与趋势理解中华优秀传统文化创造性的实践转化的"所以然"与"所当然"。社会主义现代化塑造了超越资本现代性的模式，彰显了中华文明的现代形式，使中华文明得到符合时代精神的表达。以儒家思想为主导的中华优秀传统文化强调自强不息、贵和尚中、大一统、居安思危、和而不同、协和万邦，这些思想在中国共产党带领人民踔厉奋发的实践中被转化为奋斗精神、和谐情怀、集中统一观念、忧患意识、集体主义精神、国际主义精神，使中华优秀传统文化焕发了时代光彩，克服了西方的"现代性之殇"及其带来的人类危机，成为人们追求共同富裕和共享发展的文化底蕴，为构建人类命运共同体提供了中华优秀传统文化资源。

实现中华优秀传统文化的时代创新与自我超越，指向人的全面发展和社会全面进步。人的现代化是现代化的本质与核心，中国现代化的实在进程在人们创造新文明的实践中展开，现代文明向新形态跃迁本质上体现为满足不断增长的美好生活需要的社会发展水平与人的自主性能力的提高。随着中国经济社会发展水平不断提高，中国人在现代化途中逐渐形成符合时代发展要求的思维方式和价值观念，不断增强与社会主义市场经济相适应的现代意识。创造中国式现代化道路与实现中国人的现代化处于同一历史进程，因为人的现代化要在社会现代化过程中实现，而要迈向更高文明程度的现代化，必然将人的全面发展作为出发点和落脚点。社会主义现代化的实践探索与中华优秀传统文化创造性的实践转化为中国人的现代化创造了必要条件，使不断提高现代文明程度的社会主义建设者加入了实现民族复兴的伟业。

新时代新征程，中华民族有坚定文化自信的充分理由和充足底气，有以厚重的文化传统、坚实的文化发展基础矗立于世界文明之林的信心。我们要进一步夯实文化自信的深层根基，进一步实现社会主义先进文化改变世界的现实作用，进一步推动中华优秀传统文化创造性的实践转化和创新性发展。我们要在历史前进的逻辑中前进，在实践创造中进行文化创造，在历史进步中实现文化进步，秉持我们时代的文化使命，以文化自信促进文化繁荣兴盛，展现社会主义大国的文化形象，使国际社会深刻理解崛起中的中国为世界文明发展贡献的文明力量。

总之，马克思主义基本原理同中国具体实际和中华优秀传统文化相结合，彰显了马克思主义的中国风格和中国气派，满足了中国式现代化的实践需要，为中国式现代化提出了明确的任务和发展路径。中华优秀传统文化通过走向文明新形态的中国现代化实践，实现了创造性的实践转化，在社会主义现代化进程中满足了中华儿女共同的文化心理和价值追求。实现创新性发展的中华优秀传统文化体现了中国特色社会主义制度的优越性，体现了中国化马克思主义既一脉相承又与时俱进的文化内涵。正如习近平总书记所指出的："从世界社会主义500年的大视野来看，我们依然处在马克思主义所指明的历史时代。"① 在全面开启建设社会主义现代化国家的新征程中，实现中华优秀传统文化创造性的实践转化和创新性发展，要坚持问题导向，秉持历史的观点和实践思维方式，超越资本现代性的危机，在中国特色社会主义的实践场域中进一步促进马克思主义基本原理同中华优秀传统文化相结合，生成中华文化的再生机制，促进民族精神与时代精神的融合，建设社会主义文化强国。在这个意义上，百年来以马克思主义为指导的中国式现代化探索实现了马克思对现代文明转型的期待，在艰苦卓绝的实践中创造了人类文明新形态，具有世界历史意义，能够引导人类社会走向文明和谐的社会发展道路。

第三节　走向文明和谐的社会发展道路

现代化是随着新兴工业的建立开始的，形成了新的生产力和新的生产方式，其中揭示的现代经济运动规律与一切文明民族生命攸关，历史也由以向世界历史转变。中国式现代化固然是后发式的，但其一开始于社会主义工业化领域的实际展开，就体现了明确的自

---

① 习近平在中共中央政治局第四十三次集体学习时强调　深刻认识马克思主义时代意义和现实意义　继续推进马克思主义中国化时代化大众化. 人民日报，2017-09-30（1）.

主逻辑。这种自主逻辑表现在诸多方面。从历史唯物主义的角度来看，它最根本的表现在于社会生产逻辑的自主性和独特性。中国式现代化要创造人类文明新形态，但它本身并不是一场只停留于文化层面的单纯的政治筹划，相反，它扎根于独特的社会生产方式，呼应当代人类社会生产方式的深刻变革。中国式现代化要克服西方现代化的危机和弊病，成为一种具有世界历史意义的新型现代化模式，引导人类社会走向文明和谐的社会发展道路，首先必须扬弃西方现代化所赖以形成的社会生产逻辑，形成一种更合理、更优越、更具有历史进步性和普遍意义的社会生产逻辑。

一、中国式现代化的生产逻辑

正如马克思所说的："**整个所谓世界历史**不外是人通过人的劳动而诞生的过程，是自然界对人来说的生成过程。"[①] 这句话言简意赅地表明，物质资料的生产劳动对人类社会历史的形成和发展具有根本性的意义。"世界历史"（Weltgeschichte）在这里有两个层面的含义：一是广义的世界历史，泛指世界范围内人类社会通过物质资料生产活动而产生的历史；二是狭义的世界历史，指在特定的社会历史条件中创造出来，但对人类世界具有普遍影响力和普遍意义的世界性的历史，这是从西方现代化浪潮开始的世界历史。根据马克思的这句话，西方现代化之前与之"后"——如果西方现代化之"后"的人类历史与西方现代化所创造的人类历史有所区别的

---

① 马克思,恩格斯. 马克思恩格斯文集：第1卷. 北京：人民出版社，2009：196.

话——的人类历史虽然区别于狭义的"世界历史",但却与之共同属于广义的世界历史,因此它们都由人通过人的劳动而创造出来。但是,不同类型的物质生产劳动会创造出不同性质的历史。

马克思认为,从经济职能的角度来看,人类的物质生产活动有三种类型,各自遵循着不同的逻辑。第一种生产活动是以生产使用价值为目的的生产,第二种生产活动是以生产剩余价值为目的的生产。关于这两种生产,马克思说:"如果一个工作日只够维持一个劳动者的生活,也就是说,只够把他的劳动能力再生产出来,那么,绝对地说,这一劳动是生产的,因为它能够再生产即不断补偿它所消费的价值(这个价值额等于它自己的劳动能力的价值)。但是,从资本主义意义上来说,这种劳动就不是生产的,因为它不生产任何剩余价值。"① 结合马克思的思想来看,这段话包含两种生产概念:一是"能够再生产即不断补偿它所消费的价值(这个价值额等于它自己的劳动能力的价值)"的生产,它通过生产出各种物质资料,能够把生产过程所消耗的劳动力再生产出来,从而使这种生产具有持续性。这种生产的实质是通过主要生产必要的使用价值来实现劳动者的再生产,因此是一种在社会职能上直接以人本身的生产和再生产为目的的生产活动,对应前面所说的第一种生产活动。二是能够生产剩余价值的生产活动,它虽然在社会职能上也包含着人本身的生产和再生产,但不是以之为目的,而是以之为追求剩余价值最大化的手段。这对应前面所说的第二种生产活动。除此之

---

① 马克思,恩格斯. 马克思恩格斯全集:第 33 卷. 2 版. 北京:人民出版社,2004:137.

外，还有第三种生产活动：既能够生产剩余价值，这些剩余价值又普遍地归劳动者所有的生产。马克思说："假定不存在任何资本，而工人自己占有自己的剩余劳动，即他创造的价值超过他消费的价值的余额。只有对于这样的劳动才可以说，这个劳动是真正生产的，也就是说，它创造新价值。"① 这种生产活动既使社会生产的目的回归到人本身的生产和再生产，同时又通过生产出普遍归劳动者所有的剩余价值的方式来实现这个目的，可以说是前面两种生产活动在更高维度上的统一，实现了真正意义上的人的生产。所以，马克思称之为"真正生产"的生产活动。

上述三种生产活动各自遵循着自身的逻辑。在人类历史中，第一种生产活动主要存在于前现代社会，这种生产活动往往受到外在于生产的超经济因素的影响，因此遵循超经济逻辑；第二种生产活动主要存在于西方现代资本主义社会，遵循的是资本运动的逻辑；第三种生产活动是在生产力高度发展的条件下普遍实行现代生产资料公有制（区别于生产力落后条件下的生产资料公有制）时实行的生产类型，遵循真正意义上的人本逻辑。中国式现代化就其反映了中国特色社会主义的性质、追求共同富裕、实现人的自由全面发展而言，蕴含着第三种生产活动类型。第一种生产逻辑向第二种生产逻辑的转化，使人类历史进入以西方现代化为基质的世界历史；第二种生产逻辑向第三种生产逻辑的转化，将会开拓以中国式现代化为基质的文明新形态，引领人类走向文明和谐、共同繁荣富裕的社

---

① 马克思，恩格斯. 马克思恩格斯全集：第33卷.2版. 北京：人民出版社，2004：137.

会发展道路，开创世界历史的新进程。

在前现代社会中，人类的物质生产活动的组织和进行受到超经济逻辑的主导。前资本主义所有制（亚细亚的所有制形式、古代的所有制形式和日耳曼的所有制形式）的形成以血亲共同体或各种形式的政治共同体为前提①，这些超经济性质的共同体由此赋予了前资本主义所有制和生产方式以鲜明的超经济属性。虽然这种生产就其经济职能而言以生产使用价值为目的，但就其社会职能而言，它以人本身的生产和再生产为目的。由于在前现代社会，个人的生存依赖于血亲/政治共同体，因此这种生产活动要实现人本身的生产和再生产，就必须通过生产出使用价值的方式，把个人所有的血亲/政治共同体本身再生产出来。例如，在提到古典古代的所有制时，马克思说："个人被置于这样一种谋生的条件下，其目的不是发财致富，而是自给自足，把自己作为公社成员再生产出来，把自己作为小块土地的所有者并以此资格作为公社成员再生产出来。"②在古典古代和西欧封建社会，人们与物质生产资料和生活资料的关系只能通过政治的方式（维持和巩固自身的公民权，或获得封建领主的私人权力的庇护）得到保证，人们在血亲/财产/政治/宗教共同体中的身份、地位、等级、权力、军功和荣誉等超经济因素是他们获得和维持他们的物质生产资料和生活资料的前提和条件。社会生产及生产关系本身就是这些超经济的社会条件的再生产机制，它

---

① 马克思，恩格斯．马克思恩格斯文集：第8卷．北京：人民出版社，2009：122-134.
② 同①128.

们以再生产出这些超经济条件的方式来再生产出人本身。由于这些共同体及其内部的政治关系本身是狭隘且有限的,既充满狭隘的内部对立关系,又局限于特定的历史时空,因此,由此决定的社会生产虽然以人为生产目的,但是在"狭隘的民族的、宗教的、政治的规定"① 上以之为目的的。这种狭隘性的一个重要体现在于,无论是在古典古代还是在西欧封建社会,人本身的生产和再生产都以这种方式实现:一部分人(奴隶主、封建领主等特权人群)的人本身的生产和再生产以另一部分人(奴隶、农奴等)的人本身的生产和再生产为手段。以这种方式,个人无论被作为手段还是被作为目的,都是非常局限、片面和狭隘的"地域性的个人",不可能成为**"世界历史性的**、经验上普遍的个人"②。与此相应,社会生产是狭隘且具有鲜明的历史局限性的生产,因此,由此创造出来的历史不可能具有世界历史的意义。

在现代资产阶级社会中,社会的生产活动受资本逻辑的主导。资本本身是革命性和批判性的,为了能够自由运动,获取更多的剩余价值,它否定一切传统因素的束缚,按照自己的需要来变革旧社会的生产方式和生产关系,使一切生产条件按照最有利于资本增殖的方式来得到组织。"资产阶级在它已经取得了统治的地方把一切封建的、宗法的和田园诗般的关系都破坏了。它无情地斩断了把人

---

① 马克思,恩格斯. 马克思恩格斯文集:第 8 卷. 北京:人民出版社,2009:137.
② 马克思,恩格斯. 马克思恩格斯文集:第 1 卷. 北京:人民出版社,2009:538.

们束缚于天然尊长的形形色色的封建羁绊。"① 正因为资本具有这种革命性和批判性，所以它本身又是超地域的，它试图摆脱任何地域限制，奔赴全球各地，到处开发，到处建立联系，形成世界性的市场，使一切国家的物质生产乃至精神生产都成为世界性的，使一切民族甚至最野蛮的民族都被卷入资本的势力范围之中，"它按照自己的面貌为自己创造出一个世界"②。迅速发展的现代生产力、发达的现代通信工具和交通工具日益消除物理时间和空间的限制，使全球各地的人们建立了普遍的交往。以这种方式，"人们的**世界历史性**的而不是地域性的存在同时已经是经验的存在了"，"地域性的个人为**世界历史性的**、经验上普遍的个人所代替"③。因此，在现代资本逻辑的主导下，人类的物质生产活动使人类社会的历史演变不再局限于各个民族内部和特定的地域，人类历史被普遍地关联起来，变成了世界性的历史。

但是，由资本逻辑主导的物质生产所导致的问题也是深刻的和世界历史性的。资本与劳动的对立和斗争在世界各地引起了社会动荡、政治动乱、种族冲突和文明冲突；全球物质资料的配置愈发失衡，贫富差距现象不再局限于特定的国家，而普遍发生在不同国家之间；资本主义发达国家与非资本主义落后国家的"中心-边缘"关系被普遍地建立起来，这种关系实质上是支配-被支配、剥削-被剥削的关系；异化现象和拜物教现象成为现代个人生活的普遍现

---

① 马克思，恩格斯. 马克思恩格斯文集：第2卷. 北京：人民出版社，2009：33-34.
② 同①36.
③ 马克思，恩格斯. 马克思恩格斯文集：第1卷. 北京：人民出版社，2009：538.

象，个人受到物的关系的支配，成为个人私欲的奴隶。西方现代文明中的这些问题根源于现代资本主义生产方式。在资本逻辑的支配下，人类的物质生产活动并不是以人为目的的活动，而是以追求剩余价值或物质利益的最大化为目的的活动。资本生存的需要支配着个人生存的需要，并以之为手段。这是西方现代生产逻辑的本质。西方现代文明中这些问题的存在反映了现代资本主义制度具有结构性的缺陷和矛盾，它们无法在不否定这种制度的情况下被消除。因此，这样一种生产制度"不论它较之旧制度如何合理，却决不是绝对合乎理性的"[1]。

中国式现代化是由中国特色社会主义主导的现代化进程，按其本质要求，它所要采取的生产类型是马克思所说的"真正生产"的类型。在马克思的"假定不存在任何资本，而工人自己占有自己的剩余劳动，即他创造的价值超过他消费的价值的余额。只有对于这样的劳动才可以说，这个劳动是真正生产的，也就是说，它创造新价值"[2] 这段话中，这种不存在任何资本却又能够创造剩余价值的生产奠基于高度发展的生产力。在这种生产中，社会劳动生产率非常高，生产资料不再由私人占有，而是共同所有，生产实现了充分的社会化，社会必要劳动时间极短，每一种社会生产本身都能够创造出大量的剩余价值，按资本逻辑的要求来组织社会生产非但不是必要的，反而是多余的和有害的，会阻碍生产力的发展。以此，不

---

[1] 马克思，恩格斯. 马克思恩格斯全集：第25卷. 2版. 北京：人民出版社，2001：374.
[2] 马克思，恩格斯. 马克思恩格斯全集：第33卷. 2版. 北京：人民出版社，2004：137.

仅劳动者创造了大量的剩余价值，这些剩余价值还以共同占有和共同利用的方式普遍归劳动者所有。这种意义上的生产劳动创造了真正属于劳动者个人的财富和社会生产力，为人的自由全面发展提供了充分的条件。因此，这是一种真正以人为目的的生产，人本身的生产和再生产不再被局限于狭隘的社会条件，而是被置于高度发达的生产力条件中，成为社会生产的直接目的；个人得到了自由、全面和普遍的发展，每一个个体都既是特殊的也是普遍的，是世界历史性的、经验上普遍的个人。由此创造出来的人类历史是为了人、属于人并体现人的尊严、价值与自由的世界性历史。

由于生产力还不够发达，中国特色社会主义还未能直接实现这种意义上的生产。为了充分解放和发展生产力，当前中国还需要大力发展社会主义市场经济，实行公有制与多种所有制同时并存的混合所有制形式。但中国特色社会主义的经济组织形式包含着这种生产概念，并不断实现这种生产概念。一方面，中国式现代化追求共同富裕，兼顾公平与效率，以实现最广大人民群众的利益和实现人们的美好生活为目标，社会发展为了人民、依赖人民，社会发展的成果由全体人民共享；经济发展非但不受资本逻辑的支配，反而为资本设置"红绿灯"，驾驭资本，预防资本的野蛮生长，采取多种措施从多个层面克服市场经济的缺陷和失灵现象，使资本的力量能够为中国特色社会主义服务、为人民服务。这些做法都表明，中国式现代化的生产逻辑在扬弃资本逻辑的基础上，遵循人本逻辑。另一方面，中国式现代化将马克思主义与中华优秀传统文化相结合，对中华优秀传统文化进行创造性的实践转化，吸取其中的精华，讲仁爱、重民本、守诚信、崇正义、尚和合、求大同。这些优秀传统文化理念对中国式现代化的生产逻辑产生重大的影响,使之在更高层面遵循人本逻辑:追求各国、各文明、各民族、各种族的和谐共处,反对强权政治、霸权逻辑,力图克服文明冲突和民族对立现象,建立人类命运共同体,提出并践行全球发展倡议和全球安全倡议,基于新的现代化理念建立人类文明新形态。"中国式现代化的发展成果客观上必将惠及世界各国人民。"① 这些做法使中国的现代化的生产类型不断接近马克思所说的"真正生产",使中国式现代化具有历史的进步性和优越性,能够开拓一条走向文明和谐的社会发展道路。

从中国式现代化的生产逻辑的角度来看,中国式现代化强调以人民为中心,反映了推动社会主义现代化建设的新历史观。正如习近平总书记所指出的:"为人民谋幸福、为民族谋复兴,这既是我们党领导现代化建设的出发点和落脚点,也是新发展理念的'根'和'魂'。只有坚持以人民为中心的发展思想,坚持发展为了人民、发展依靠人民、发展成果由人民共享,才会有正确的发展观、现代化观。"② 中国式现代化反映了以社会主义为本质规定的制度文明的优越性和历史进步性,其成功经验表明,中国经济社会发展的成就塑造了崭新的现代"文明格局",书写了体现时代特质的中华"文明华章",倡导以人本逻辑取代资本逻辑,以文明交流互鉴取代文明隔阂冲突,使中华民族伟大复兴进入了不可逆转的过程,

---

① 张文喜. 中国式现代化对当代世界的意义. 光明日报,2021-12-06(15).
② 习近平. 把握新发展阶段,贯彻新发展理念,构建新发展格局. 求是,2021(9).

在百年奋斗征程中实现了"历史的结果和预定的目的",在面向未来的历史性筹划中重绘现代化的世界版图,进而彰显了世界历史意义。

二、中国式现代化的世界历史意义

鸦片战争使中国人开始面对"三千年未有之大变局",西方列强的坚船利炮轰开了中国的大门。伴随资本主义生产方式发展而来的殖民扩张,使中华民族遭遇深重危机。在危机中寻找出路的中国有识之士具有强烈的民族救亡与民族复兴的自觉,在持续探索中积聚了创造中国式现代化的强大动力。十月革命一声炮响,给中国人送来了马克思列宁主义,中国共产党团结带领人民实现了民族独立,使中华民族走出了"文明蒙尘"的历史境遇。在中国革命、建设、改革和新时代伟大变革中,中华文明不断实现从传统到现代的转型,在社会主义现代化建设中焕发蓬勃生机,展现了深刻的文明史意义。

中国式现代化打破了一种坚硬的成见,即认为现代化就是资本主义发展历程,这种单一的现代化观体现了浓厚的资本主义论调,使资本原始积累、殖民与战争、自然环境遭到严重破坏的图景被视为现代化必然具有的形象,进而固化了西方现代化发展模式并强加给其他民族。由西方现代化浪潮所开启的世界历史不仅深刻改变了人类的生产生活方式和交往形式,也在生产力高度发展的同时演绎了"西方中心主义"神话。这个神话实质上对东方从属于西方的历史情境进行了一种超历史的强制阐释,造成了西方主导现代化的幻象。中国式现代化摒弃了以资本为中心的单向度逻辑，超越了零和博弈和对外扩张的思维定式，力图摆脱两极分化和物质主义的泥淖，消解了遵循"丛林法则"的必然性，体现为人们心理态度、价值观和生活方式的改变，代表着我们时代的文明形式。秉持中华文明的历史底蕴与时代精神，中国式现代化为解决人类问题贡献中国智慧，为现代化理论与实践提供中国方案，成为"世界现代化的增长极"，因而是一种实现现代文明转型的伟大探索。

中国式现代化破解了人口规模巨大的国家实现经济跨越式发展的难题，以工业化、信息化、城镇化、农业现代化叠加发展的方式实现了"时空压缩"，在中华文明的现代重塑中展现了现代化的民族化和时代化特征，体现为马克思主义基本原理同中国具体实际相结合、同中华优秀传统文化相结合，亦是这种结合的确证。"我国作为一个人口众多和超大市场规模的社会主义国家，在迈向现代化的历史进程中，必然要承受其他国家都不曾遇到的各种压力和严峻挑战。"[1] 作为一种后发型现代化，中国式现代化在体现现代文明普遍性的同时，实现了对现代性危机的超越，从而使现代文明在中国社会发展进程中的实践创造以内在超越的方式展开，体现为在历史前进的逻辑中前进，在时代发展的潮流中发展。正是因为深刻意识到西方现代化进程中存在的贫富差距、价值冲突和对抗性矛盾，我们党团结带领人民创造的中国式现代化必然要超越资本主义文明形态，在世界历史进程中确立超越文明隔阂和文明冲突的新发展观，

---

[1] 习近平. 把握新发展阶段，贯彻新发展理念，构建新发展格局. 求是，2021（9）.

在文化涵养中实现文明进步，稳步推进全体人民共同富裕，在文明交流互鉴中实现不同国家在现代化进程中的对话与合作，倡导构建人类命运共同体。

在世界历史中把握人类文明演进历程，可见不同国家和地域的文明在普遍交往中实现各自发展的经验。从传统农业社会向现代工业社会的转变，从超经济的生产逻辑向资本的生产逻辑的转变，形成了从整体上考察世界历史趋势的条件，资本逻辑主导的现代化实现了这一转变，也造成了人的异化与对抗性矛盾，造成了严峻的现代性危机。为此，需要探索实现现代文明转型的新路，以人本的生产逻辑取代资本的生产逻辑。世界历史是人们在劳动实践中创造的，它不只是资本逻辑必然导致的结果。中国式现代化创造了经济社会发展的奇迹，历史性地解决了绝对贫困问题，使我们大踏步赶上了时代，为实现转型的现代文明赋予了新的实体性内容，从根本上解决了资本主义现代文明的内在矛盾，在与各国平等互利的交往中倡导文明交流互鉴，确证了中国式现代化的文明史意义，开辟了走向文明和谐的社会发展道路，赋予了世界历史以新的意义和内容。

从马克思主义基本原理同中华优秀传统文化相结合的角度深刻理解中国式现代化的文明史意义，可见马克思主义在中国具体化并指导中国式现代化取得了举世瞩目的成就，这其中既有使中国人掌握科学理性的现代因素，也有与中华优秀传统文化相契合这一深层根由。"马克思主义传入中国后，科学社会主义的主张受到中国人民热烈欢迎，并最终扎根中国大地、开花结果，决不是偶然的，而是同我国传承了几千年的优秀历史文化和广大人民日用而不觉的价值观念融通的。"① 在团结带领人民创造中国式现代化的接力奋进中，我们党以辩证唯物主义和历史唯物主义看待中华民族五千多年绵延不绝的文明史，阐明中国式现代化的深厚文化底蕴和中华文明的精神特质与发展形态，把握中华民族共同体的发展路向和中华民族多元一体演进格局，稳中求进，彰显了中国式现代化的文明底蕴，创造了马克思主义所指明的历史时代的一种新文明形态。

中国式现代化是在借鉴世界各国现代化先进经验的基础上的自主探索。我们党强调走自己的路，以我们正在做的事情为中心，坚持把国家和民族发展放在自己力量的基点上，牢牢掌握中国发展进步的命运。中国式现代化的实践创造在世界历史进程中超越了西方现代性危机，体现了以平等、互鉴、对话、包容的文明观理解一切先进文明的价值内涵，彰显了和而不同的文化精神与和谐共存的人类命运共同体意识，坚持求同存异、合作共赢，倡导在人类文明的制高点上构建新型国际关系格局。正如印度诗人泰戈尔所说，中华文明"不是一种掠夺性的、拥有机械效能的文明，而是一种精神的文明；它建立在人性所具有的、全部的、各种各样的、深层次关系的基础之上"②。在中国式现代化进程中实现重塑的中华文明以开放的姿态展现了这种精神品格，其中的宇宙观、天下观、社会观、道德观、实践观蕴含着全人类的共同价值，必然为现代人塑造新文明

---

① 习近平. 习近平谈治国理政：第3卷. 北京：外文出版社，2020：120.
② 泰戈尔. 民族主义. 刘涵，译. 北京：中国对外翻译出版有限公司，2014：12-13.

观提供厚重的历史资源,为发展中国家实现现代化提供可资借鉴和参考的经验与方案。

党的二十大明确了从现在起党的中心任务,习近平总书记强调了在推进和拓展中国式现代化的前进道路上要牢牢把握的重大原则:坚持和加强党的全面领导,坚持中国特色社会主义道路,坚持以人民为中心的发展思想,坚持深化改革开放,坚持发扬斗争精神[①]。推进和拓展中国式现代化,必须遵循上述原则,深刻领悟我们党对全面建成社会主义现代化强国总的战略安排,把握以中国式现代化全面推进中华民族伟大复兴的实践逻辑,形成全面建设社会主义现代化国家的强大合力,不断展现中国式现代化的动力和活力,推动构建人类命运共同体,从中彰显创造人类文明新形态的世界历史意义。

总之,结合马克思主义和时代精神洞察现代化的本质,以历史自觉和文化自信研究中国式现代化的文明内涵,展现了超越西方现代性危机的一种实现现代文明转型的探索。中国式现代化的自主逻辑基于马克思主义基本原理同中国具体实际相结合、同中华优秀传统文化相结合,高度发展中华优秀传统文化的和谐理念,使之成为中国式现代化区别于西方现代化的标志性理念,以新发展理念实现高质量发展,全面建成小康社会,努力实现全体人民共同富裕,促进中华文明的现代重塑,在中华优秀传统文化创造性的实践转化和

---

① 习近平. 高举中国特色社会主义伟大旗帜 为全面建设社会主义现代化国家而团结奋斗:在中国共产党第二十次全国代表大会上的报告. 北京:人民出版社,2022:26-27.

创新性发展中展现了中华民族独特的精神标识。回顾中国式现代化探索的百年历程可见，这条道路以中华民族独特的文化传统和历史命运为起点，以适应中国具体国情的社会生产方式和生产逻辑为根本，摒弃了西方现代化发展定势，反思了苏联现代化建设的失误，以体现历史主体性的文化自觉不断在实践中解答中国之问、世界之问、人民之问和时代之问，不断创造满足人民日益增长的美好生活需要的物质和精神条件，从而为实现中华民族伟大复兴汇聚磅礴力量，为人类文明新形态的实践创造和引导人类社会走向文明和谐的社会发展道路提供中国经验和中国智慧。

第五章　中华文明的现代重塑与世界历史意义

社会文明形态同其发展方式相适应，更准确地说，发展方式引领社会文明形态的运行与形塑。中国式现代化即中华民族现代发展的路径与方式，构成现代中国总体性的发展方式。从文明视角看，以中国式现代化全面推进中华民族伟大复兴，必然性地开拓出中国式现代化的文化形态。中国式现代化展现了几代中国人接力推进的实践探索，促进了物质文明、政治文明、精神文明、社会文明、生态文明的协调发展，愈益充分地满足了人民日益增长的美好生活需要进而发展了此需要，实现了中华文明的现代重塑，创造了人类文明新形态，彰显出伟大的世界历史意义。

第一节　中华文明的现代重塑

"中华文明在继承创新中不断发展，在应时处变中不断升华，积淀着中华民族最深沉的精神追求，是中华民族生生不息、发展壮大的丰厚滋养。"① 作为在同其他文明不断交流互鉴中形成的开放体系，中华文明以亲仁善邻、协和万邦为一贯的处世之道，以惠民利民、安民富民为鲜明的价值导向，以革故鼎新、与时俱进为永恒的精神气质，以道法自然、天人合一为内在的生存理念，始终在兼收并蓄中历久弥新，有力推动了文明发展进程。在与西方现代文明的历史性相遇中，奋进在中国式现代化道路上的中华文明不断展开积极的创新与转化，日益成为一种更为有益于人之存在的文明形态。同中国具体实际和中华优秀传统文化相结合、体现中国风格和中国气派的马克思主义，是中华文明超越现代西方文明的科学理论指南。此种当代中国的马克思主义无论是总体还是部分都带有中国的特性，都在对西方现代文明的批判反思过程中更新着古老中华文明，从而走向一种新文明形态的实践创造。

一、传承与创新：中华文明现代重塑要义

中华文明的现代重塑，亦即中华文明现代复兴的过程。复兴的

---

① 习近平．习近平谈治国理政：第3卷．北京：外文出版社，2020：470-471．

前提是传承，但传承不等于复古。简单地全盘复归旧有文明，不可能实现文明真正的复兴，只会成为波澜壮阔历史剧中的一段插曲，甚至沦为浩浩荡荡时代大潮短暂的逆流。历史上文明的真正"复兴"，乃是再度兴起或再次兴盛。具有世界历史意义的文明复兴，只能是文明传统在新时代条件下的继续、再造和优化。传承、创新和引领构成中华文明复兴的基本要义。在人类历史上，凡属成功的文明复兴，都是优化或革新传统文明而结出的甜美果实。中华文明的复兴也不例外，它意味着立足传统提供的前提，摆脱原有文明范式的羁绊，确立现代文明的理念和道路。所谓"梦回唐朝"，为再现昔日荣光而回归强大的封建帝国，既不可能也不必要。要在21世纪实现伟大复兴，中华民族必须在新的历史条件下对自己的文明加以创造性转化和创新性发展。这是华夏文明复兴的关键环节。

但没有优秀文明传统的复现也不是复兴。一种文明的复兴不能变成对当下强势文明的简单模仿。盲目舍弃自身文明的合理因素和优秀传统，完全复制外来文明，只能让自己成为别种文明的附庸而丧失复兴的可能。人们虽然在理论上很容易明白这个道理，但在实践中却极易陷入这一泥潭而不自知。"近代以来中国在西方文明冲击下形成了被动回应的思维范式，不自觉之间为其所主导。面对西方的'挑战'，中国不仅以学习西方为圭臬，而且不自觉地卷入西方主导的思维模式中，由此形成了'超英赶美''建设现代化国家'的主流叙事，在不知不觉中消解了中国文明的主体性。"[①] 一味将当

---

① 魏波. 中华文明的复生：21世纪中国的复兴与战略转型. 中国特色社会主义研究，2014（4）.

下的优势文明作为模板追赶，而不加以批判性反思和超越，根本无法实现中华文明伟大复兴。因此，中华文明的复兴也意味着挣脱西方文明范式的羁绊，重建中华文明自信。在新的时代条件下，对西方文明加以批判性地借鉴与吸收，同样是中华文明复兴的题中应有之义。

可见，文明的复兴是"复现"与"新兴"的统一。二者相互依存，缺少任何一方，都不能构成复兴。但相比之下，后者是文明复兴更为本质的向度。如果没有文明的自我创新，中华民族就不能浴火重生。中华文明的当代复兴，是以创新文明作为基本内涵的。无论是对传统文明的再造，还是对西方文明的扬弃，指向的都是文明的创新，都是在传统文明和西方文明基础上建构新的文明。一百年前，对中国文明充满期待的罗素就曾说过："如果中国的改革者在国力足以自卫时，放弃征服异族，用全副精力投入科学与艺术，开创一种比现在更好的经济制度，那么，中国对世界可谓尽了最恰当的义务，并且在我们这样一个令人失望的时代里，给人类一个全新的希望。"[1] 这些话对于今天的我们仍然富有启迪意义。当然，在这里，将"经济制度"置换为"文明"，所表达的含义会更为准确和全面。

完整意义上的中华文明当代复兴，不只是经济总量这种硬实力的"复兴"，也不只是硬实力加软实力（综合国力）的复兴，甚至不只是文明"名次"跃居榜首，而更在于创造出较之现今主导文明

---

[1] 罗素. 中国问题. 秦悦，译. 上海：学林出版社，1996：198.

更益于人类生存和发展，从而更为优越和高级的新型文明。这是中华文明当代复兴更为深刻的含义和精神，是其中可能蕴含的深远历史价值。只有牢固持守并切实践履这一核心理念，华夏文明在当代的复兴才是现实的和高标准的。反过来说，缺失这种内在核心取向的文明复兴，只能是表层的乃至虚假的外在复兴。自觉传承和创新文明的中华民族，有能力也有条件超越自身文明和其他文明的局限，构建起一种更新的文明形态，展现出当代与未来中华文明博大的格局与气象。

逐步创生新的文明后，积极为世界文明发展提供有价值的新元素乃至有益的总体选择，对人类文明给予具有历史高度的引领，同样是中华文明复兴的题中应有之义。一种能够在当今世界上再兴的文明，一定是借鉴了其他文明并对其他文明具有借鉴意义，因而也有助于整个人类文明发展的文明。只有在物质文明、精神文明、政治文明、社会文明和生态文明等方面都有创新发展，中华文明才能真正实现复兴，中华民族才能真正"强"起来。因而，在实现自身复兴的同时，更好地为人类文明发展奉献力量，这是渴望再次屹立于世界先进民族之林的中华民族应有的胸怀和气魄。走向复兴的中华文明不应将自己的眼界停留于区域或国际权谋，局限于一时一处的得失计较，而应将自己的复兴同整个世界文明的发展最大限度地结合起来，使自我发展和人类进步尽可能相互促进。

经过鸦片战争后近二百年的艰苦奋斗，特别是改革开放四十多年的不懈努力，中华民族已逐渐恢复文明自信。我们不是被动地向他人寻求发展良方，而是在实践探索和概括总结的基础上主动为人类发展提供参考方案；不是消极追赶西方文明脚步，而是在西方世界困惑徘徊时积极引领人类文明方向。自觉追求新发展模式与文明形态的中国，是一个有能力为人类文明做出贡献乃至重大贡献的中国。"当古老的中华文明开始全面复兴并蓬勃发展的时候，人类文明的发展走到了十字路口。"① 正在复兴的中华文明为人类文明提供了宝贵的可能选择，推动了当今世界更好地发展和革新自己的文明，激发了当代人类对自身文明的反思。

二、在中国式现代化中推进中华文明现代化

从文明的视角看，中国式现代化即中华文明的现代化，亦即中国式现代化的文化形态的历史性生成。中国式现代化的文化形态正是中华儿女在现代化过程中创造出来的。正如习近平总书记在文化传承发展座谈会上所指出的，"中国式现代化赋予中华文明以现代力量"②。中国式现代化是赓续古老文明的现代化，而不是消灭古老文明的现代化；是从中华大地长出来的现代化，而不是照搬照抄其他国家的现代化；是文明更新的结果，而不是文明断裂的产物。中国式现代化是中华民族的旧邦新命，推动中华文明重焕荣光。作为中华民族的伟大创造，中国式现代化的价值不仅需要在道路意义上加以理解，而且需要在复兴样式、存在模式和文明形态等更深刻的

---

① 公茂虹. 民族复兴的文明视野. 山东高等教育，2014，2（1）.
② 习近平. 在文化传承发展座谈会上的讲话. 北京：人民出版社，2023：7.

层次上予以领会。中国式现代化不仅是新的现代化道路，而且是中华民族在当今时代的复兴样式、存在模式乃至文明形态。唯有如此，中国式现代化内蕴的价值方能足够全面、深刻和充分地彰显出来，进而发挥更为磅礴的世界历史力量。

中国式现代化是中华民族新的发展方式与复兴样式。"事必有法，然后可成。"在实质意义上，道路和方法是一致的。在古希腊语中，方法的意思就是道路，即通往真理的道路。而道路也就是通向真理的方法。《孟子·离娄上》有云："不以规矩，不能成方员（圆）。"在中国，方法、"圆法"的共同实质——"法"，亦与"道""路"等相一致。现代化新道路即当代中国发展的路径与方式。中国式现代化既着力实现现代化，吸收现代化的发展成果，又勠力消解旧有现代化的弊病与局限，尽力避免其可能造成的危害，着力达成更高水准的现代化与现代性。中华民族期冀且实际地通过此种现代化，实现我们这个饱经风雨的民族之高度发展和伟大复兴。由此，中国式现代化构成了当代中国的发展方式，亦构成了中华民族的复兴样式。中华民族的当代复兴，即中华民族的发展重新达至世界一流水准，或者说发展的中华民族重新跻身世界先进民族之林。在此意义上，中国式现代化作为当代中国的发展方式，自然而然地也就是中华民族的复兴样式，构成中华儿女通达高度发展的必由之路。

"一百年来，中国共产党团结带领中国人民进行的一切奋斗、一切牺牲、一切创造，归结起来就是一个主题：实现中华民族伟大复兴。"① 中华儿女展开中国式现代化的时代伟业,并"以中国式现代化推进中华民族伟大复兴"②,正是实现民族复兴这一核心主题历史活动的具体展开。中国式现代化的展开、社会主义现代化强国的建设和中华民族的复兴,迈的是一致的历史步调。过往许多国家的兴盛与复兴不具有高度的合理性,甚至常常在合理性的表面下潜藏着严重的局限性,因此无以长久维系。中华民族向往和实现的当代复兴,是一种追求全体社会成员美好生活与高度发展的复兴,是一种追求民族-国家和睦、人与自然和谐的复兴,从而是一种具有合理意义和更高层次的复兴,可以恒久性地维持与发展。通过中国式现代化之不懈努力,中华民族能够实现此种更具合理性与价值性的新型复兴。有理由认为,中国式现代化是中华民族实现伟大复兴的光明大道,构成了中华民族复兴的新样式,且对其他民族的振兴富含启迪,从而在人类的民族兴盛史上具有开拓意义,提供了一种民族兴盛的新样式与新可能。在此种民族兴盛模式中,人类各民族休戚相连、命运与共的理念熠熠生辉;每个民族的充分发展是一切民族充分发展的条件与结果。

中国式现代化是中华民族新的存在模式或生活模式。社会的发展方式和人的发展方式内在相通、相互规定,在某种意义上是同一事物的不同向度。就其本质而言,人的发展即人之存在的优化,或者说人之存在质量的提升。在马克思主义创始人那里,人之存在和

---

① 习近平. 习近平谈治国理政:第 4 卷. 北京:外文出版社,2022:4.
② 同①124.

人之生活经常连用；人之存在即人的现实生活过程，亦即生命活动的展开过程。因此，社会的发展方式亦同人之存在方式或生活方式相契合，它既在整体上规定了民族共同体的存在模式或生活模式，又在根本上规约了每个个人的存在模式或生活模式。人之存在进而人本身向更好的方向改善，也就是人实现了发展。在此意义上可以认为，人之存在方式内蕴着发展方式，发展方式构成存在方式的向度之一。对人之发展方式的思考有必要进一步推进至作为总体的存在模式层面。作为中华民族新发展方式的中国式现代化，同时也就是中国人民新的存在模式与发展方式。中国式现代化致力于社会的人之存在的改善，致力于社会的人之素养的提升。中国式现代化的展开过程即中国人民提升生活质量与生命品质的过程。借用马克思早期的话语来说，在中国式现代化的展开中，"人以一种全面的方式，就是说，作为一个总体的人，占有自己的全面的本质"[1]。

  需要是人之生命活动的核心要素之一。从需要的视角看，人之存在或人之生活即需要的生成、满足与升华，人之存在的改善与素养的提升即需要及其满足的优化与升华。不同于资本现代化模式总是出于外在目的刺激和填补欲望，制造消费与扩张生产，中国式现代化通过不懈满足和升华人民对美好生活的需要加以展开。以资本增殖为目的的资本主义生产方式，不能不将欲望作为自身运行与扩张的器具。而中国式现代化则必须将需要及其发展作为自己的目

---

[1] 马克思，恩格斯. 马克思恩格斯全集：第3卷.2版.北京：人民出版社，2002：303.

的。马克思指出："一旦交换价值不再成为物质生产的限制,而物质生产的限制取决于物质生产对于个人的完整发展的关系,那么,这全部历史及其痉挛和痛苦也就终止了。"① 物质生产须以个人的完整发展或全面发展为最高价值取向。最具"物质性"的物质生产如是,整个文明的生产或创造更须如是。"江山就是人民、人民就是江山"②,打江山、守江山,打动和坚守的就是人民的心。而人民的心集中展现为对美好生活的向往,亦即美好生活需要。列斐伏尔曾富有针对性地强调道:"进步的或社会主义的政治家必须了解人民的生活和需要,了解人民的眼前利益或根本利益。"③ 中国式现代化不仅着力满足人民日益提升的需要,而且同时着力提升人民日益满足的需要。需要的发展不仅引领人与社会的发展、现代化的推进,而且是人之存在质量提升与发展实现的关键构成与表征,是现代化推进和社会历史进步的重要构成与表征。由此,中国式现代化建构和映现了一种新的存在模式或生活模式。

进而言之,中国式现代化是中华民族新的文明形态。新存在模式的出现与推进意味着新文明形态的形成与发展。文明形态与人之存在模式或生活模式内在一致。梁漱溟先生所言文化即生活的样式对此富有启示:文明即生活的样式。赵汀阳亦认为,"文明问题实

---

① 马克思,恩格斯.马克思恩格斯全集:第31卷.2版.北京:人民出版社,1998:11.
② 习近平.习近平谈治国理政:第4卷.北京:外文出版社,2022:9.
③ 列斐伏尔.日常生活批判:第1卷.叶齐茂,倪晓晖,译.北京:社会科学文献出版社,2018:82.

际上是生活问题的变型"①。文明是人的文明，由作为文明主体的人特别是其生命活动（即生活）所建构，亦即人之生命活动展开的过程与结果。社会的人的活动方式或存在模式在根本的意义上塑造了社会的文明形态，有怎样的存在模式就有怎样的文明形态。既然中国式现代化是一种新的存在模式，那么它势所必然地同时也是一种新的文明形态，或者说势所必然地生成新的文明形态。

这是一种真正以人良性的存在和发展为旨向，且能够真正推进人的全面发展与个性自由的文明，是一种"为了人并且通过人对人的本质和人的生命、对象性的人和人的**作品**的**感性的占有**"②之文明。文明诸主要构成——物质文明、政治文明、精神文明、社会文明与生态文明等，协调一致地共同推动人之良善存在与充分发展。与此同时，人之良善存在或美好生活又作为内核，引领和促成社会文明总体的良序运行与持续进步。中华民族开拓的新文明具有高度的主体性、公共性和人文性，或者说，呈现出较过往文明更高的主体性、公共性和人文性。这些规定使中华新文明作为一种崭新的文明形态，同人类过往的文明形态区别开来，在既有的各种文明形态中突出出来。

中国式现代化不仅创造了人类文明新形态，不仅是新文明形态的动因，而且本身就是一种新的文明要素，本身就是人类文明新形态的征象。对文明形态不仅需要在静态的意义上理解，而且需要在动态的意义上把握：它是一种始终处于变动之中的有机体。

---

① 赵汀阳. 论可能生活. 北京：中国人民大学出版社，2010：203.
② 马克思，恩格斯. 马克思恩格斯全集：第3卷.2版. 北京：人民出版社，2002：303.

从动态的视角看，发展道路构成文明形态的核心要素之一。换言之，新文明形态不仅是中国式现代化的结果，而且是其过程。中国式现代化的展开即新文明的生成和发展。正因为如此，习近平总书记在庆祝中国共产党成立一百周年大会上的讲话中以并列的方式提出"两个创造"（"创造了中国式现代化新道路，创造了人类文明新形态"[①]），并在党的二十大报告中将创造人类文明新形态作为中国式现代化的本质要求之一。中国式现代化的展开和新文明形态的生成是同一历史进程的两个方面。

"党领导人民成功走出中国式现代化道路，创造了人类文明新形态，拓展了发展中国家走向现代化的途径，给世界上那些既希望加快发展又希望保持自身独立性的国家和民族提供了全新选择。"[②]中国式现代化作为一种新的发展方式、存在模式和文明形态，呈现出不同于过往现代化的崭新特质，为人类的当代发展提供了一种富含智慧和力量的新方案与更优选择，能够现实性地引领当代人类通达更高的发展境界。

三、在扬弃资本文明中开拓中国式现代化的文化形态

中华民族奋力开拓的新型现代文明，实质为超越资本文明的社会主义文明。换言之，中国式现代化的文化形态是在深刻扬弃资本文明的伟大历史进程中展开和实现的。在对资本文明的超越中建构

[①] 习近平．习近平谈治国理政：第4卷．北京：外文出版社，2022：10．
[②] 中共中央关于党的百年奋斗重大成就和历史经验的决议．人民日报，2021-11-17（1）．

更高形态的中国特色社会主义文明，是中华文明复兴的本质要求与基本方式，是促进人类命运共同体发展的中国方案的主要内容。中华文明的当代复兴，不只是从传统文明向现代文明的转型，而且同时包含对现代文明的超越。在马克思主义哲学视域中，发展是对原有形态的超越，而超越则是辩证的否定即扬弃。这种扬弃尽可能保留、吸收事物的积极方面，同时否定、破除其消极方面，进而实现综合创新。当代中国对资本文明的超越，也不是简单否弃或全盘推翻，而是积极的否定与扬弃。历史是不能绕过的。作为一种社会整体的、全方位的文明，肇始于西方的资本文明是现代文明的同义词，早已成为中华文明当代复兴的基本境遇。

在马克思的视野中，社会性的人之生活可以划分为物质生活、（狭义）社会生活、政治生活和精神生活等。进入现代，无论是物质生活、（狭义）社会生活、政治生活还是精神生活，均受资本控制。在诸生活领域中，物质生活最为根本，其生产方式制约着整个的（狭义）社会生活、政治生活和精神生活。它主要包含生产、分配、交换和消费这四个环节或内容。然而，这些环节或内容都受到资本宰制。在生产中，生产力和生产关系最具关键性。进入资本主义时代，生产方式的这两个主要方面均在某种程度上表现为资本的属性。诚如马克思所言："在**流动资本**中各种劳动相互之间的社会关系表现为资本的属性，正像在固定资本中劳动的社会生产力表现为资本的属性一样。"[①] 资本掌控了生产力和生产关系这两个最根本

---

① 马克思, 恩格斯. 马克思恩格斯全集: 第31卷. 2版. 北京: 人民出版社, 1998: 113.

因素，统治了生产，统摄了物质生活，进而支配了现代的整个生活、社会与文明。

人类的思想只有经受实践和历史的充分洗礼才能真正达致深刻。虽然我们曾经很明确地将社会主义描述为对资本主义的超越，并积极地追求这种超越，但那是在没有比较完整地经历资本因素的情况下进行的。因而，尽管有科学理论作为指导，但我们对这一问题的认识曾经十分稚嫩，没有也不可能彻底解决问题。事实上，对资本主义的把握并不容易，甚至一些西方左翼学者也感慨："我们生活在资本主义世界，却并不了解它。"① 时代的发展为更深入地理解和回答这一问题创造了条件。改革开放四十多年的切身经历，让我们对资本文明有了更丰富、更深切的感受与认识，从而能够更深刻地理解对资本文明的超越和社会主义的规定性。

资本文明并不局限于经济领域，它是一种社会整体的、全方位的文明。"资本主义首先不是财产分配的经济制度，而是整个生活和文化的制度。"② 资本既具有"伟大的文明作用"③ 与重要的历史进步性，同时又存在严重的反文明效应与根本的历史局限性。"文明以止，人文也。"文明是人生存的积极过程与结果，是社会的人的文明。然而，作为现代文明标杆的资本文明，归根结底是一种物化或者物的文明。虽然这种文明曾经显著地推进和提升过人之存在，但它又本质性地束缚和阻碍了人之存在，因而绝非良性的文

---

① 詹纳.资本主义的未来：一种经济制度的胜利还是失败？.宋玮，黄婧，张丽娟，译.北京：社会科学文献出版社，2004：出版者的话5.
② 舍勒.资本主义的未来.曹卫东，等译.北京：北京师范大学出版社，2014：88.
③ 马克思，恩格斯.马克思恩格斯全集：第30卷.2版.北京：人民出版社，1995：390.

明，绝非真正的人的文明。事实上，当我们依据现实把人类所创造的现代文明称为资本文明时，就已然内在地表征和泄露了这种文明的反人性。

资本文明在根本上还是反自然的。在价值增殖逻辑的支配下，资本对自然进行了残酷的掠夺与破坏，甚至威胁到自然和人类存在的底线。"高度发达的工业文明对自然具有如此强大的统治力量，以至于它像一个危险的火药桶，它本身激起的威力就可能使它爆炸。"[1] 然而，人们却近乎盲目和疯狂地把对自然的伤害也归入经济增长，并且还为此自鸣得意，从而进一步强化了这种伤害。在现行的经济评价体系中，"人们没有把对自然的毁坏作为借方项目从国民生产总值的计算中扣除，……相反，人们却把它计入贷方项目。……根据目前计算的国民生产总值，对自然的不断破坏却体现了人类'福利'的增加"。这不仅是对自然的伤害，也是对人类自身的伤害。"由此勾勒出的国民经济产值增加的假象是十分危险的，因为它抹杀了现实存在的威胁"[2]，将人类置于危险的境地。

马克思指出，"以**物的**依赖性为基础的人的独立性"，是继"人的依赖关系"这种"最初的社会形式"之后的"第二大形式"。"在这种形式下，才形成普遍的社会物质变换、全面的关系、多方面的需要以及全面的能力的体系。"[3] 这种现代文明必须进一步发展，而不是自诩为"历史的终结"，才会开创人与社会发展更好的状态。

---

[1] 詹纳. 资本主义的未来：一种经济制度的胜利还是失败？. 宋玮，黄婧，张丽娟，译. 北京：社会科学文献出版社，2004：188.
[2] 同[1]184.
[3] 马克思，恩格斯. 马克思恩格斯文集：第8卷. 北京：人民出版社，2009：52.

"建立在个人全面发展和他们共同的、社会的生产能力成为从属于他们的社会财富这一基础上的自由个性,是第三个阶段。第二个阶段为第三个阶段创造条件。"① 以人的发展为尺度,我们通过现代化进入的第二个阶段的文明,已达到以物的依赖性为基础的人的独立性阶段,还没有达到个人全面发展和共有社会财富基础上的自由个性阶段。而物化文明当然还不是真正的人的文明。

资本主义生产以资本增殖为目的,服从和服务于资本增殖的需要;不但不以人的存在及其发展为目的,而且不惜以人作为手段或代价。不仅物质生产如此,精神生产、社会关系生产乃至人本身的生产也都如此。以资本主义生产方式为基础的文明,在本质上是排斥人、异化人的。这是资本文明与生俱来的根本局限性。早在一个半世纪前,马克思就对此做出了科学的揭示和论证。虽然资本主义一直被动或主动调整和改良自身,但资本文明不变的本性使之无法超越自身的局限。作为"市场社会主义"主要代表人物之一的戴维·施韦卡特说:"资本主义是一种存在深层次缺陷的经济制度,完全不可能解决目前那些挑战人性的基本问题。……资本主义已经耗尽其体制运作的自由,而事态已变得更糟(而不是好转)了。作为一种经济制度,资本主义看来行将穷尽它一切存在的理由。"② 始终没有完全显现出尽头的全球金融危机,特别清晰地暴露了资本文明内在的局限性。资本文明阶段的历史使命,就是为更高文明发展

---

① 马克思,恩格斯.马克思恩格斯全集:第30卷.2版.北京:人民出版社,1995:107-108.
② 施韦卡特.反对资本主义.李智,等译.北京:中国人民大学出版社,2013:中文版序4.

阶段创造条件。

进入 20 世纪后，世界风云变幻。在美国成为世界霸主之后，绝大部分发展中国家以之为蓝本设计发展图式，希望把自己变成或至少部分变成美国那样的国家。然而，到目前为止，还没有国家取得真正意义上的成功。而且，几乎可以肯定的是，未来也不会有国家成功。这不仅由发展中国家的国情所决定，而且由资本的本性所决定。地球上的资源根本不足以让更多国家以当前发达资本主义国家的模式与标准运转。"这个星球上的生态系统本来就不能够支撑这样高的消费层次。"[1]

很多学者指出，资本主义的世界体系存在着中心与边缘的分野与对立。走资本主义道路的发展中国家，很可能成为受现有主导中心控制并为其服务的边缘，成为受别国剥削与役使的工具。以转移污染为例，世界银行前首席经济学家劳伦斯·萨默斯曾露骨地说："难道世界银行不应该鼓励更多的污染工业转移到最不发达国家吗？我认为，向最低工资水平的国家倾倒有毒废物背后的经济逻辑是无可非议的。……非洲一些人口稀少的国家远未被污染，它们的空气质量与洛杉矶和墨西哥城相比，没有得到充分的利用。"[2] 发达资本主义国家"向环保标准较低的第三世界国家转移生产，同时转嫁污染。这样，这些发达国家就能继续保持清洁，而代价是世界其他地方变得更加污秽"，"结果是造成地球上越来越

---

[1] 施韦卡特. 反对资本主义. 李智，等译. 北京：中国人民大学出版社，2013：中文版序 7.

[2] 梁苗. 论资本的反生态性与生态文明建设. 南京林业大学学报（人文社会科学版），2012，12 (1).

多的地方变得越来越不适宜居住"①。资本主义世界像一条不停制造污染的河流，总是由上而下地流转着污染。如果位于这个体系的下游，承受严重污染将成为不可逃脱的命运。彼得·巴恩斯说得不错："如若中国不加小心，也将可能被卷入一种绝非愉快的社会环境之中。"② 连西方人都清楚地指出了这一点，我们更是清醒地看到了这个重要的事实。

"资本主义世界经济高点上的每次换岗，都反映了一个'新的'地区对'老的'地区的'胜利'。"③ 但中国特色社会主义所追寻的绝非旧式的"霸主"文明，而是新型的和平发展的文明，是维护公平正义的文明，是构建人类命运共同体的文明。中国日益走向世界舞台中央，目标并非"一国独霸"或"几方共治"，而是坚持合作共赢，让经济全球化过程中的国际舞台变得更加精彩和富有意义。资本文明不可能让中华民族实现长远良性发展，我们不能不自觉走出一条新路，以通达更高的文明境界。但这种"新"应该是本质的新，亦即"新事物"的新。从文明角度看，这样的道路就是超越资本文明、建构社会主义新型文明的道路。也就是说，正在复兴的中华文明，相对于原有的封建文明和资本文明，具有超越性的核心取向。在利用乃至发展资本文明的同时对其加以深刻超越，以克服资本支配下人的奴役状态，彰显了中国式现代化的文化形态的超越性。

---

① 格雷·伪黎明：全球资本主义的幻象.刘继业，译.北京：中信出版社，2011：89.
② 巴恩斯.资本主义3.0.吴士宏，译.海口：南海出版公司，2007：8.
③ 阿锐基.漫长的20世纪：金钱、权力与我们社会的根源.姚乃强，严维明，韩振荣，译.南京：江苏人民出版社，2001：391.

由于不愿意对资本文明亦步亦趋,又不可能同资本文明隔绝开来自行发展,因此,当代中国只能走吸收资本文明有益因素而又超越资本文明的道路。正如罗素所言:"中国人如能对我们的文明扬善去恶,再结合自己的文化,必将有辉煌的成就。"[①] 中国式现代化的文化形态的创生与发展,既内在汲取资本文明的有益成果,又从根本上扬弃资本文明的历史局限。换言之,在充分利用乃至发展资本文明的同时,也对其加以深刻的变革和超越。这是真正有益于中国的长远发展,进而也有助于整个人类通达更高水准的文明的解放与自由之路。在这一康庄大道上阔步前行的中华文明,"作为不同于西方文明的一种文明,……发展为有自己特色的、在世界上产生深远影响的重要人类文明,甚至可能在许多方面弥补、矫正西方文明的不足和偏颇。这种历史的大趋势已经越来越明显了"[②]。

第二节 中国式现代化的文明特质及其规定

中华民族创造了人类文明新形态,开启了世界文明新类型。那么,中华儿女奋力开拓的此种新文明(崭新的现代文明)究竟是一种怎样的文明?这是一个从现实生发出的从而自然地显现于我们面前的重要理论问题。显然,如果没有对中国式现代化的文化形态的

[①] 罗素. 中国问题. 秦悦,译. 上海:学林出版社,1996:4.
[②] 郭湛,刘克苏. 走向现代复兴的中华文明. 延边大学学报(社会科学版),2016,49(4).

"质的规定性"的清晰把握，那么我们的认识与实践会是模糊和乏力的。不仅熟知不同于真知，而且解蔽可能造成新的遮蔽。如果满足于既有解蔽而不继续前行，那么或许会导致更为深刻的遮蔽。中国式现代化的文化形态既具民族特点，亦有文明高度，是社会主义特质和中国特色在当代的有机统一体。无疑，可以而且应当像多数研究者那样，从物质文明、精神文明、政治文明、社会文明、生态文明等向度和国内、国外之维度，分门别类地考察新文明的内容与特点，但同样需要甚至更需要对其关键规定性展开分析，以实现对新文明深度的总体把握。从主体及其活动方式之规定性视角看，"文化"之人的卓著文明呈现出高度的主体性、公共性和人文性。主体性和公共性是考察人类世界的两大角度，而人文性更是省思人类世界的核心向度。三者亦构成把握文明新形态的关键维度。生成更高层次的主体性、公共性和人文性，成为奋力超越现代资本文明的中华新文明的基本任务。这是中华新文明的主要规定性，构成其新之所在，使之同资本文明根本性地界划开来。

一、"文化"之人的文明

《论语·子路》有云："君子泰而不骄。"在整体的意义上，中华民族历来具有较高的"文明性"。即便在民族危亡的至暗时刻，中华儿女的杰出代表们也没有放弃这一从古至今薪火相传的高贵风骨。罗素发自肺腑地感叹道："看到中国人不愿以粗鲁回敬粗鲁，带着十分端重对待白人的凶残暴戾、傲慢无礼时，我们不禁汗颜羞惭。欧洲人常把中国人的这种态度看作示弱的表现。但其实这种态度是一种真正的力量。"① 这是值得全体中华儿女引以为豪的卓越品格。他进而提出："中国现在有了复兴精神,如果再能阻止外邦为非作歹,就有可能发展一种新文明,比世界上存在过的所有文明都优秀。"② 特别是,如果"转而以自由之身追求科学艺术,建立更有效、更公平的经济制度,那么,中国将在全球发挥应有作用,将在人类急需之时带去一个崭新的希望"③。这些饱含热望的精辟分析至今仍然闪烁着真理光芒,对新时代中国的新文明建设亦不无启示。

在罗素看来,"这种希望有望变成现实。正因其有望变成现实,中国理应挺立前列,得到每一个热爱人类之人的敬重"④。几代中华儿女前赴后继,接力般将此希望的星火燎原于世界的东方,从而有理由得到真爱文明之人的尊重。当年,毛泽东同志豪情满怀地指出:"随着经济建设的高潮的到来,不可避免地将要出现一个文化建设的高潮。中国人被人认为不文明的时代已经过去了,我们将以一个具有高度文化的民族出现于世界。"⑤ 如今,这一盛景正大踏步走向我们。行进于现代化新道路上的中华民族,前所未有地开创和拥抱着新文明。

中华民族期冀建构的新文明,在本质的意义上是根本超越物性文明之人性的文明,是"文化"(动词)之人的文明。这构成了中

---

① 罗素. 中国问题. 田瑞雪,译. 北京:中国画报出版社,2019:214.
② 同①294.
③ 同①295.
④ 同①295.
⑤ 毛泽东. 毛泽东文集:第5卷. 北京:人民出版社,1996:345.

国特色社会主义文明的核心规定。作为对物的文明的积极扬弃，新文明形态是一种人的文明，并且是真正的人的文明。马克思指出："一旦交换价值不再成为物质生产的限制，而物质生产的限制取决于物质生产对于个人的完整发展的关系，那么，这全部历史及其痉挛和痛苦也就终止了。"① 物质生产须以个人的完整发展或全面发展为最高价值取向。最具"物质性"的物质生产如是，整个文明的生产或创造更须如是。在社会主义中国，以人为本的发展观和以人民为中心的发展思想等，皆注重切实将人（民）作为社会生活和人类世界的最高价值或价值尺度。这是从物的文明到人的文明的根本转换。当然，新文明形态的以人为本，是合理意义上的以人为本。它是一种坚守人与人和平共处、人与自然和谐共生，构建和发展中华民族共同体、人类命运共同体、人与自然生命共同体的理念和行动。

值得注意的是，社会主义新型文明不仅以人为本，而且以"文化"的人为"本"；不但是人的文明，而且是"文化"的人的文明。客观而言，学界目前对此向度的关注相对有限。人们十分强调将物的文明转变为人的文明，却对这样一个使之得以可能的关键质点重视不足：作为文明主体的人唯有具备与人的文明相匹配的文明素质，方能让文明真正成为人的文明。事实上，人本身的文明化，人的文明程度的提高，也是文明发展的内在规定。显然，开文明"倒车"之人，非但不能推动文明发展，反而会令文明蒙尘，从而无法成为文明的合格主体。黑格尔写道："伟大的事业只有通过伟大的

---

① 马克思，恩格斯. 马克思恩格斯全集：第31卷. 2版. 北京：人民出版社，1998：11.

性格才能完成。"① 人作为文明主体，自然不能落后于文明，而须在受文明滋养的同时为文明前行做出应有努力，以匹配自己作为"本"和"中心"的地位。这要求新文明中的全部主体持之以恒地"文化"或"教化"自身，生成同新文明相适应、能够有力发展新文明的（文明）素养。

黑格尔还强调，人要自视能够配得上哲学这种最优秀的东西。也可以同样的方式说，人要自视能够配得上人的文明这种最优秀的东西。但仅仅"自视配得上"是不够的，人须"真正配得上"人的文明。这是新文明更深层的规定。新文明的建设与发展需要无数"文化"的人与之相辅相成，开拓、创造进而升华文明，从而如"配享幸福"般"配享文明"。文明以人为本，人以文明为魂。简言之，文明的人"携手"人的文明前行。唯有如此，更有益于人之存在与发展或者说更有助于人之生存（生活）及其提升的文明才能生成。否则，即使表面上显得是一种新文明，在实际上也达不到新文明的应有高度。在此，我们同意张汝伦先生的看法："只有能提高人类德性的文明，才是真正的文明。"② 作为一种优秀的文明，我们的新文明不能不致力于"人性的改善"，从而彰显文明概念在源远流长的中华文化中内蕴的本真精神。

二、更高水准的主体性

主体性是人的关键规定性，亦为文明的关键规定性。因为，文

---

① 黑格尔. 精神哲学. 杨祖陶, 译. 北京：人民出版社, 2006：3.
② 张汝伦. 我们需要什么样的文明. 北京：商务印书馆, 2017：373.

明与人相互规定。我们以为，在当代受到广泛激烈批判的主体性并非多尔迈等人所言之"黄昏"，相反，在其合理意义上，它是喷薄而出的"朝日"。主体性概念的缺憾并非完全否定它的充足理由，其内含的积极意义则让它仍然具有生命力。当然，它需要被合理地理解和发展。对此深有研究的郭湛教授指出，主体性是人作为活动主体的质的规定性，是在与客体的相互作用中得到发展的能动和创造的特性，是人的生命自觉的表达。"主体性实质上指的是人的自我认识、自我理解、自我确信、自我塑造、自我实现、自我超越的生命活动，及其表现出来的种种特性，如自主性、选择性和创造性等等；它是人通过实践和反思而达到的存在状态和生命境界，展现了人的生命活动的深度和广度。"① 简言之，主体性是人作为主体所表现出的主动性、积极性乃至建设性、创造性。

显然，不能自我认识、理解、确信、塑造、实现和超越的人与文明，无法自主、选择和创造的人与文明，没有生命活动深度与广度的人与文明，或者说不具有主体性的人与文明，不可能是高度发展的人与文明。不难看到，在历史与现实中，一些人与文明没有能够较好地自我认识、自我确信，更没有能够自我实现、自我超越，从而也无法独立自主、合理选择、自觉创造。这样的人与文明不具有主体性，其发展也不可能达至很高的程度。与此相反，能够自我认识、理解、确信、塑造、实现和超越的人与文明，具备自主性、选择性和创造性的人与文明，展现出生命活动深度与广度的人与文

---

① 郭湛. 主体性哲学：人的存在及其意义（修订版）. 北京：中国人民大学出版社，2011：29.

明，则要优秀得多，成为值得追求的方向。在直接的意义上，人的发展体现为其主体性的发展。就此而论，主体性内蕴的合理实质，仍可作为考察人及其文明的重要维度。

中国特色社会主义文明要超越现代文明，当然不能不具有和彰显比现代文明更高水准的主体性。这构成新文明超越资本文明的重要质点。概而言之，高度的主体性主要表现为自主性、自觉性、自强性、自信性、自为性和自由性等具体内容或样态。中华民族的新文明在这些向度上皆达到或须达至较现代文明更高的发展程度，成为一种自主、自觉、自强、自信和自为的文明，进而走向自由之境。

如所周知，古今中外众多思想家皆重视自我认识、自我确信、自我实现、自我超越之于人及其生活的重要价值。例如，苏格拉底强调，只有受智慧指引的生活才是真正的美好生活。马克思说，"自我审视是智慧的首要条件"[①]。概括起来，这些关于"自我"的规定强调的都是人的自主性，即人成为自己的主人，而不是让他人成为自己的主人，同时也不成为他人的主人。在这一点上，黑格尔的"主奴辩证法"富有启迪。所有人，无论是个体还是共同体，皆为自己思想与行动真正的主人，并且深切地认识到自己既是自己的主人，也是整个社会"大家庭"的主人。新中国奉行独立自主的和平外交政策。和平共处五项原则要求我们作为自己民族和国家的主人，既不听命于其他民族-国家，亦不让其他民族-国家听命于自己，而是和世界上的每一个民族-国家共同守护人类共同价值。这

---

① 马克思，恩格斯. 马克思恩格斯全集：第1卷.2版. 北京：人民出版社，1995：179.

是新文明形态的"自主"表征。

真正的自主既以自知为条件，又促成更高的自觉。《老子》云："知人者智，自知者明。""作为主体的人的自觉性，首先表明的是人的精神、思想或认识的状态，进而还表明在某种精神、思想或认识支配下人的实际存在、行动或实践的状态。"① 具体而言，它"由自觉意识、自我意识到理性自觉，由理性自觉到实践理性以及理性实践，一步一步深化和扩展"②。人在正确认识客体的基础上，积极通过对象化的实践活动作用于并改变客体，实现自我的需要，确证自己的本质。需要越是能够实现，本质越是得到确证，自觉的主体性就越是生成和发展起来。《中说·周公》云："自知者英，自胜者雄。"在社会主义现代化征程上，丰富的成功经验以及挫折启示让中华民族和中华文明对外界和自我形成了日渐发展的认知与觉解，逐步成为自觉的民族和文明，并为进一步的发展奠定了坚实基础。正如习近平总书记所指出的那样，我们党以全新的视野深化对共产党执政规律、社会主义建设规律、人类社会发展规律的认识。本质而言，社会发展规律与文明发展规律是一致的。中华民族既须生成"文化自觉"，亦须生成"文明自觉"，对自己开拓的新文明形成自觉意识，且日益强化和提升此种自觉。

《周易·乾卦》云："君子终日乾乾，夕惕若厉。"由古至今，中华民族始终是自强的民族。从近代的山河破碎、民不聊生，到如

---

① 郭湛. 主体性哲学：人的存在及其意义（修订版）. 北京：中国人民大学出版社，2011：38.
② 同①40.

今的富裕繁荣、强大兴盛，更是清晰反映和表达了中国文明自强的主体性。自强的人及其文明总是自觉地发展和完善自身。"天行健，君子以自强不息。"自强不息不仅仅是精神品质，更是实践作为。自强的人在认知与行动双重向度上，通过不懈奋斗改变自我与外界，提升自己的综合素养。《礼记》有云："知困，然后能自强也。"自强之人不满足于现状，而是积极认识乃至找寻自己在现实中存在的弱点与差距，并着力应对和超越这种局限性，磨砺继而提高自己的认识与实践能力。"在这里，主体放弃了对外物和他人的依赖，转而反求诸己，追求自我的内在力量的充实，因而表现出自强的主体性。"① 中华儿女正是如此。一个世纪前，梁启超提出"少年中国说"，强调"少年强则国强"，表达了中华儿女自强的风貌与信念，激励了中华民族自强的品性与作为。当然，更准确的说法应为"人民强则中国强"。恩格斯说得好：伟大的民族"无论从哪方面学习都不如从自己所犯错误的后果中学习来得快"②。自大封闭、因循守旧使人落后而不得不"吃苦"。"面对苦难，中国人民没有屈服，而是挺起脊梁、奋起抗争，以百折不挠的精神，进行了一场场气壮山河的斗争，谱写了一曲曲可歌可泣的史诗。"③ 中华民族近二百年浴火重生、凤凰涅槃的艰辛历程，进一步锻铸和升华了自己钢铁般的自强品格。未来，中华民族要让刻在自己骨子里的奋发自强品格继续熠熠生辉。

---

① 郭湛. 主体性哲学：人的存在及其意义（修订版）. 北京：中国人民大学出版社，2011：63.
② 马克思，恩格斯. 马克思恩格斯文集：第1卷. 北京：人民出版社，2009：379.
③ 习近平. 论中国共产党历史. 北京：中央文献出版社，2021：116-117.

自觉和自强之人亦为自信之人。建立在自觉和自强基础上的理性自信，是人的宝贵品质，是奋斗和作为的精神力量。个人如此，民族亦如此。中华民族需要且有资格自信。周恩来同志曾深情地说道："中华民族有两大优点：勇敢，勤劳。这样的民族多么可爱，我们爱我们的民族……这是我们自信心的泉源。"① 从不同视角看的"四个自信"——道路自信、理论自信、制度自信和文化自信，或可集中概括为文明自信。这是中华民族近两个世纪历尽艰险、来之不易的自信。对于我们的新文明，中华儿女不能没有这种自信心、自豪感，它是不忘初心、继续前进的强大动力。当然，自信以自觉为前提，没有自觉的自信可能倒向盲目的自负。因此，在注重文明自信的同时，中华民族不能不始终保持对自己的文明尤其是优长与不足的自觉。自信的民族勇于并善于向他人学习。"敢于向一切国家的长处学习，就是最有自信心和自尊心的表现，这样的民族也一定是能够自强的民族。"② 富有自信的中华民族自当恒久地虚心学习和借鉴他人所长，并结合自己的实际加以吸收和改造。

自主、自强的人是自己行为的主人，他们自觉并自信地展开自己的生命活动，从事富有意义的作为。人不仅在观念中，而且在行动中，合乎理性（合规律性与合目的性相统一）地处理同客体的关系，便生成了自为的主体性。黑格尔精彩地指出："人的真正的存在是他的行为"，"有什么样的行为就有什么样的个人"③。马克思等

---

① 周恩来. 周恩来选集：上卷. 北京：人民出版社，1980：323.
② 周恩来. 周恩来经济文选. 北京：中央文献出版社，1993：256.
③ 黑格尔. 精神现象学：上卷. 贺麟，王玖兴，译. 北京：商务印书馆，1979：213.

诸多思想家均接受了这一深刻见解。行为生成品性，存在造就本质。"人只有做到以主体的态度把握自己的行为，以自己主体的行为把握客体，才是自己行为的主体，方可称之为具有自为的主体性的人。"① 自主的作为，特别是朝向超越"质"的"文"之作为，让人成为真正意义上的自为之人。由自在到自为，构成人之发展的关键转变。黑格尔看重人从自在到自为的发展。马克思更是注重无产阶级由自在的阶级转变为自为的阶级。个人和阶级如是，民族亦如是。现代化新道路的开拓和人类文明新形态的开创有力地证明，中华民族在长期的奋斗与进步过程中，愈益生成和提升自己的自为性，日趋成为现代的自为民族。通过开辟新道路来开创新文明，这一事实本身就彰显了中华民族的自为性。不过，担当和作为从来没有尽头。新的征程要求中华儿女更加勇于担当并善于作为。

自主、自觉、自强、自信、自为的人是走向自由之人，亦即"自我实现的人"。正如恩格斯精彩地指出的那样："人终于成为自己的社会结合的主人，从而也就成为自然界的主人，成为自身的主人——自由的人。"② 这种自主性也就是自由性。作为哲学千百年来孜孜以求的目标，自由是人生交响乐中最绚烂而美妙的华章。主体性最高的境界和表征正是自由性。值得注意的是，这种自由不应在自愿活动的意义上，而应在良性生存的意义上加以理解。它接近于东方哲学所言之"自在"或"大自在"。真正的自由不是偶然的、

---

① 郭湛. 主体性哲学：人的存在及其意义（修订版）. 北京：中国人民大学出版社，2011：64.
② 马克思，恩格斯. 马克思恩格斯文集：第3卷. 北京：人民出版社，2009：566.

个别的和暂时的，而是具有必然性、普遍性和恒久性的。它作为真正的解放之同义词，是人长期发展的结果。正如马克思主义创始人强调的那样："只有在现实的世界中并使用现实的手段才能实现真正的解放。"① 具有高度主体性的人是自由的人，具有高度主体性的文明是自由的文明。高度的文明状态即觉悟或澄明之境，亦即自由之境。中华民族在当代开拓的崭新文明，正是力图通达人之自由境界的文明。尽管当前我们还未能充分进入自由之境，但自由不仅是我们夸父般追逐的"太阳"，而且已然向我们绽露出"曙光"。只要始终保持追求和创造自由的步伐，中华儿女就将迎来更大程度和更高层次的自由。

在同现代西方文明的比较中，中国特色社会主义文明更清晰地显示出自己的优势。新文明相对于资本文明，更能激发人的积极性、主动性、建设性和创造性。的确，相对于从前的文明，资本文明极大调动了人的积极性、主动性、建设性和创造性，从而取得了相当丰富的文明果实。马克思主义创始人对此有过真切的肯认。奴隶主的鞭子之所以无论如何也"抽"不出资本的效率，是因为无法调动作为人口绝大多数的奴隶之积极性、主动性、建设性和创造性。而资本却能以系统性的方式"轻而易举"地做到，甚至让大多数人把它的效率当作自己的效率而热烈追逐。然而，在根本的意义上，资本文明中的这些良好品性是资本的，而非人的。人的积极性、主动性、建设性和创造性不过是资本的积极性、主动性、建设

---

① 马克思，恩格斯. 马克思恩格斯全集：第42卷. 北京：人民出版社，1979：368.

性和创造性而已。诚如马克思所言："在资产阶级社会里，资本具有独立性和个性，而活动着的个人却没有独立性和个性。"①

资本在实质上掌控着整个生活与生活世界，控制着民众积极性、主动性、建设性和创造性的激发与调动。通过发挥和发展人的特定范围和程度的积极性、主动性、建设性和创造性，资本实现自己的积极性、主动性、建设性和创造性。它发挥和发展人的这些品性，只是为了实现自己的目的，特别是增殖这一最高目的。换言之，这些品性不过是资本运作的手段而已，甚至它们越是美好，资本越要把它们变成增殖工具。马克思在《1844年经济学哲学手稿》中也做出过类似批判。它们必须为资本服务，且不能越出资本的目标方向和控制范围，否则资本势必毫不迟疑地加以打击。在历经挫折之后，社会主义中国认识到，唯有充分发挥全体社会成员的积极性、主动性、建设性和创造性，才能实现长久的健康发展。改革开放取得辉煌成就，重要原因之一就在于，激发了广大人民群众的积极性、主动性、建设性和创造性，汇聚起源源不断的磅礴力量。但是，不同于资本主义文明，社会主义新文明对人之积极性、主动性、建设性和创造性的发挥和发展，就是为了全体人民本质力量的高度发挥和发展本身，而不是为了外在的目标。这一原则在未来需要被更加严格地持守。

新文明能更大程度地解放劳动，使之逐步成为人的劳动，进而推动人之解放与自由。在人的主体性中，活动特别是实践的主体性

---

① 马克思，恩格斯．马克思恩格斯文集：第2卷．北京：人民出版社，2009：46．

具有根本的意义。在黑格尔的基础上，马克思深刻分析道："他们是什么样的，这同他们的生产是一致的——既和他们生产**什么**一致，又和他们**怎样**生产一致。"① 活动尤其是实践活动规定了人的存在状态与生活质量。人的活动尤其是实践活动是怎样的，人就是怎样的。人成为劳动的主人，掌握自己的劳动，并在劳动中体认快乐乃至幸福。劳动不再是同生活相对、处于生活之外的东西，而是成为人之生活的一种，成为真正的人的生活或人的真正生活的内在部分。劳动得到解放与自由，意味着人根本性地实现了解放与自由，生成了高度的主体性，创造出美好的生活景象。这构成中华民族在新征程中继续为之奋斗的目标。

新文明以共同体的主体性超越现代文明"个体本位"的主体性。从主体的形态角度看，主体性可以划分为个体主体性、共同体主体性和类整体主体性。我们的文明不仅希冀保持而且力图提升在现代文明中发展起来的个体主体性，使之成为真正的个人的主体性。不仅如此，新文明还着力建设在现代文明中不受重视甚至一定程度上被破坏的共同体主体性，进而使个体主体性和共同体主体性相互促进，通达更高的发展境界。同时，新时代中国积极倡导构建"人类命运共同体"，着手建设和发展类整体主体性。换言之，新文明生成更高层次的公共性，且需持续升华之。

三、更高层次的公共性

近数十年来，公共性再度成为政治哲学乃至整个哲学关注和强

---

① 马克思，恩格斯. 马克思恩格斯文集：第 1 卷. 北京：人民出版社，2009：520.

调的重要理念。公共性是人作为公共存在者的规定性，即人在共在过程中生成和显现的性质。一些学者认为，公共性是对主体性的超越。在我们看来，公共性并非主体性的反面，亦非主体性的升级。二者是从不同视角和标准出发来看的人及其世界的有别向度，不宜以其中一个取代另一个。无疑，公共性是对个体主体性的超越与升华，并将个体主体性内在地扬弃在自身之中，使自身成为一种更高的主体性，即共同体主体性。不过，这样的公共性也只是对个体主体性的超越。或者说，公共性只是从特定角度对主体性的扬弃。事实上，如前所述，不仅存在个体主体性，也存在共同体主体性乃至类整体主体性。后二者的主体性同公共性在本质上是一致的，它们在特定意义上也是对个体主体性的超越。可见，在实质意义上，公共性没有越出共同体主体性和类整体主体性的视域。而且，从另一角度看，主体性概念亦能容纳公共性。建设和发展公共性本身就是人（个体、共同体、类整体）至关重要的主体性表征。或者说，公共性也是人之主体性的关键内容之一。在"有机团结"的社会中，不具有公共性的人之主体性是不完整的，甚至是不可能的。拥有真正主体性的人也一定具有公共性，尽管程度不一。

同主体性一样，公共性既是人的关键规定性，也是人的文明的关键规定性。公共性作为人与人之间的交互主体性或主体间性，构成社会历史发展的核心规定与根本标识之一，亦成为人类文明发展的深刻表征。社会历史的进步是公共性不断发展或者说公共性程度持续提高的过程。高度的文明具有高度的公共性。易言之，高度的文明一定是公共性的文明形态。共产主义能够根本扬弃资本主义，重要原因之一就在于具有最为卓著的公共性。社会主义及其文明超越资本主义及其文明的关键之处亦在于，拥有比资本主义更加广泛和优越的公共性。中华民族开创的社会主义新型文明，当然需要发展出较现代西方文明更高质量的公共性。这构成新文明形态超越现代文明的关键特质。在人与人的关系上，新文明的高度公共性主要表现在个体与个体、个体与共同体、共同体与共同体的关系三大向度。

个体与个体的和谐共处成为新文明形态的基本要求。政治哲学力图通达的美好生活与优质文明，从一开始就是公共性的。在当代政治哲学中，即使自由主义也无法轻视公共领域或公共性发展之于美好生活的意义。这既出于应然的思量，亦出于实然的考量。《国语·郑语》云："和实生物，同则不继。"法国当代哲学家南希提出"共通体"概念，尝试以"通"解构"同"。这接近于我国古代"和而不同"的思想。这些思想启示人们合理地处理与他人的关系。真正说来，美好生活是人们在共同体中以主体间性方式实现的。全体社会成员共同占有、使用生产资料，共同创造和享受美好生活，构成社会主义与共产主义之核心要义。共有、共建和共享，正是社会公共性展开的三个主要环节。

不同于少数人的"美好"生活，实现全体人民的美好生活，是文明新形态的基本规定与必要条件。非此，它就同现代西方文明没有本质性区别。"每个人的自由发展是一切人的自由发展的条件。"[1]马克思、恩格斯对人之共同体未来发展的这一经典描绘同样适用于

---

[1] 马克思,恩格斯. 马克思恩格斯文集：第 2 卷. 北京：人民出版社，2009：53.

新文明的公共创造：每个人的文明发展构成一切人文明发展的条件与结果。人们既创造自己的美好生活与优质文明，又为他人创造美好生活与优质文明提供条件，并共同为整个社会的美好生活和卓越文明奋斗，从而实现全体社会成员的幸福美好与文明和谐。唯有如此之生活与文明，才能持久存续且日益发展，方可跃升至美好和卓越之列。

在新文明中，个体与共同体和谐共生的达成十分关键。"使个人以整体的生活为乐事，整体则以个人的信念为乐事"①，马克思的这一思想道出了新文明社会中人与人的关系的准则。个体或私人性不侵蚀共同体或公共性，共同体或公共性也不压抑个体或私人性，从而实现个体与共同体的有机统一。合理的私人性和公共性并不必然走向对立和冲突，而能相辅相成。在尊重私人性和发展公共性的基础上，促成私人性和公共性的良性关系，构成了新文明形态有待解决的重要课题。概括而言，合理的私人性应积极促进公共性的建设与发展，健康的公共性亦须自觉促成私人性的巩固与升华，达成二者的良性互动与协调共进。

私人性须维护和增进公共性。首先，私人性不能破坏和消解公共性，这是底线。阿伦特强调："公共领域消失的最后阶段就伴随着私人领域被清除的危险，这似乎是公域和私域之关系的本质。"②丧失了公共性，私人性将不复存在。古往今来，私人利益对公共利益的侵蚀经常发生，导致公共性不能充分发展。在一些实行公有制

---

① 马克思，恩格斯. 马克思恩格斯全集：第1卷.2版. 北京：人民出版社，1995：217.
② 阿伦特. 人的境况. 王寅丽，译. 上海：上海人民出版社，2009：40-41.

的国度与领域，共同体内部的少数私人将公共利益据为己有的情况并不鲜见。苏联等社会主义国家之所以变质，一个重要原因就在于此。因此，在健全的社会中，必须严格防范和控制这类现象的出现。其次，有效地将私人性转化为公共性。这既是公共性提升和社会发展的关键环节，也是众多研究者思索的核心问题。人类目前还处在主要通过发展私人性以在客观的意义上增进公共性的阶段。而在包括社会主义国家在内的所有社会里，常常遭遇私人性无法转换为公共性，甚至制约、破坏公共性的难题。在实现有效转换的基础上，引导私人性自觉升华自身，促成公共性发展，即向私人性主动发展公共性的阶段转变，构成了未来的着力方向。

公共性亦应保护和发展私人性。公共性不是对私人性的简单否弃。完整意义上的公共性不能没有健康的私人性。事实上，更好地保障或实现合理私人性，是公共性建设和发展的题中应有之义。为此，社会共同体不能不给予私人性恰当的定位：既不将其认作万恶之源，错误地贬低它；也不过度抬高其价值与地位，将它力捧为众善之源。诚如《尚书·大禹谟》所言："人心惟危，道心惟微，惟精惟一，允执厥中。"进而，社会的公共权力给予私人性应有的保护和扶植，不仅不放任社会共同体和其他私人性对合理私人性的伤害，而且鼓励和促成合理私人性的成长。存在贬抑私人性传统的社会尤其需要注意这一点。

同各民族-国家共同体和平共处，是新文明建设须臾不离的方向。借用马克思"史前时代"的说法，人类目前在总体上仍处于"文明前时代"或"前文明时代"。特别是在国际关系上，弱肉强食的"丛林法则"仍旧大行其道,"某国优先"的思维甚嚣尘上。马克思曾期待无产阶级"使私人关系间应该遵循的那种简单的道德和正义的准则,成为各民族之间的关系中的至高无上的准则"①。在社会主义旗帜的引领下,中华民族伟大复兴的重要任务之一,就是超越人类至今依然存在的野蛮状态、蒙昧状态、原子状态、"小团体主义"及倒行倾向,推动人类更高水平的文明化,创造高度公共性的文明。没有任何一种文明有资格"高高在上"地"颐指气使"。尽管发展程度不同,但每种文明皆有自己的特质与优长,完全可以互学相鉴、互利共赢,而非只能产生无尽的冲突与对抗。一种发展起来的新文明,给其他文明带来的并非只能是"威胁",相反,带来的完全可能是"果实""经验"和"契机"。这正是"不同而和"。

"国强必霸""赢者通吃"的思维与做派,既背离中华文明"协和万邦""天下大同"的精神气质,又违背世界人民求和平、图发展、谋幸福的热切期盼。因此,正如严厉批判"美国优先"一样,我们同样严格拒绝"中国优先"。换言之,中华民族同一切民族优先主义或民族中心主义划清界限。"文明因多样而交流,因交流而互鉴,因互鉴而发展。"② 中国特色社会主义文明持守"各美其美,美人之美,美美与共,天下大同"理念,尊重并捍卫人类文明的多样性与平等性,倡导文明间的对话交流与相互学习,既积极吸收人类文明一切有益成果,兼收并蓄、含英咀华、博采

---

① 马克思,恩格斯.马克思恩格斯选集:第3卷.3版.北京:人民出版社,2012:11.
② 习近平.深化文明交流互鉴 共建亚洲命运共同体:在亚洲文明对话大会开幕式上的主旨演讲.人民日报,2019-05-16(2).

众长、综合创造，亦努力为其他文明提供有益的借鉴和力所能及的帮助。

当前，国与国的竞争乃至争斗还相当严重和激烈。我们不能不保护自己，且善于保护自己。特别是在旧有国际秩序霸主对我们进行战略阻遏之际，更是如此。值得注意的是，中华儿女当然必须着力防范和抵御敌对力量的破坏乃至攻击，同时也可以在可能的范围内使之意识到文明转型的必要，促成其某些良性的变化。更重要的是，我们要更为积极地引领人类及其文明朝更加美好的方向发展，并落实于具体的战略与策略中。借用古人术语不确切地说，就是进一步突出"王道"的内容，并同"霸道"有机结合。这有助于中华儿女通达真正的长治久安与和平发展，也是中华民族为人类命运共同体做出应有贡献的方式。进而言之，中华新文明虽最终以超越资本主义的共产主义为指向，但在资本文明仍具有某些存在合理性的时代条件下，也希望达成合理范围内的共在、互利与共赢。

人与自然和谐共生，形成生命共同体，亦为创造中的社会主义新文明之内在公共性意蕴。公共性当然主要指向人与人的关系。但这并不意味着不能借助公共性理念与思维考察其他领域，特别是人同它们的关系。在我们看来，不仅应该在人与人关系的意义上理解新文明的公共性，而且需要在人与自然关系的意义上把握之。根本而言，自然对于资本文明而言不过是增殖工具而已。资本主义生产方式是"体制性"地反自然的。资本文明即使一定程度地认识到不能不保护自然，也会出于持续增殖的考量，不会实质性地改变其破坏自然的需求与倾向。于未来的发展而言，绿水青山既是金山银山，又胜于金山银山。社会主义新文明对自然的"爱"与"护"，不是缘于"外在的必然性"，而是缘于且必须缘于"内在的必然性"，出于生命的本源与本性。因此，社会主义中国不仅大力建设生态文明，而且整个文明在本质上都是"生态"的。"生态"同样构成物质文明、政治文明和精神文明等之底色。易言之，社会主义新文明必须在整体上成为"生态之文明"。

四、更高境界的人文性

主体性与公共性交相辉映，进一步升华至人文性。人文性构成了文明形态的更高规定与展现。人的文明的主体与核心是人。人的发展程度自然也就是人的文明的发展高度。主体性和公共性分别从人的素养的发展程度和人与人关系的发展程度这两个有所交叉的不同向度，表征了人及其文明的发展高度。但人的文明的发展还需要一个能够将其总体性地特别是根本性地加以表达的概念。我们以为，"人文性"可担此任。尽管这一概念不常被使用，但它既内在地含有主体性与公共性之意蕴，又越出二者的视野，表征出文明最为本质的内涵。"文明以止，人文也。"源远流长的古老智慧道出了文明与人文的内在关联。

当然，这种人文性并非狭义上的，不局限于学界常说的人文知识、人文精神、人文素质、人文关怀等范围。在首届世界人文大会上，会议主席萨马塞库建议探索人文性这一新概念。在他看来，"人文性是'我们'对'他人'的永恒开放，……它要求彼此之间形成一种永久的团结关系，……这种'人文性'使'把人与人连起来'成为可能"①。对人文性的这一理解更接近于公共性。与此不同，本章在更广泛的意义上使用人文性概念，以之指称人及其生活世界持续"文化"生成"文"的规定性，即人"文化"的规定性。狭义的"人文"集中于人本身特别是人本身的精神文化。广义的"人文"，不仅注重人本身，而且关注人之对象化及其结果；注重的不只是狭义的精神文化，而且是广义的"大文化"，即人为程序与为人取向相统一的文化；不但关注作为名词的文化，而且注重其动态过程，即作为动词的文化。概言之，人创造"文"，并以"文"确证和发展自身，是为"人文"。不懈"文化"且造就"文"之人是持续发展的人，并有理由成为人类世界的"本"和"中心"，使世界呈现出真正的人和文化的性质。

在"止于至善"之"新民"身上，闪烁着"文"的光芒。"文"通"纹"，指纹路、纹饰、文饰等。在此基础上，"文"字生发出若干引申义，如包括语言文字在内的象征符号，并具体化为文物典籍、礼乐制度、法令条文等。《尚书》所载伏羲画八卦、造书契，"由是文籍生焉"，《论语》所载孔子言"文王既没，文不在兹乎"，皆其实例。进而，"文"还形容人为修养。《尚书·舜典》疏云"经纬天地曰文"，《诗经·淇奥》载"有匪②君子，如切如磋，如琢如磨"，皆为此意。由此出发，"文"又生发出美、善、德行之义。

---

① 张君荣，张清俐. 第一届世界人文大会在比利时开幕"人文性"把人与人连起来. (2017-08-09)[2023-10-10]. https://www.sinoss.net/2017/0809/77547.html.

② "匪"通"斐"，即文。

《尚书·大禹谟》谓"文命，敷于四海，祗承于帝"，《礼记·乐记》记"礼减而进，以进为文"（郑玄注："文，犹美也、善也"），等等，均有这类意涵。上述经典中的"文"，同尚未"开化"的"质朴""野蛮"等对举。

需要注意的是，无论是在实然的意义上，还是在应然的意义上，"文"都并非一经形成就固定下来而止步不前。这样的"文"只会丧失其合理性与现实性。相反，真正意义上的"文"总是处于优化的过程之中，自觉地升华自身。唯有如此之"文"，才能保持进而提升自己的合理性与现实性。一句话，"文"作为内含为人取向的人为程序，是真、善、美等由人创造或改造的积极价值，是不断超越反复"文化"了的"质"凝结而成的精粹。这种始终处于发展过程中的"文"，既是"文化"（动词）的结果，同时也构成其前提。与"文"相一致，相对于"自然"尤其是"天文"而言的"人文"，本意为人之"纹理"，主要指人与人之间纵横交错的复杂关系——"人伦"，后引申为人之"文"，即人的"文化"了的东西，亦即人不懈追求和创造的美好事物。譬如，在儒家学子心中，"诗书礼乐"就是这样的美好存在。

《说苑·修文》云："德不至则不能文。""能文"意味着"德至"。因此，在《论语·八佾》中，即便主张"文质彬彬"的孔子也直截了当地表明了自己的立场："周监于二代，郁郁乎文哉，吾从周。""文"在古圣先贤心中的地位可见一斑。借用海德格尔的方式说，人生就是"向文存在"或"向文而生"。而这一历程即"文化"的过程，亦即"化质成文"。人需要加以"文化"的东西就是自己的"质"。在众多先贤那里,文(采)是相对于质(素)而言的。唯有在"质"之基础上增加"文"之内容,足够程度地将"质"转变为"文",人才能超越自然的蒙昧状态和动物式的野蛮状态,通达人为和人化的文明状态。

当然,正如"文"的生成与发展一样,"化质成文"也不可能一劳永逸地实现,而是长久乃至永恒的历史性过程。有原初的"质",亦有"文化"的"质"。虽然历经"文化"反复锤炼,但人的规定性永远都存在"质"的意蕴。于每一具体阶段而言,先前之"文"皆成当下之"质"。人类持续不懈地将既有的"质""文化",转变为更为合理和高级的"质",继而又将这种必然性地变换为"旧质"(于后来的"文化"和"新质"而言)的"新质"进一步加以"文化",优化成更具合理性的"质",如此循环,以至无穷。当将名词性的"文化"理解为人为程序与为人取向之统一时,动词性的"文化"也就是程序和取向的优化,亦即提升人文性的活动与过程。换言之,既有的程序与取向构成当下的"质",成为新的"文化"活动的对象。

"人"与"文"有机结合起来,形成"人文"。按照中华传统,"人""文"互释,二者相互规定、相互印证。"人"是"文"之"人","文"为人之"文"。只有经过"文"化,人才真正成为人;唯有"文"化的人,才是真正的人。同样,只有"人"才有"文";唯有作为"人"的"文",才是真正之文。"人"与"文"相互交织、砥砺共进、协同发展,通达并升华为"人文"。在此意义上,"人文性"这一概念不仅具备充分的历史渊源,而且具有重要的理论价值，明晰地表达出"人"与"文"相互依存、相互转化的"一体关系"。

人们常常将科学精神同人文精神相对而言。事实上，在人文精神的应然意涵上，科学精神本身就是人文精神的内在部分，就属于人文精神。休谟写道："一切科学对于人性总是或多或少地有些关系，任何学科不论似乎与人性离得多远，它们总是会通过这样或那样的途径回到人性。"① 当青年马克思说自然科学和人的科学将是一门科学时，也包含着对自然科学人文性的肯认。在他看来，自然科学已经"成了真正人的生活的基础"②。科学服务于人的需要，是人探索世界、发现真理的结晶，自然会表现出人的性质，从而具有人文性，属人文现象。依此思路，推而广之，整个人类世界不仅表现为"人为世界"或"人化世界"，呈现出"人为性"，而且应具有并展现出显明的人文性，成为人文性的世界，即"人文世界"。

由于"文"是人立足天地万物创造出的精华，是"自然"基础上的"人为"之果实，因此，人文性成为人良性存在和发展的主要条件，同时也是其主要成果。唯其如此，"观乎人文"方能"化成天下"。缘此，人文性构成包括人自身在内的整个人类世界或人文世界的主要规定性。具有高度人文性的人及其生活世界持续"文化"并生成和优化"文"，且真正以"文化"之人为"本"和"中心"。如此理解和规定的人文性概念，传递出人文主义传统最深邃的意涵。在根本的意义上，人及其生活世界的发展，展开和展示为人文

---

① 休谟. 人性论：上册. 关文运, 译. 北京：商务印书馆, 1983：6-7.
② 马克思, 恩格斯. 马克思恩格斯文集：第1卷. 北京：人民出版社, 2009：193.

性的提升。反之，人文性的提升也意味着人及其世界的发展。如前所述，文明是人类的生命活动及其积极成果的总体，亦即人"文化"的结果，因而，人文性及其提升亦能根本性地彰示文明及其发展，并构成人的文明的主要规定性。显然，人文性发展低下的文明，不可能是优秀的文明；而人文性高度发展的文明，亦不会是糟糕的文明。

主体性表达了人本身的发展程度，理所当然地成为人及其文明的规定性。然而，主体性概念本身的确存在一定缺憾。正是这些缺憾，造成人们对它长期的质疑和误解，促成学界走向对主体间性或公共性的呼唤与行动。主体性概念正确地强调了人作为主体的地位、力量与发展等，但一定程度地忽视（至少未能表达出）了人作为客体的向度。其实，在主体性的实质意义上，作为客体的人同样能够具有和表现自己的主体性。于人而言，客体性不仅长期存在，而且并非毫无价值，甚至在某些问题上富含意义。客体性、受动性对于人也可能是一种享受。正如马克思所指出的那样，"按人的方式来理解的受动，是人的一种自我享受"①。客体所具有的积极性质，同样为人所需。因此，在现实生活中，主体性不能不同客体性相互作用乃至相互结合。"与先前那种由于对客体和他人无知而形成的盲目、自发、主观和唯我的主体性相比，同客体性相统一的主体性，即在主体和客体的现实关系中的主体性，无疑是人的主体性的自觉阶段。"② 可见，主体性概念难以充分表达人本身发展所需的

---

① 马克思，恩格斯. 马克思恩格斯文集：第1卷. 北京：人民出版社，2009：189.
② 郭湛. 主体性哲学：人的存在及其意义（修订版）. 北京：中国人民大学出版社，2011：63.

全部规定性，甚至存在较为明显的偏狭。

更重要的是，主体性概念日渐失去存在的现实空间。在人主体力量不足、主体地位不稳、受制于外在客体时，对主体性的强调是有价值的。但在人的主体力量日渐强大，不仅相当有力地控制外部环境，而且造成明显负向效应的现时代，主体性概念的积极意义日趋流失。相反，客体性、主体间性、共同主体性等过去在主体性之"外"的东西愈发值得重视。最关键的是，主体性概念设定了主客体关系的范式，在同客体的比较中凸显人作为主体的价值。这一理解框架当然是有意义的，但其意义又有明显限度，不能不从整体上予以突破，从更高的立场与视角澄明人之价值。许多现当代思想家都对主客体关系模式做出了反思。在特定境遇中强调主客体关系与主体性无可厚非，但此种关系不宜成为主要乃至唯一的思维框架。简言之，当人成为绝对"主体"乃至"主宰"后，主体性概念内含的合理性与现实性势所必然地有所削弱。不只走向极端的主体主义是错误的，而且主体性本身就有局限。当然，这一概念可以被扬弃，不能被放弃（其内蕴积极意义）。在当代，以人文性概念优化或改进主体性概念，或许可以更好地表达人类对自身和文明发展的理解与追求。

和主体性一样，公共性虽为人类社会基本乃至主要的规定与标志之一，但也无法成为其最核心的规定与标志。在我们看来，是人性而非公共性，构成了社会的人的主要属性。当然，必须强调，作为人之规定性总体的人性不是"自然"或"抽象"的，而是现实的、具体的、"文化"的。人性既有特殊性与个别性，亦有普遍性。

这种"文化"的人性概括起来，就是人文性。始终现实地生活着的人类由动物进化、超拔为持续发展的人，通过不懈的"文化"提升至一个又一个更高的层次，进而通达"明"之境界。这是人类的未来理想与理想未来。理想社会最根本的规定性，就是这种作为人类世界"文化"程度和文明水准主要标志的人文性。社会及其公共性不断发展，核心目的正是促成人文性的不断提升。

而且，公共性本身就是人文性的构成部分。"公共性从根本上说是来源于人性的。"① 公共性是人文性发展到一定阶段的产物与表征。从私独性到公共性的转换和公共性的日渐发展，本身就是人"文化"的过程与结果。"作为人类生存条件和生存意义的一种自我理解，'公共性'首先是一个普遍的人类学范畴"，它"将人类生活的基本特性和永恒追求播撒在盛衰变迁的历史场景和日常生活中，成为人性的一种公开表达和展示"②。也就是说，人文性内在地包含着公共性。不过，除公共性外，人文性还涵盖私人性、主体性、实践性、社会历史性等从不同视角理解的诸多重要价值。更关键之处在于，公共性并非人文性最核心的内容。于人文世界和人文性而言，最根本的内容是"化质成文"和"人文化成"，即"化人"和"人化"，亦即"文化"。简言之，相对于公共性，人文性能够更准确地表达人类社会这样一个"文化"世界的主要价值。

在人不懈"文化"的意义上，人文性内在地含括了主体性与公共性之积极意涵。从无主体性到主体性，从贬抑客体的主体性到与

---

① 郭湛，王维国，郑广永．社会公共性研究．北京：人民出版社，2009：69.
② 同①75.

客体相结合的主体性,从私人性尤其是私独性到公共性,从狭隘的公共性到广泛的公共性,均为人"文化"的过程与结果,皆在人文性的理论视野之内。中国人民协力开拓和创造的新文明,既然拥有较资本文明更高的主体性与公共性,就必然且必须生发出更高境界的人文性。人文性之于主体性、公共性的涵盖与提升关系,表明它比主体性和公共性更能规定并表现人与文明的特质,更有理由成为人及其文明最核心的规定,同时也更能表达和规范我们的新文明。换个角度说,新文明在人文性上最为明晰地显现出自身。高度人文性的文明真正以人特别是"文化"之人为本、为中心。如前所言,新文明是超越物之文明的人之文明,即"文化"之人的文明。以人民为中心的发展思想,将人(民)的发展亦即"文化"作为中心。《孟子·尽心下》云:"充实之谓美,充实而有光辉之谓大。"相对于资本文明,新文明自当闪耀出人性和文化的光辉,准确地说,闪耀出人性之文化和文化之人性的光辉。这是一种持之以恒地"文化"从而不断发展和升华的人性。要言之,人文性就是"文化"的人性,构成了中国特色社会主义新文明之"文化"的人性的集中表征。

具有卓越人文性的文明致力于本真之"文"的创造与优化。中华民族在艰难曲折的复兴道路上,潜心求索、披荆斩棘、开拓进取,于社会和生活的各个领域中创造出众多新的、更高质量的"文",如马克思主义信仰、全面小康社会、全过程人民民主、社会主义核心价值观、和谐社会、绿水青山与金山银山的统一及人民生活需要的发展等。它们是新文明的宝贵财富。这些"文明果实"构成了中国特色社会主义物质文明、政治文明、精神文明、社会文明和生态文明，构成了协调发展、持续优化的整个中国特色社会主义新文明。学界对此多有研究，这里不再赘言。概括地说，中华儿女艰苦奋斗取得并将继续迎来的发展成果，从各个向度推进了人为程序与为人取向，推动了人与文明的"文化"。

具有卓越人文性的文明实现了"人""文"互创、"人""文"相生。在相辅相成、砥砺共进中，"人"与"文"皆达至很高程度并融为一体。这构成了中华民族当代发展的愿景与作为。全体社会或文明之"人"高度自觉地"文化"自身，并将自己和自己的文化成果反复再"文化"。由此，中华文明焕发出厚重的人文性，并奋进在不懈升华人文性之路上。不仅如此，新文明始终注重国际人文交流，推动中国和世界的人文发展。习近平主席反复强调人文交流之于国家发展和人类进步的意义："我们要加强世界上不同国家、不同民族、不同文化的交流互鉴，夯实共建亚洲命运共同体、人类命运共同体的人文基础。"[①] 总之，较现代文明具有更高水准和层次的人文性，构成了发展中的中国特色社会主义新文明最核心的规定性和最主要的新之所在。当然，人文性本身亦有发展的广阔空间和长远进程。新文明坚持不懈地发展自身的过程，就是持续不断地提升人文性的过程。反过来看，亦如是。二者不仅走同一条道路，而且迈同一种步调。此外，人文性也不能

---

① 习近平. 深化文明交流互鉴 共建亚洲命运共同体：在亚洲文明对话大会开幕式上的主旨演讲. 北京：人民出版社，2019：5.

完全取代主体性和公共性，以及它们从各自角度对新文明的呈现。

取向既然是方向，也就是指南，构成了新时代中国发展的标尺。中华民族亟须将人文性作为标准，对自己的复兴进程加以衡量、校正和调适。譬如，对发展过程中速度与质量的关系就需如此。"欲速不达""过犹不及"，先贤的教诲值得铭记。速度当然是质量的重要向度，且在特定阶段可能十分重要，欠缺速度意味着缺乏质量或质量低下，完全没有速度意味着完全没有质量。但速度只是质量的向度之一。缺失质量的速度相当于"无"，甚至可能为"负"（造成负效果）。因此，质量重于速度。当发展的速度同发展的质量产生冲突时，后者理所当然地成为在总体和根本上需优先选择的价值。

从人文性的视角看，不仅恢宏目标的实现是美好的，目标的实现过程本身也是美好的，亦值得用心感受和铭记。中华儿女不仅可以享受伟大复兴的辉煌结果，而且可以并应该享受伟大复兴的美好进程。有理由认为，这一进程本身就是复兴的重要成果。过程和结果一样具有意义。正如洒脱自在的人生不是紧盯最终目标的实现，而是同等珍视并享受发展的过程一样，实现当代复兴的中华民族也不是沉囿于赶超的结果，急切于赶超的成功。甚至可以说，"享受过程"是对新文明的内在要求。做不到这一点，意味着人及其文明无法达至卓越之境。简言之，在对复兴过程中的关键问题的处理上，中华民族需要注重以人文性为标准审视和考量，并将其内化于每一个环节之中，不断发展自己文明的人文性，或者说以持续升华的人文性发展自己的文明。

第三节　人类文明新形态的世界历史意义

我们党团结带领全国各族人民，以新价值观、新时代观和新文明观促进国际交流与合作，汇聚文明发展的合力，推动建设相互尊重、合作共赢的新型国际关系，推动形成开放、包容、普惠、平衡、共赢的国际交往格局，共同面对全球范围内的贫困、疾病、气候变化、恐怖主义、自然灾害、贫富差距等难题，以"共商共建共享"原则凝聚新的国际共识。面对现代化进程中深刻复杂的重大问题，我们党不断深化对共产党执政规律、社会主义建设规律和人类社会发展规律的认识，汲取人类文明诸积极成果，不断实现理论创新与实践创新的良性互动，创造了中国式现代化的文化形态，为世界和平发展注入了新元素、新活力与新样态，在世界历史进程中呈现出了人类文明新形态的世界历史意义，既提升了现代文明的发展境界，又引领了人类文明的发展方向。

一、提升现代文明发展境界

生活于现代的人们总是探索更优或者说更有益于自身存在的发展道路。马克思主义始终既立足现实又追求理想，自觉以"高于"现代性尤其是资本现代性的立场审视现代性。以超越和扬弃的态度对待诸现代文明，开拓当前历史条件下适于中国的"最优"文明，成为中华儿女的历史自觉与时代自信。由自觉与自信的历史实践所开拓的人类文明新形态，呈现出显明的超越性，提升了现代文明的发展境界。

"'世界历史'不是快乐或者幸福的园地。快乐或者幸福的时期乃是历史上空白的一页，因为它们是和谐的时期。"① 黑格尔的这一判断同样适用于现代西方。现代西方文明作为最强势的文明，统治和侵蚀了地球的绝大部分，是现代的代表性、主导性乃至最高文明，从而成为现代文明的代名词。这种文明在根本的意义上是资本文明，资本构成其核心向度。正如许多思想家所强调的那样，资本文明（指资本作为统治力量的文明）在本质上是一种物化的文明。物、人、自然，以及人与物、人、自然的关系，呈现出深度且全面的物化与物性。马克思曾深刻分析过第二大社会形态中人的"物的依赖性"或"物的依赖关系"，即资本对人的统治和人对资本的从属，透彻地暴露出物性构成了资本文明的核心规定。甚至有理由认为，资本文明实质上是非人甚至反人的。文明本为人所创造，是一种"属人"的存在，却被冠以"资本"之名。这本身就泄露了这种文明的物性。它绝非资本主义的"紫衣黑袍"所能遮掩，绝非其编织的海市蜃楼所能冲淡。不可克服的物化与物性，构成了现代西方文明至关重要的局限性。

认为人类只能按照某种特定文明形态生活的观念，既不符合应然的价值，也不符合实然的事实。人类在自己生活的历史中总是努力找寻和打造更"好"的文明，从而总是力图突破现有文明形态，

---

① 黑格尔. 历史哲学. 王造时，译. 上海：上海书店出版社，2006：24.

尽管程度不一。即使生活在"最优"文明中的人们亦如此。更重要的是，不再自我超越和发展的文明，最终不是停滞就是消亡，抑或被取代。将现代西方文明作为绝对的文明"样板"，认为其无法被超越（不论是"历史终结"还是"别无选择"），更是不值一驳。相对于过往文明，现代西方文明的确具有深刻的历史合理性与重要的历史进步性，在总体上大幅提升了人类文明水平。但同样确凿无疑的是，它本身存在根本的局限性，绝非人类可能的最高文明形态。诚如马克思反复论证的那样，资本主义不是自然的，更非永恒的，而是历史的、暂时的。因此，现代西方文明不能被视为文明的"顶峰"，且没有任何资格要求别的文明必须照其模式，以之为目标或范本行动。然而，由于内在的强劲扩张性，现代西方文明又总是如此。在这一点上，它丧失了作为现代文明基本规定或"底线"且自己反复强调的平等，从而并非真正优秀的文明。

社会主义是对资本主义的积极超越，共产主义是对资本主义的根本扬弃。超越与扬弃资本文明，是社会主义和共产主义的基本规定性。理想因为对它的自觉追寻方成理想。没有被执着地追求的理想，并不是"现实"的理想，而只是"可能"的理想，甚至相当脆弱。要想让共产主义切实地成为当代中国的理想，就必须在现实中始终保持对它的趋近。"我们已经走得太远，以至于忘记了为什么而出发。"纪伯伦的这一名言也提醒我们反思自己对共产主义理想的态度。毋庸讳言，这一理想在一段时间内被有意或无意地淡忘乃至搁置了。现在是重新拾起这一理想的时候了。这一理想之所以远大，并不是因为遥远、宏大，而是因为能够长久地指引我们。并且，这种指引不是在未来才开始，而是从现在乃至过去就已然开始。当然，我们所信奉的共产主义理想，应该是被科学地理解的。但无论如何理解，对资本及其文明的彻底扬弃，都是共产主义一个内在的规定性。

创建新型中华文明，构成了中国特色社会主义合法性和优越性的重要前提。中国特色社会主义之所以是合法和优越的，一个基本根据就在于能够建构比人类现有最高文明更合理、更高级的文明形态。作为人类积极活动成果的整体，文明是社会发展程度的直接表征。如果不能在社会文明上超越资本主义，社会主义的合法性与优越性就无从谈起；如果从根本上超越了资本文明，社会主义就在本质上超越了资本主义。中国特色社会主义道路指向的是深刻超越资本文明，从而生成具有更高文明水准的社会主义新型文明。能够清楚地看到资本文明表现出的进步性与局限性，从而更为自觉地对待资本文明和选择发展道路，这是当代中国最重要的后发优势。不充分利用这一优势，浪费资本文明给予我们的最宝贵"礼物"，可说是暴殄天物。唯有在充分吸收资本文明积极意义的同时深刻超越这种文明，创生具有更高水准、代表人类未来的新型文明，中华民族才算发挥出了后发优势。有理由说，在党的领导下，中华民族业已充分发挥出了此种后发优势，既创造了崭新的民族文明，又提升了人类文明境界。当然，也需要看到，虽然当代中国文明已经在一些方面和相当程度上优越于资本文明，但还需要继续努力，才能全面彻底超越资本文明，进一步强化和彰显中国特色社会主义的合法性与优越性。

值得一提的是，社会主义不仅是对资本主义的超越，也是对前资本主义的超越。从本质的向度看，社会主义作为比资本主义更高的历史阶段，当然也是较前资本主义更高的历史阶段，也是对前资本主义的超越。从历史的向度看，资本主义对前资本主义的超越并不彻底，在资本主义社会中总是不同程度地遗存着前资本主义的因素，而且有些因素至今仍造成较大影响。更重要的是，现实的社会主义国家往往建立在经济文化发展相对落后的基础上，在这些国家中，资本主义的发展不够充分，资本主义对前资本主义因素的扬弃亦不充分，从而不可避免地存在一定程度的前资本主义因素。这些因素落后于人类历史的发展，落后于社会主义的要求，影响社会主义的运行与发展。因此，社会主义不能不积极对这些前资本主义因素展开超越。

中国式现代化的文化创造，也是对传统社会主义现代化模式和传统社会主义文明的超越。作为一种克服西方资本现代化模式弊病的尝试，传统社会主义现代化模式和传统社会主义文明取得了一定成绩，在人类现代化和发展史上发挥了一定作用，但同样存在一定缺陷，从而同样成为中国式现代化的文化形态的超越对象。传统社会主义现代化模式的缺陷有三。

其一，不顾历史条件盲目冒进。以苏联为代表的传统社会主义国家在现代化过程中，往往忽视了在经济文化相对落后的国家建设社会主义的国情与困难，超越历史条件地否弃资本及其相关因素蕴含的积极意义，过度追求纯而又纯的公有制，过于追求社会主义的纯粹性，过早追求社会主义现代化建设的完成。马克思当年曾设想俄国在各国生产力普遍发展和革命形势燎原的前提条件下，可能直接由封建社会进入共产主义革命和建设阶段。但这些前提条件十分关键。缺失它们，这种跨越无法真正实现。后来的历史表明，当传统社会主义现代化模式不从包括前提条件的客观实际出发而盲目追求过高目标时，注定给自己带来曲折的前途与命运。

其二，高度集中、逐步僵化从而失去生机活力。传统社会主义现代化模式在强烈"计划思维"的作用与影响下，往往建构起高度集中、以上统下、逐级管理的运行体制。这种体制虽在建立之初具有较大效率优势，发挥了若干积极效应，但后来愈益僵化，不注重且难以调动和发挥体制中多数人的积极性、主动性和创造性。整个庞大的体制乃至全部社会主要依靠自上而下的指令运转，从而愈益脱离现实、脱离民众、脱离生活，滋生"官僚化"，丧失效率、公平、民主与自由等基本价值，失去活力与生机，无法完成现代化和社会主义建设的历史重任。

其三，没有真正让人民群众通达美好生活，没有真正实现人的全面自由发展。传统社会主义现代化模式往往将建设重心放在"国家"层面上，对民众日常的生活与需要重视不足，结果往往造成"国富民贫"的局面，不少民众生活困顿、物质缺乏、精神贫瘠，更谈不上全面自由发展。社会主义社会只有让全体社会成员过上较资本主义社会更好的生活，赢取较资本主义社会更好的发展，才算是根本超越了资本主义社会。遗憾的是，传统社会主义现代化模式始终没有能够做到这一点，甚至没有足够自觉地意识到这一点，最终导致其没有能够达成社会主义建设的原初目的，即全体社会成员通达良善存在，实现全面发展与自由个性。

中华民族改变了不尽合理的"一大二公、纯而又纯"的所有制追求，改变了集中僵化的计划经济模式，建立和发展了公有制为主体、多种所有制经济共同发展的基本经济制度，建立和发展了社会主义市场经济，建立和发展了以按劳分配为主体、多种分配方式并存的分配机制。我们"站稳人民立场、把握人民愿望、尊重人民创造、集中人民智慧"[①]，激发了社会成员的主体性、能动性与创造性，从而实现了经济社会的快速发展，取得了现代化和民族复兴的辉煌成就。质言之，中国式现代化破除了传统社会主义现代化模式的顽瘴痼疾，开拓了社会主义现代化的新可能与新选择，使科学社会主义既在中国又在世界重新焕发了蓬勃的生机活力。

鸦片战争后，许多仁人志士开始探索中国实现现代化的道路，期冀改变落后挨打的态势，再造民族兴盛的景象。器物、制度、观念等层面或向度，陆续成为努力的方向。洋务运动等主要从器物层面学习西方，戊戌变法、辛亥革命等主要从制度层面学习西方，新文化运动等主要从观念层面学习西方。然而，由于国家力量的贫弱和国际形势的危急，以及阶级的局限，地主阶级、资产阶级和其他阶层领导的诸现代化尝试，更多只能或主动或被动地效仿乃至接收国外的现代化模式，而不能有机地结合本国实际改造再生，遑论创新发展。就总体而言，它们是特殊历史境遇下的应激性反应和救急

---

① 习近平. 高举中国特色社会主义伟大旗帜 为全面建设社会主义现代化国家而团结奋斗：在中国共产党第二十次全国代表大会上的报告. 北京：人民出版社，2022：19.

性举措，而非基于国情、富于理性、高瞻远瞩、深思熟虑的自觉作为；是外源式的现代化，而非内生性的现代化；是无法充分展开的现代化，而非能够完全展开的现代化。

外在的依样画葫芦（有时甚至是邯郸学步）既无法把握现代化的真谛，亦无法把握中国的国情，因此不可能真正解决自己的问题与困局，最终只能以失败告终。这些探索没能走出成形的现代化道路，更没能找到有效的现代化道路，从而没有能够真正让民族实现复兴，让人民走向幸福，甚至反而在一些方面愈陷愈深，遭受更大困难与痛苦。而其没有能够取得成功，主要原因在于缺乏先进理论、政党和阶级的指导与行动，缺失必要的社会历史条件。1921年之后，在马克思主义的科学指导下，在中国共产党的正确领导下，在无产阶级强有力的行动中，中华民族在争取民族独立的基础上，栉风沐雨、反复探索，积极汲取经验教训，自觉调整变革，逐步走出了一条方向正确、成效显著的现代化道路，决定性地推动了民族复兴的伟业，彻底打破了落后挨打的局面。中国式现代化根本性地变革和推进了中国过往的现代化尝试。

中国式现代化的文化形态不但是对诸具体现代文明的超越，而且是对一般现代文明的超越。中国式现代化的文化形态最根本的新颖之处在于，中华民族在中国式现代化的展开过程中不仅意识到过往种种现代化实践之弊病，而且洞察到现代化作为人类发展的特定历史进程，具有在其自身范围内不可克服的历史局限性，洞察到当前历史条件下的现代化无以实现人理想的存在或生活，唯有不断对

"现代化"予以改良、优化亦即"再现代化"或者说不懈"现代化",方能让全体社会成员通达良善存在或美好生活,绽放生命之精彩。简言之,中国式现代化以"超现代化"作为自己的一种基本的指向和任务,在认知与行动上皆力图实现更高水准、更高境界的现代化,或者说将现代化本身推向更高水准与境界,开创更优、更有益于社会的人之存在的新现代性,以创造更优的文明形态,开启更高的历史阶段。这构成了中国式现代化的内在规定,既是应然的取向,亦为实然的状态。

现象学启示我们,以不同的视域认知对象可能得到大相径庭的结果;合理的视域构成理解和解释的关键,此种视域让人高瞻远瞩、深谋远虑。具有超越的眼光与思维对于中华民族的现代化至关重要。"不识庐山真面目,只缘身在此山中。"在现代化的展开过程中,始终需要一种超出和越过现代化的视野,并同现代化相互作用、相互批判、相互校正。马克思当年曾期待德国以"有原则高度的实践",使自己不但"提高到现代各国的**正式水准**,而且提高到这些国家最近的将来要达到的**人的高度**"[①]。同样,当代中国的发展亦非只能机械地先追赶世界各国尤其是发达国家的现代性,再超越现代性,而是应当且可以既追赶又超越现代性,在追赶过程中积极尝试部分超越,在部分超越中总体追赶。

一百多年来,伴随生产力不断发展和其他社会条件不断生成的历史过程,中国共产党团结带领中国人民既致力于实现现代化,同

---

① 马克思,恩格斯. 马克思恩格斯全集:第3卷.2版. 北京:人民出版社,2002:207.

时又注意超越现代化。特别是改革开放以来，中华民族以自己的聪明才智进行理论实践创新，既大力吸收、借鉴一切优秀和先进的文明成果，又自觉破除、消解各种不具有时代合理性、不符合历史发展方向的东西，博采众长、革弊鼎新、综合创造，锻铸一种更适于社会的人之存在，一种更能提升全体社会成员生活质量与发展水准的新现代性。"以人民为中心"的核心取向等关键要素，蕴含和表达了中国式现代化对一般现代化的超越，关联着社会主义和共产主义对现代性之扬弃。于中华民族而言，"现代化的最终目标是实现人自由而全面的发展"①。新时代中国为现代化贯注了共产主义的发展取向，这是过往现代化所不具有的。中华民族的新现代化内在地超越了现代性，或者说，对一般现代化实现了积极超越。诚如吴晓明先生所言："这种新文明类型根本不可能局限于现代性的范围之内，根本不可能仅仅依循现代性及其变换形式来得到真正的把握。"② 事实上，传统社会主义现代化模式亦尝试对一般现代化加以超越，尽管没有成功，但的确包含了正确的努力。当然，中华民族这一宏伟的超越之历史过程，仍将长久地通过新现代化展开。

概括而言，中国式现代化的文化创造是一种内在地超越诸现代文明的崭新文明形态。"会当凌绝顶，一览众山小。"这一文明形态

---

① 习近平.携手同行现代化之路：在中国共产党与世界政党高层对话会上的主旨讲话.人民日报，2023-03-16(2).
② 吴晓明.马克思主义中国化与新文明类型的可能性.哲学研究，2019(7).

越出过往文明的视野与地平线，探索和实现新的、更高的发展道路与发展境界。领导力量、奋斗主体、服务对象，取向、方式、机制，理念、战略、实践，等等，从各自向度表征了中国式现代化对过往现代化乃至一般现代化的超越。在这些关键质点相辅相成的共同作用下，中国式现代化生成并彰显出崭新的规定与景象。在实质上，中华民族的现代化和现代文明不仅是新的现代化和现代文明，而且是更优或更高的现代化和现代文明。这种"优"或"高"集中体现为既实现现代化，又超越现代化，将人类的现代文明提升至新的境界。

二、引领人类文明发展方向

中国式现代化的文化形态不仅在直接意义上提升了人类文明的发展水准，而且为人类文明的未来发展提供了一种可能方向。人类世界迫切需要能够根本超越现代主导文明的新文明，迫切需要有民族-国家在此方面开拓进取、率先垂范。鉴于资本文明的根本缺陷，中华民族不能不奋力开拓较当下的物性文明更适于"诗意栖居"从而达至更高发展境界的文明形态。世界历史反复表明，唯有坚持不懈地创造并在创造基础上优化，一个民族才能拥有光辉灿烂的文明，也才能屹立于优秀民族之林。这是文明发展的基本逻辑。现代西方诸发达国家，是在不断创新的过程中获得领跑地位的。中国历史亦明确无误地告诉中华儿女：创新铸就辉煌，守旧导致落后；唯有创造才能重塑辉煌。因此，当代中国的发展不能没有超越和创新的眼界与思维；新时代中国不能没有探索和开创代表人类未来的新文明自觉。

"一个民族的至为本真之处是它领受的独特创造,并由此超越自己,将此一独特创造转化为刻骨铭心的历史使命。"① 创造优越于当下的文明形态,成为中华民族的时代担当与历史作为。换言之,时代向中华儿女发出热切的召唤与邀约:开创代表文明发展方向与高度的新型文明。《孟子·尽心上》云:"穷则独善其身,达则兼善天下。"作为始终向着光明未来前行的社会主义国家,新时代中国理当致力于探索进而创造文明新的可能性,在人类文明的发展上做出我们这个民族的应有贡献。这既是当代中国作为负责任大国不可忽视的使命,也是中华民族通达伟大复兴、屹立于世界优秀民族之林的标识。马克思17岁时就向自己提出了统一自身完美和人类幸福的要求。这同样适用于有着远大志向的中华民族。

正确认识我国社会主义特色与品格的内在联系,有助于在实践中避免盲目性,促成文明更为健康的发展。"非模仿者总会形成自己的特色",但"具体特色有品格高下之别",因此"要不断强化特色升格意识"②。社会主义的中国特色有待自觉向社会主义的高阶品格迈进,坚持不懈地提升自己的品质。也可以说,中国特色社会主义不仅需要将社会主义,而且应当将特色打造成优势,或者说以优势为特色。全体中华儿女共同建设的不但是具有中国特色的社会主义,而且是具有中国品格、中国优势的社会主义。如此,中国特色社会主义将愈益生成和展现强大的生命力与吸引力。对现代西方文

---

① 海德格尔. 思的经验. 陈春文, 译. 北京: 商务印书馆, 2018: 11.
② 郭湛. 面向实践的反思. 武汉: 武汉大学出版社, 2010: 100 - 104.

明的积极超越和根本扬弃，正是这种品格和优势的彰显。

一时强弱在于力，千古兴亡在于理。"一个伟大的世界民族，不是固守自家文明传统的民族，而是将民族复兴的大业融入世界历史中的民族。"① 从文明发展的视域看，中华民族的当代复兴，最核心的意涵在于创造一种较现今主导文明更有益于中华儿女生存发展，更有助于社会成员美好生活，从而更为优秀的新型文明，并持之以恒地发展与升华之；在于开创当代历史可能范围内最有利于人之存在及其升华的文明形态，从而引领人类文明的发展方向。无疑，中华民族在复兴过程中需要努力赶超当前"天下第一"的美国，但不能不注意的是，在其实质上，我们赶超的并非美国这个特定的国家以"取而代之"，而是它所代表的人类文明的已有高度。我们力图实现自己可能的最高程度的发展，进而将人类文明推向新的更高境界。这成为"超英赶美"的深层意蕴。"实现中华文明的复兴需要把握人类文明发展的大势，把中华文明复兴放在人类文明发展的大视野中进行观察和思考，这样才能更好地把握文明复兴的方向。"②

概括而言，当代中国的文明发展，是对资本文明和前资本文明的双重超越。这是十分艰巨的任务。展开此二者中的任何之一都是困难的，更何况同时展开它们。在复杂的历史背景、现实条件和未来趋势中，对前资本文明的超越和对资本文明的超越，构成了深刻的矛盾。二者既内在一致、相互促进、相互转化，又彼此掣肘、相

---

① 许纪霖. 多元文明时代的中国使命. 文化纵横, 2013 (3).
② 公茂虹. 民族复兴的文明视野. 山东高等教育, 2014, 2 (1).

互冲突。中华民族对前资本文明的超越和对资本文明的超越，最终指向的都是一种超越资本的更高文明。在此意义上，二者是一致的。超越前资本文明，为当代中国进一步超越资本文明奠定基础。而对资本文明的超越，也能够为超越前资本文明构筑更高的平台。但是，冲突也现实地存在于它们之间。一方面，超越前资本文明的一般结果是走向资本文明，从而强化资本文明。特别是当以资本文明为工具超越前资本文明时，尤其如此。而将资本文明作为超越前资本文明的手段，又是很正常的事情，因为它的确是超越前资本文明的有力手段。另一方面，对资本文明的"超越"也可能走向前资本文明，而非"超资本"文明。以"超越"资本文明为名，恢复前资本文明，也是常有的现象。妥善处理二者关系，是当代中国通达更高发展之境的宝贵经验。

此种具有显明超越性的中国式现代化的文化形态，对于其他社会主义国家具有普遍的示范作用。和其他社会主义国家相比，中国作为世界社会主义运动的先行者，更有能力从而也更有责任，以对历史潮流的充分自觉和勇敢担当，把握资本文明的运行方向，实现对它的根本扬弃，建成良性进而理想的社会。和我国一样，目前的社会主义国家皆比较欠缺高度发展的经济文化条件，也都进行着不同程度的社会改革，因此均实际地面临着科学对待资本文明的问题。我们对资本文明的科学处理，将对其他社会主义国家形成有益的榜样作用。

中国式现代化的文化形态对于资本主义国家适当处理资本文明问题，也可以提供有益启示。中国成功创造出一种新型、优质的文明从而超越资本文明,未来一些资本主义国家或许会争相到东方中国来"取经"。"将来,也许美国对中国的关注将不仅在于从中国出口的产品,并且在于中国所出口的经济模式"①,进而是中国的社会制度与文明形态。"较之美国,中国有两个优势:其一,中国加入自由市场游戏的时间较美国短,尽可能吸取美国的经验教训;其二,中国政府尚未像美国那样已被强大的私有企业垄断。这意味着,中国可能有机会为其经济发展另辟蹊径,从而在享有市场经济的要义精髓的同时,避免资本主义的弊病。"② 这对于人类整体地跨越资本主义时代、走向共产主义富有裨益。

综上所述,作为人类文明新形态的中国特色社会主义文明,是"文化"之人的真正的人之文明。这种文明构成了中华民族当代复兴应当且必然的取向,是中华儿女梦寐以求且不懈奋斗的目标。这一"应当"的取向具有"铁的必然性"。唯有同时是必然的和现实的,它才能被通达,也才成其为"应当"。不过,此种必然性并不外在于人的需要与愿望,恰恰相反,它不仅生成于社会历史的现实运动之中,而且生成于社会历史主体的需要与愿望之中,生成于二者的相互作用之中。因此,相反的说法同样可以成立:正由于此种取向是应当的,因此才成为必然。

新时代中国既需要思想自觉,也需要实践自觉。光是在思想上自觉新文明取向是不够的,将其实际地贯注于全部实践之中具有同等重要性。我们不仅需要反复地提及,而且必须本质地贯彻这一原

---

① 巴恩斯. 资本主义 3.0. 吴士宏,译. 海口:南海出版公司,2007:9.
② 同①8-9.

则。"光是思想力求成为现实是不够的,现实本身应当力求趋向思想。"① 思想与现实的相互趋向,不能不诉诸作为人之感性对象性活动的实践。实践构成连通思想与现实的坚固桥梁。在思想上反思并在实践中推进新文明,以不懈的创造实现满足美好生活需要,越出资本及其文明的深层窠臼,冲破他人特别是自己造成的羁绊与牢笼,迈向更高发展的文明境界,成为中华民族的切近任务。当中华儿女自觉将崭新而美好的新文明作为自己的复兴取向时,我们民族复兴的步伐是坚实有力的,能够行稳致远,通达更高更繁荣的境界。越是将新文明作为复兴取向,伟大复兴的美好景象就越是绽开在中华儿女面前。

---

① 马克思,恩格斯. 马克思恩格斯文集:第1卷. 北京:人民出版社,2009:13.

第六章　构建人类命运共同体的文明底蕴与实践路径

当今时代，人类社会面临着前所未有的机遇与挑战。信息技术和经济的快速发展使世界各国紧密相连，伴随而来的贫富差距、环境危机、地区冲突、文化认同等日益严峻的全球性问题也愈发显现。在这一进程中，如何寻找共同的解决路径，跨越历史的鸿沟、消弭文明之间的对立与分歧，实现全球文明的和谐与共生，成为世界各国共同关注的焦点。

2013年3月，习近平主席在莫斯科国际关系学院的演讲中指出："这个世界，各国相互联系、相互依存的程度空前加深，人类生活在同一个地球村里，生活在历史和现实交汇的同一个时空里，越来越成为你中有我、我中有你的命运共同体。"[①] "人类命

[①] 习近平. 习近平谈治国理政：第1卷. 2版. 北京：外文出版社，2018：272.

运共同体"基于对全球化的深刻反思,旨在为人类社会提供一条共同进步的路径。西方中心主义的崛起与资本逻辑的主导作用,使全球治理充满了不平等和对抗,而中国传统的"和谐思维"则为这种对抗提供了反思的空间,提出了一种包容差异、求同存异的文明发展理念。这一理念的核心在于,世界各国在面对共同挑战时,本着相互尊重、公平正义、共同发展的原则展开合作,推动人类社会在经济、政治、文化等方面互鉴与共赢。构建人类命运共同体,不仅体现了对传统国际秩序的反思,更反映了对全球文明未来发展的深刻思考。通过不断推进多元文化对话与交流,推动全球合作与共赢,我们有望为全球治理的改革与创新开辟一条全新的道路,为实现人类社会的共同繁荣与长治久安贡献智慧与力量,创造人类文明新形态。

第一节 和谐思维:从对立冲突到价值共识

西方价值观的盛行导致了不同文明的冲突,中华优秀传统文化中的"和谐思维"则体现了中华文明的包容性、开放性和合作精神,并在历史实践中证明了其宝贵价值和有效性。习近平总书记提出弘扬全人类共同价值,体现了中华文明和谐思维的现代转化,反映了世界各国人民的普遍诉求和共同期望,为构建人类命运共同体提供了坚实的思想支撑。

一、西方价值观的逻辑困境

自文艺复兴以来,西方文明确立了以理性、自由、个人主义等为核心的价值观。伴随着近代民族国家和资本主义制度逐步成型,商品经济和科学技术迎来前所未有的繁荣发展期,形成了"西方中心主义"。西方国家将自己的文化和制度模式视为现代文明的表征,主张这些价值观适用于所有国家和民族。

随着16世纪至19世纪的地理大发现和殖民扩张,西方国家通过发展先进的科学技术,迅速将自身文明推向全球。许多西方学者认为,世界文明的其他形式仅仅"停留在原始"或"未开化"的状态。"西方社会的扩张和西方文化的传播,已经把所有其他现存文明和原始社会卷入波及全球的西方化浪潮之中"[1],西方的文化、政治和经济秩序在这一过程中不断输出和扩张,其他地区的文明和社会形态普遍受到压制与改造。西方中心主义认为,只有接受西方的现代化路径,才能实现社会进步和人类繁荣。这种思维模式导致了西方文明通过殖民主义和帝国主义政策,将自身的社会制度、文化和信仰强加给被征服的民族,试图通过"文化的压制"和"政治的征服"来"文明化"其他民族。西方文明的优越性被系统性地传输和加固,非西方文明和文化被贬低为"落后的"或"原始的"。这一过程不仅导致了对非西方文明的资源剥夺与政治压迫,还通过文化殖民化的方式使非西方文明逐渐失去了自己的独立性和多样性。

---

[1] 汤因比. 历史研究. 刘北成,郭小凌,译. 上海:上海人民出版社,2000:892.

20世纪90年代,塞缪尔·亨廷顿提出了"文明冲突论"。他在《文明的冲突与世界秩序的重建》一书中指出,随着全球化进程的加深,未来将不再仅仅是国家之间的意识形态和政治制度对立,未来的国际秩序将为不同文明之间的冲突和碰撞所主导。亨廷顿将世界分为多个文明区域,包括西方文明、伊斯兰文明、儒家文明、印度文明等,声称这些文明之间存在深刻的文化差异,冲突是难以避免的。在冷战后的新世界,"区域政治是种族的政治,全球政治是文明的政治。文明的冲突取代了超级大国的竞争"①。在他看来,文明之间的根本差异无法调和,每个文明的宗教信仰、历史传统、社会制度等都具有鲜明的独特性。因此,全球范围的冲突和摩擦并非简单地基于国家利益冲突或资源争夺,也基于不同文明的价值观之间的对抗。

亨廷顿的"文明冲突论"自问世以来便一直饱受争议。文明被描绘为静态的、孤立的且本质上相互对立的实体,这一看法忽视了文明固有的动态性和相互作用。实际上,人类历史的演进本质上是跨文化交流与融合的历程。不同文明之间并非只是对立和冲突,更多的是文化的交流、学习和借鉴。文明间的互动并非仅限于对抗,而是一个共同成长和相互影响的过程。亨廷顿也忽略了全球化背景下人类追求和平、发展和合作的普遍愿望。尽管文明间存在差异,但人类社会的普遍追求,如经济发展、社会公正、人权保障等,却具有跨文明的普遍性特征。文明冲突论将文化差异过度夸大,忽视

---

① 亨廷顿. 文明的冲突. 周琪,等译. 北京:新华出版社,2013:6.

了全球化时代人类共同体意识的日益增强,以及跨文化对话与合作的重要性。亨廷顿强调文明的冲突,但在全球化的今天,文明之间的共识与合作更显重要。更为严重的是,亨廷顿的"文明冲突论"在国际交往实践中造成了一种负面的影响。它为西方国家的霸权主义和干涉主义提供了理论支持,尤其是在"反恐战争"当中,西方国家对伊斯兰世界进行干预和打压。这种文化隔阂的加剧不仅带来了更深的文化排外情绪,还进一步破坏了全球范围的文明互鉴与合作,阻碍了全球和平与发展的进程。

西方价值观的另一个核心特征是其与资本主义全球化紧密融合。自工业革命起,资本主义逐步成为西方社会发展的驱动力,以资本逻辑为主导的经济体系不仅促进了西方现代化,也导致了全球范围的资源掠夺和财富分配不均。在此过程中,西方的资本逻辑与政治霸权相结合,形成了全球范围的帝国主义体系。正如马克思在《资本论》中所指出的:"资本来到世间,从头到脚,每个毛孔都滴着血和肮脏的东西。"① 资本主义本质上是一种追求最大化利润的制度,其内在逻辑驱使着对自然资源和劳动力的无节制掠夺。西方国家通过殖民扩张、战争和资本输出等手段,将大量的资源和劳动力纳入自己的资本积累体系。这种全球帝国主义体系的建立,加剧了南北贫富差距,也在全球范围内造成了巨大的不平等。西方国家不仅通过不平等的贸易体系占据了全球市场的主导地位,还利用金融垄断和技术优势,将非西方国家纳入全球资本主义的分工体系,使

---

① 马克思,恩格斯. 马克思恩格斯文集. 北京:人民出版社,2009:871.

其成为资源供给地和劳动力输出地。

资本逻辑对全球的负面影响远不止于经济领域,自诞生以来,资本主义便"按照自己的面貌为自己创造出一个世界"①。在文化层面,资本主义持续塑造着全球化时代的文化走向。消费主义文化的兴起,导致了人们对物质的过度追求,个人主义和享乐主义逐渐成为西方文明的主流价值观。西方文明所推崇的自由、个性和竞争精神逐渐演变为物质化和功利化,过分强调个人成就和物质享受,却忽视了社会责任、道德伦理和集体价值的重要性。这种价值观的扩散不仅深刻影响了西方社会,还通过全球化的途径传播至世界各地,影响了人们的生活方式和价值取向。与此同时,资本主义全球化进程也导致了环境的严重破坏。为了追求利润最大化,西方资本主义国家在全球范围内开展大规模资源开采和环境破坏活动,引发了气候变化、生态退化等一系列全球性问题。西方国家利用全球经济体系中的不平等结构,将环境问题的负担转嫁给发展中国家,进一步加剧了全球南北之间的贫富差距。

西方价值观的核心问题在于过度强调文明的对立与竞争,忽视了文明间的共生与互鉴。西方中心主义、文明冲突论和资本逻辑的结合,形成了全球不平等的政治、经济和文化格局。尽管西方文明在近现代社会中取得了显著的成就,但其内在的矛盾与局限性也日益显现。个人主义、彼此竞争、资本至上等理念,不仅未能促进世界和平与发展,反而加剧了全球范围的贫富差距、文化冲突与环境

---

① 马克思,恩格斯. 马克思恩格斯文集:第2卷. 北京:人民出版社,2009:36.

危机。"差异并不可怕，可怕的是傲慢、偏见、仇视，可怕的是想把人类文明分为三六九等，可怕的是把自己的历史文化和社会制度强加给他人。"[1] 推动全球文明和谐发展，要超越这种旧有的思维框架，建设一种更加包容、公正、可持续的全球文明新秩序，基于对不同文明的尊重与对话，在和平、发展、合作、共赢的基础上，推动全球范围的文化共识与合作。在这一过程中，中华文明的"和谐思维"作为一种深刻的哲学理念，为文明和谐发展提供了重要的理论支持。

二、中华文明的和谐思维：超越冲突的历史智慧

中华文明的和谐思维植根于深厚的哲学传统，"和而不同"作为其核心理念，深刻揭示了中华文化对于和谐的辩证理解。《论语·子路》有言："君子和而不同，小人同而不和。"这里的"和"并非简单的同质化，而是在尊重差异基础上的协调与共存。和谐不是简单的妥协，而是一种动态的平衡，旨在实现不同因素之间的相互协调。"和而不同"的哲学智慧展现了中华文明对于多样性和包容性的深入洞察，由此，中华文明得以在历史长河中不断地吸收、融合外来文化，同时保持自身的独特性。

"和而不同"不仅适用于处理人际关系，也同样适用于不同文明之间的互动。与西方文明倾向于强调对立、冲突和竞争不同，中华文明更注重通过对话、理解和包容来化解矛盾。今天，不同文化

---

[1] 习近平. 习近平谈治国理政：第4卷. 北京：外文出版社，2022：460.

和文明之间的冲突往往源于对差异的误解，而中华文明的包容性恰恰体现在对异质文化与思想的开放态度上，这种包容性的思维方式为处理国际关系和文明交流提供了宝贵启示。"和而不同"倡导在尊重差异的基础上寻求共识与合作，为构建和谐世界提供了坚实的思想基础。从哲学角度来看，"和而不同"反映了中华文明的辩证思维和整体观念。这种理念并非静态的同一，而是在动态的矛盾运动中寻求平衡与进步。它超越了简单的二元对立，为解决复杂的社会、文化和国际问题提供了理论支撑。正如习近平主席所强调的："每一种文明都扎根于自己的生存土壤，凝聚着一个国家、一个民族的非凡智慧和精神追求，都有自己存在的价值。"[1] 在当今多极化的世界，如何在尊重差异的同时寻求共同利益，正是践行"和而不同"这一理念所要解决的关键问题。

中华文明的和谐理念也塑造了对国家与国际秩序的构想，这种构想的核心是"协和万邦"的世界观。"协和万邦"的思想贯穿于中国古代政治哲学，孕育了独特的国际关系理念。《尚书·尧典》有言："百姓昭明，协和万邦。黎民于变时雍。"这一理念旨在促进各国和谐共处，确保百姓安居乐业。与西方强调国家间的竞争和对抗不同，中国传统的世界观追求以"和"为本的国际秩序。这种秩序并非建立在霸权和压迫之上，而是依靠道德感召和文化认同来维护和平与稳定。在传统的天下体系中，天子以"德"治理天下，通过道德感召和仁政实现"协和万邦"，体现了中华文明对国际关系

---

[1] 习近平. 习近平谈治国理政：第3卷. 北京：外文出版社，2020：468.

的理想追求，即各国间相互尊重、平等相待，通过合作与对话共同实现繁荣发展。

"亲仁善邻、协和万邦是中华文明一贯的处世之道"①，中国在历史上处理与周边国家的关系时，遵循"协和万邦"的天下观。以汉唐时期的丝绸之路为例，这条路线穿越中亚、西亚，直至欧洲，为各国的物质、技术、艺术和思想交流搭建了桥梁。借助丝绸之路，中国的丝绸、瓷器、茶叶等商品得以传入西方，西方的玻璃、香料、珠宝等商品也流入中国。丝绸之路推动了不同文明间的思想交流和文化互鉴。佛教正是通过这条路线从印度传入中国，并在中国本土发展出具有特色的佛教文化。丝绸之路不仅是一条经济贸易的通道，更是人类文明互鉴的象征。通过这条路线，不同文明在平等和互利的基础上实现了相互交流、相互学习。这种交流并非单向的征服或压制，也不是单向的文化输出，而是基于平等、互利的互动，是多元文化在交往中寻求和谐与共存的过程。明代郑和下西洋，是展现中华文明开放与包容特质的重要历史事件。自1405年至1433年，郑和七次带领庞大的舰队远航，其足迹遍布东南亚、南亚以及东非等地区。这些航海活动并非旨在征服或掠夺，而是以促进友好交流和贸易合作为主旨。郑和的舰队与途经的各国和地区建立了深厚的友谊，不仅传播了中华文化，还吸纳了当地的文化与技术成就，彰显了中华文明"和谐共处、互利互惠"的核心理念。这种平等交流的模式与西方殖民扩张形成鲜明对

---

① 习近平. 深化文明交流互鉴 共建亚洲命运共同体：在亚洲文明对话大会开幕式上的主旨演讲. 北京：人民出版社，2019：9.

比，展现了中华文明在处理国际关系中的包容性与合作精神。

历史经验表明，文明之间可以超越冲突和对立，通过对话和合作实现共同发展。无论是丝绸之路还是郑和下西洋，都展现了文明互鉴的理念，不同文明在交往中既保持自身特色，又通过对话和交流实现共同发展。"只要秉持包容精神，就不存在什么'文明冲突'，就可以实现文明和谐"[1]，这种实践经验为当今世界处理文明冲突、推动全球合作提供了宝贵智慧。在全球化时代，各国相互依存、命运与共，单边主义和霸权主义已难以适应世界发展的需要。通过倡导"协和万邦"的理念，可以推动建立更加公正、合理的国际秩序，实现世界的持久和平与共同繁荣，这也体现了构建人类命运共同体的观念前提。

中华文明的和谐思维以"和而不同""协和万邦"等理念为核心，通过丰富的历史实践展现了其包容性、开放性和合作精神。这种思维超越了西方旧价值观中对立、冲突的逻辑，为构建人类命运共同体提供了重要的思想资源。今天，如何在尊重文明多样性的前提下推动全球合作与发展，正是中国在促进中华文明和谐思维创造性转化、创新性发展的过程中试图回答的重大时代课题。

三、弘扬符合时代发展需要的全人类共同价值

21世纪以来，人类社会步入了快速发展的全球化时代，同时也面临前所未有的全球性挑战。这些挑战的复杂性和广泛性，使人类

---

[1] 习近平. 论坚持推动构建人类命运共同体. 北京：中央文献出版社，2018：78.

寻求一种能够跨越文明、国度、种族和文化界限的共同价值体系。全球变暖、生态危机、资源短缺、贫富差距拉大、恐怖主义威胁、公共卫生危机等全球性问题，日益超越单一国家和民族的能力范围。这些问题的本质揭示了人类命运的深度关联性，只有全球协作，建立价值共识，才能有效应对这些挑战。历史证明，分裂和对抗并不能带来长久的安全与繁荣，反而会加深全球的不稳定性。西方传统的竞争性、排他性的价值体系，在面对全球性挑战时显得力不从心。单边主义、保护主义和"文明冲突论"在理论和实践中均暴露出无法适应全球治理需求的局限性。这种思维模式不仅强化了国家间的对立情绪，还加剧了国际社会的分裂，阻碍了全球合作的深入推进。

习近平主席指出："各国历史、文化、制度、发展水平不尽相同，但各国人民都追求和平、发展、公平、正义、民主、自由的全人类共同价值。"[①] 全人类共同价值植根于人类文明发展过程中形成的共同伦理与智慧，借鉴了各文明中具有普遍意义的价值观念。这一价值体系超越了西方中心主义，试图寻找一种能够回应全球性挑战的道义基础。它不仅是对中国传统"和谐思维"的现代转化，也是对马克思主义关于人类解放、自由与全面发展思想的继承与发展。它体现了对人类文明共同前途的深刻关切，倡导在尊重文明多样性和文化差异的前提下，寻求全球价值共识。全人类共同价值虽然在不同历史时期、不同文化传统中有不同的表达形式，但在本质

---

① 习近平. 习近平外交演讲集：第2卷. 北京：中央文献出版社，2022：355.

上都体现了人类对美好生活的共同向往，反映了人类社会在长期发展中积累的共同经验和普遍诉求。

和平是全人类共同价值的首要要素。它既是人类社会发展的基础，也是文明进步的重要标志。自古以来，人类追求和平的努力从未停止。在中国传统文化中，"和"被视为宇宙运行和社会治理的基本原则。《论语》提出"和为贵"，强调社会秩序与人际关系的和谐统一。西方思想家如康德也将"永久和平"作为国际秩序的最终追求，并将超越国家法典的世界公民权利作为我们不断趋近永久和平的保障①。在全球化时代，实现和平涉及经济、文化、生态等多个维度的整体和谐。

发展是推动社会进步和人类解放的永恒主题。不同于西方资本逻辑主导下的单向度发展观，全人类共同价值中的发展强调的是普惠性、可持续性和共同富裕。在中国传统文化中，发展被视为"天下大同"的实现路径，反映了"老有所终，壮有所用，幼有所长"的理想。马克思主义认为，共产主义是以"每一个个人的全面而自由的发展为基本原则的社会形式"②。全人类共同价值中的发展理念，超越了西方现代化进程中的掠夺式增长，强调人与自然、人与社会的和谐共生。

公平与正义是人类社会追求合理秩序的基本原则。中国传统公平正义观强调"大道之行，天下为公"，强调超越个体性的利益，

---

① 康德.永久和平论.何兆武，译.上海：上海人民出版社，2005：27.
② 马克思，恩格斯.马克思恩格斯文集：第5卷.北京：人民出版社，2009：683.

建构一种符合公义的社会秩序。西方公平正义观源自古希腊,自20世纪罗尔斯的《正义论》出版以来,关于正义的讨论经久不息。马克思主义揭示了资本主义社会中不平等的根源,提出了消灭剥削和实现社会公平的目标。今天,公平正义闪耀着时代的光芒,体现了对全球治理中权利平等、机会平等、规则平等的诉求。

民主与自由是人类文明的重要成果,也是现代社会的核心价值。当然,不同文化背景下的民主与自由有着不同的表达形式和实现路径。西方的民主与自由强调个体权利与市场竞争,中国传统文化注重集体利益与社会和谐。马克思主义对民主与自由的理解,则强调在无产阶级专政的基础上实现人民民主和人类解放。"用单一的标尺衡量世界丰富多彩的政治制度,用单调的眼光审视人类五彩缤纷的政治文明,本身就是不民主的。"[①] 马克思主义超越了民主与自由单一模式,强调普遍参与、尊重多样性和自主选择。

全人类共同价值的提出体现了和谐思维的现代转化,将中华传统文化中的"和而不同""天下大同"等理念,与马克思主义关于人类解放、自由与全面发展的思想相结合,为全球价值体系的重构提供了理论支撑。全人类共同价值的理论特征集中体现在三个方面:超越对立、寻求共识、包容多样。这三个特征不仅是对西方价值体系的超越,也体现了全球治理理念创新。

超越对立是全人类共同价值的关键向度。西方传统价值观往

---

① 习近平. 习近平著作选读:第2卷. 北京:人民出版社,2023:530.

往强调对立与竞争，文明差异被视为无可避免的冲突根源，全人类共同价值则倡导在差异中寻求和谐，通过对话与合作化解矛盾。这一思维方式深受"和而不同"的中国传统价值观影响，主张在相互尊重的基础上，通过合作实现共赢，摆脱零和博弈的思维束缚。

寻求共识是全人类共同价值的核心追求。面对全球性挑战，人类必须在价值层面找到共同利益的最大公约数，这并非否认差异，而是在尊重差异的前提下致力于实现共同目标。全人类共同价值包含的和平、发展、公平、正义、民主、自由六大理念，体现了人类社会的共同伦理基础，超越了文明、文化与制度的界限。

包容多样是全人类共同价值的重要特征。人类文明的多样性是世界的宝贵财富，也是全球治理的基础。全人类共同价值反对单一价值观的霸权，尊重文明独特性，主张通过文明间的对话与交流，促进价值体系互鉴与融合。这种包容多样的态度有助于消解全球化中的文化冲突，推动世界和谐发展。

全人类共同价值的提出是对全球化时代人类文明发展方向的深刻反思与理论创新，"凝聚了人类不同文明的价值共识，反映了世界各国人民普遍认同的价值理念的最大公约数"[1]，突破了西方传统价值观的局限，强调超越对立、寻求共识以及包容多样，展现了和谐思维在现代背景下的创造性转化，为全球治理提供了新的道德基础。全人类共同价值不仅倡导在差异中寻求和谐，更强调通过合作

---

[1] 习近平外交思想研究中心.坚守和弘扬全人类共同价值，求是，2021 (16).

实现共赢，不仅体现了对文明多样性的尊重，也为各国探索适合自身发展的路径提供了思想指引。正如习近平主席所指出的："我们要本着对人类前途命运高度负责的态度，做全人类共同价值的倡导者，以宽广胸怀理解不同文明对价值内涵的认识，尊重不同国家人民对价值实现路径的探索，把全人类共同价值具体地、现实地体现到实现本国人民利益的实践中去。"①

第二节　文明共享发展：世界历史的必然趋势

在人类文明发展的历史长河中，文明从分散走向整合，从孤立走向互动，普遍交往的趋势愈发明显。随着生产力发展和交往的扩大，人类历史逐渐成为世界历史。在这一过程中，文明的差异性催生了交流的必要性，交流的扩大促进了生产力提升和社会变革。资本主义使文明共享发展的历史逻辑发生了深刻的变革。资产阶级开拓了世界市场，使得生产和消费都成为世界性的。这一扩张性本质将人类带入了全球市场，文明的交往与共享在这一历史进程中达到了前所未有的广度与深度。然而，资本逻辑主导下的文明交往，带来了异化与不平等，殖民压迫与文化霸权使得文明间的交流被扭曲。

生产力的飞跃和技术的蔓延，伴随着全球不平等的加剧和文化

---

① 习近平. 习近平谈治国理政：第4卷. 北京：外文出版社，2022：425.

霸权的强化。文明的平等对话与合作成为时代的呼唤。文明共享必须超越霸权逻辑，走向平等共生，这是历史发展的内在规律，也是人类文明发展的方向。文明共享发展不仅意味着物质技术的传播与应用，更意味着价值观念、社会制度、文化精神的平等交流与互鉴。习近平总书记指出："今天，人类交往的世界性比过去任何时候都更深入、更广泛，各国相互联系和彼此依存比过去任何时候都更频繁、更紧密。"① 文明共享发展的本质是在人类多样性基础上实现和谐共生，因此必须摒弃殖民主义、种族主义和文化中心主义的旧观念，树立面向未来的新文明观。只有这样，文明共享发展才能真正实现，文明的多样性才能成为推动人类社会进步的动力。正如中国传统文化提倡的"和而不同"，文明共享发展，是在差异中追求和谐，在多样中实现统一。

一、文明共享发展观的历史演进

文明共享发展的逻辑起点，根植于人类历史中普遍交往的逐步形成。普遍交往并非现代的偶然产物，而是人类社会从分散走向整合、从孤立走向互动的必然趋势。"各民族的原始封闭状态由于日益完善的生产方式、交往以及因交往而自然形成的不同民族之间的分工消灭得越是彻底，历史也就越是成为世界历史"②，一部人类史就是交往不断扩展的历史，随着生产力的发展和交往的扩大，人类

---

① 习近平. 在纪念马克思诞辰 200 周年大会上的讲话. 北京：人民出版社，2018：22.
② 马克思，恩格斯. 马克思恩格斯选集：第 1 卷. 3 版. 北京：人民出版社，2012：168.

社会的联系日益深化。

普遍交往的形成伴随生产力的发展。在早期社会，生产力水平低下，社会交往局限于地缘上的部落、氏族或小聚落。这种封闭的生存状态制约了思想、技术与文化的传播与演进。随着生产工具的改进与劳动分工的细化，人类社会逐步走向了区域性交流。农业生产的兴起、手工业的萌芽，催生了最早的商品交换，这种交换不仅是物质层面的互动，更意味着知识与文化的传递。生产力的发展催生了人类对外部世界的认知与探索，交往的扩大促进了生产力的提升与社会组织形式的变革。中国古代丝绸之路正是人类普遍交往在亚欧大陆的典型代表。丝绸、瓷器、香料、金银等商品的流通，不仅改变了经济生活，更在观念上拉近了不同文明的距离，使人类意识到自身存在于一个相互依存、相互影响的世界之中。

这种普遍交往的历史进程，蕴含着文明发展的内在动力，即差异中的互补性。不同的文明在不同的地理、生态、文化背景下形成了各自独特的生活方式和认知体系，正是这种差异催生了文明交流的必要性。文明共享发展的历史演进，首先建立在这种差异性所构成的互补需求上。人类在生存与发展过程中，不断通过交往实现资源、技术与知识的共享，推动了文明的进步。

进入资本主义时代后，文明共享发展的历史逻辑发生了深刻变革。资本主义生产方式追求利润最大化，其内在的扩张性和竞争性使世界历史在生产力飞速发展的同时充满了冲突与异化。马克思在《共产党宣言》中写道："资产阶级，由于开拓了世界市场，使一切国家的生产和消费都成为世界性的了。"① 资本主义市场的开拓，使文明的交流与共享呈现出两面性。一方面，资本的全球流动加速了科学技术传播与应用，蒸汽机、纺织机、电报、铁路等技术创新迅速在全球推广。人类社会进入工业化的新阶段，科技进步带来了物质财富的增长，极大地提升了生产力水平，使得不同地区、不同民族之间的合作与交流愈发紧密。另一方面，资本逻辑主导下的文明交往充满异化与不平等。资本的扩张并非基于平等互利，而是以剥削与掠夺为手段，通过殖民扩张和全球资源再配置，构建起了中心与边缘、支配与被支配的世界体系。欧洲列强在全球扩张过程中将非西方世界纳入资本主义市场体系，使其沦为原料供应地与廉价劳动力市场，而非平等的文明交往参与者。文明间的交流被异化为殖民压迫与文化霸权，非西方文明的主体性逐渐被边缘化、异化甚至消解。文明的真正共享，必须超越霸权逻辑，走向平等共生，这是历史发展的内在规律，也是人类未来文明发展的方向。

文明共享发展不仅意味着物质技术的传播与应用，更意味着价值观念、社会制度、文化精神的平等交流与互鉴。在此过程中，任何单一文明试图凌驾于其他文明之上，都将导致文明交流的异化与扭曲。正如习近平主席所指出的："任何国家都没有包揽国际事务、主宰他国命运、垄断发展优势的权力，更不能在世界上我行我素，搞霸权、霸凌、霸道。"② 文明共享发展的本质，是在人类多

---

① 马克思,恩格斯.马克思恩格斯选集：第1卷.3版.北京：人民出版社，2012：404.
② 习近平.习近平外交演讲集：第2卷.北京：中央文献出版社，2022：255.

样性基础上实现和谐共生，因此必须摒弃殖民主义、种族主义和文化中心主义的旧观念。只有在这种前提下，文明共享发展才能真正实现，文明的多样性才能成为推动人类社会进步的动力。不同文明须在交往中保持各自的主体性，通过对话与合作实现共同发展。文明之间的共享发展，是在差异中追求和谐，在多样中实现统一。

二、百年未有之大变局与应对百年未有之挑战

在人类文明发展的历史长河中，重大变局的发生并非偶然，往往是历史发展进程中积累的内在矛盾和结构性变动的必然产物。每一次历史的"大变局"都是旧有秩序与新兴力量之间深刻碰撞的结果。"放眼世界，我们面对的是百年未有之大变局"[1]，今天，我们面临着前所未有的挑战与变革。"百年未有之大变局"的背后，是全球化发展中的种种矛盾与危机，而这一过程中产生的新问题、新机遇为全球治理体系的变革提供了现实契机。

20世纪的两次世界大战，全球经济的两次大萧条，冷战与新自由主义的兴起，均为这一长期变革过程的具体表现。然而，这些变化只是时代周期性的波动，而本质性的"历史性转型"则常常伴随深刻的社会革命、思维方式的根本转变以及全球经济、政治结构的重塑。当前的"大变局"不仅是旧全球秩序的崩塌，更是全球文明共同体寻找新的秩序、共识和发展模式的开始。进入21世纪后，

---

[1] 习近平. 习近平谈治国理政：第3卷. 北京：外文出版社，2020：421.

世界已经步入了一个多维度危机交织、复杂性不断加深的时代。这一时代是前所未有的"大变局"时代。从全球治理到国际秩序,从经济体制到社会文化,全球各领域都在经历着深刻转型。疫情、气候变化、能源危机、国际关系变动等,几乎每个问题都指向人类共同体的未来走向。

全球化的深层危机首先体现在经济层面。全球化为世界各国提供了前所未有的机会,国际贸易、资本流动、技术交流使世界各国的联系愈加紧密。然而,全球化进程的加速也带来了贫富差距的扩大和社会不公的加剧。大量资本的流动加剧了发达国家的经济集中化,同时将发展中国家的资源和劳动力纳入全球资本主义的剥削链条。西方国家在全球经济体系中的主导地位,使得全球治理受制于不平等的经济结构,这种不平衡不仅带来了全球经济的周期性波动,也激化了民族主义和保护主义的情绪。

这一局面的核心矛盾是全球化的生产力与国家民族利益之间的冲突。全球市场的无国界扩展,使生产力的高效整合成为可能,与此同时,资本的流动性和市场的自由化常常损害了民族国家的独立性与社会福利。在全球化进程中,尤其是在金融危机的背景下,经济危机成为一种全球性现象,特别是近些年,西方发达国家中的一些民族主义潮流复兴,贸易保护主义重新抬头,反映出全球化的"双刃剑"效应。

气候变化与环境危机是与全球化相伴随的另一重危机。由于工业化进程中的过度开发与资源掠夺,全球环境遭受空前的威胁。气候变化的加剧,不仅改变了全球生态系统,也让各国在如何应对全球环境问题上产生分歧。富裕国家与发展中国家的责任分配问题，使得全球气候治理始终无法达成共识。这种局面突显了全球治理体系的不完善，尤其是在面对全球性问题时，国家利益往往优先于全球共识，导致了全球性环境问题的"零和博弈"局面。

进入21世纪后的"大变局"不仅表现为旧体系的解构，更为全球权力格局重塑提供了空间。新兴经济体的崛起，打破了西方主导的全球经济与政治秩序。这一转变表明，全球经济的增长重心正在向发展中国家转移，全球治理体系的中心也正在发生变动。在这一过程中，全球治理体系的重新构建成为当代国际政治的核心议题之一。西方主导的国际秩序，尤其是以美国为首的单极世界秩序，正在遭遇前所未有的挑战。经济危机、社会不满情绪、政治极化等全球性问题，以及美国的霸权主义、贸易保护主义政策，引发了全球范围的反思与抵制。全球化时代的多极化趋势更加明显，国际治理呼唤的是更加多元、公正、平衡的全球合作模式。

在这一背景下，"人类命运共同体"理念成为应对全球治理转型的重要遵循。正如习近平总书记所指出的："人类命运共同体，顾名思义，就是每个民族、每个国家的前途命运都紧紧联系在一起，应该风雨同舟，荣辱与共。"[①] 这一理念从根本上挑战了传统的国际政治博弈模式，主张在全球性挑战面前，摒弃单边主义，走向合作共赢，构建全球治理的新秩序。"当今世界正面临百年未有之大变局，和平与发展仍然是时代主题，同时不稳定性不确定性更加

---

① 习近平. 习近平谈治国理政：第3卷. 北京：外文出版社，2020：433.

突出，人类面临许多共同挑战"①，要应对全球发展的不稳定性和不确定性，全球治理就不能再是某一大国单方面主导的过程，而只能是多方合作与对话的共同产物。通过多边机制的强化、跨国组织的合作，以及发展中国家话语权的提升，全球治理体系正逐步朝着更加民主、公正的方向转型。这一转型为未来全球政治与经济格局的转变提供了方向。

人类社会在不同历史时期的价值观念往往源自各自的文化背景和社会经验，但在面对全球性问题时，建立普遍接受的共同价值体系显得尤为重要。当今世界的挑战，是如何在文明多样性中寻求共识。文化对话与价值共识的构建，成为全球治理中的关键环节。面对百年未有之大变局，"我们要从各种乱象中看清实质，从历史的维度中把握规律。经济全球化的大势不可逆转，合作共赢才是人间正道"②。全球治理体系的未来，依赖于各国间的相互包容与对话，必须通过跨文化的协商与合作，消解文明冲突，寻求全球共识。全球性问题的解决不可能仅依赖某一国家或某一文明的独立行动，而必须通过全球共同体的合作与贡献，在全人类共同价值的基础上逐步推进。

"百年未有之大变局"是时代发展的必然产物，不仅是全球治理体系深刻变革的开始，更是文明走向共生、合作的历史机遇。习近平主席指出："世界正在经历百年未有之大变局，既是大发展的时代，也是大变革的时代。"③ 大变局往往伴随着旧有秩序的崩溃

---

① 习近平.习近平谈治国理政：第3卷.北京：外文出版社，2020：460.
② 习近平会见联合国秘书长古特雷斯.人民日报，2019-04-27（2）.
③ 习近平.让多边主义的火炬照亮人类前行之路：在世界经济论坛"达沃斯议程"对话会上的特别致辞.人民日报，2021-01-26（2）.

和新秩序的重构，当今，这种重构需要超越狭隘的民族主义与单边主义，建立以全球利益为出发点的共同价值体系。全球治理的未来必将建立在"文明共享发展"的理念之上，这一理念反映了对全球性问题的深刻洞察，也为人类社会共同走向和平、稳定与繁荣提供了指引。

三、面向未来的新文明观：文明共享发展的实践导向

全球政治经济体系的重构、科技的迅速发展以及文化多样性的相互碰撞，使世界格局发生了深刻变化。尽管经济全球化带来了物质层面的丰富与交流，但文化冲突、政治对立以及生态危机等问题也日益严峻。传统的文明观尤其是强调优越、对立和冲突的文明观，已经难以应对这些新挑战。习近平主席指出："我们要树立平等、互鉴、对话、包容的文明观，以文明交流超越文明隔阂，以文明互鉴超越文明冲突，以文明共存超越文明优越。"[①]

平等是文明交流的观念基础。不同文明在历史发展路径、自然环境和文化传统上存在差异，形成了各自独特的面貌。将单一文明视为普遍标准，试图将其凌驾于其他文明之上，往往导致文明冲突和文化霸权。文明的发展是人类社会生产力进步的结果，而非特定文明优越性的体现，平等的文明观要求我们以开放和尊重的心态看待不同文明。正如习近平主席所指出的："各种人类文明在价值上是平等的，都各有千秋，也各有不足。世界上不存在十全十美的文

---

① 习近平. 弘扬"上海精神"构建命运共同体：在上海合作组织成员国元首理事会第十八次会议上的讲话. 北京：人民出版社，2018：4.

明，也不存在一无是处的文明，文明没有高低、优劣之分。"① 平等的文明交流，能够破除文明优越论的壁垒，为不同文明间的对话创造和谐的环境。长期以来，西方中心主义的影响使得许多非西方国家的文化传统被边缘化。推动文明平等，意味着承认和尊重所有国家的文化主体性，赋予它们在全球治理和文化交流中的平等地位。

互鉴是文明发展的动力机制。不同文明之间的互鉴，是推动人类社会进步的重要动力。回顾人类历史，文明的交汇与融合常常成为技术创新、文化繁荣的重要推动力：古代丝绸之路不仅是物质贸易的通道，更是文化交流的桥梁；文艺复兴的兴起也深受阿拉伯文明对古希腊哲学传播的影响。习近平主席指出："文明交流互鉴应该是对等的、平等的，应该是多元的、多向的，而不应该是强制的、强迫的，不应该是单一的、单向的。"② 互鉴是一种双向的学习与创新过程。文明交流能够在彼此借鉴中找到新的发展路径。"文明交流互鉴，是推动人类文明进步和世界和平发展的重要动力"③，通过交流互鉴，不同的文明可以在相互学习中摆脱对抗性逻辑，实现从冲突到合作的转变。

对话是化解文明隔阂的实践路径。不同文明之间的隔阂，往往源于彼此的误解和偏见，而对话则是消除这种隔阂的有效方式。对话的本质在于平等聆听和开放交流，文明对话不应该是单方面的灌

---

① 习近平.习近平谈治国理政：第1卷.2版.北京：外文出版社，2018：259.
② 习近平.习近平谈治国理政：第3卷.北京：外文出版社，2020：469-470.
③ 同①258.

输，而是基于相互尊重的双向沟通。当今世界格局加速演进，国际局势波谲云诡，人类的历史新篇"须以对话而不是文明的冲突作为出发点"①，而要避免文明冲突、促进文化理解，跨文化对话是必由之路。习近平总书记强调："文明之间要对话，不要排斥；要交流，不要取代。"② 通过对话，不同文明能够找到共同的价值基础，为解决全球问题提供多样化的思路。

包容是实现文明共存的价值追求。包容要求我们在承认文明差异的同时，找到彼此共存的基础。包容并不意味着同化或让步，而是在差异中寻求和谐。这种价值追求超越了传统的"文明冲突论"，为全球化时代的文明发展指明了方向。文化的多样性是人类社会的宝贵财富，为文明的创新提供了无尽的资源。文明包容意味着接受不同文化的多样性，在全球治理中面对复杂问题时，找到具有广泛共识的解决方案。习近平总书记提出的"以文明共存超越文明优越"，正是对包容精神的深刻阐释。通过包容，不同文明能够在多样性发展中实现共存，为人类社会的共同繁荣奠定基础。

全球文明新范式的核心在于"共享发展"，不仅强调经济层面的合作，更注重文化的互动与互鉴。"文明基本上是一个动态的发展，像是长江大河一样，各大文明之间交互影响。"③ 通过文明的互鉴与对话，不同文明能够相互补充、共同进步。这一过程本质上是从单一文明的优越性到跨文明共生的转变。正如古代丝绸之路上东

---

① 杜维明. 杜维明文集：第5卷. 武汉：武汉出版社，2002：499.
② 习近平. 论坚持推动构建人类命运共同体. 北京：中央文献出版社，2018：256.
③ 同①474.

西方文明的交流，全球化时代的文明互鉴同样是推动人类共同进步的关键途径。

新文明观的提出，不仅是为了适应全球化时代的变化，更是为了解决全球化进程中暴露出的深层次矛盾和危机。"没有哪个国家能够独自应对人类面临的各种挑战，也没有哪个国家能够退回到自我封闭的孤岛。"① 这要求我们摒弃零和博弈的对抗模式，超越西方中心主义的单一文明视角，倡导文明共享与共生发展，推动全球社会走向一个更加和谐与共同发展的未来。历史上全球治理体系长期受到分裂与对抗的思维主导。冷战时期的两极对抗，随后的单边主义、霸权主义，都是这种对立思维的表现。人类历史的大部分时间处于被划分为强国与弱国、中心与边缘、优越与劣等的对抗模式，国际社会的秩序建立在这种零和博弈的基础上，全球性问题则常常以国与国之间的对抗和竞争为核心。如何从对抗走向合作，如何超越狭隘的国家主义，实现全球共同利益的最大化，成为新文明观的核心议题。

合作与团结的伦理基础在于对人类共同命运的深刻认知。随着全球化推进，国家间的经济、文化和政治关系进入新阶段，国家间相互依存、合作共生。全球治理的核心不仅仅是推动国家间的资源分配与利益交换，更是建立合作框架，使各国共同面对人类的长期生存与发展的重大问题。正如习近平总书记所指出的："我们深刻认识到，只有合作共赢才能办成事、办好事、办

---

① 习近平. 决胜全面建成小康社会 夺取新时代中国特色社会主义伟大胜利：在中国共产党第十九次全国代表大会上的报告. 北京：人民出版社，2017：58.

大事。"① 面对全球化的挑战，我们要秉持"合作共赢"的国际关系理念，不仅要着眼于当前的具体利益，更要从全人类的长远利益出发，推动全球合作的深化。

不同国家间的团结与合作并非仅仅是经济合作或政治协商的结果，在全球性挑战面前，面对气候变化、恐怖主义、经济危机等问题，任何单一国家的努力都是有限的。习近平主席在出席二十国集团领导人第十七次峰会发表重要讲话时指出："面对这些挑战，各国要树立人类命运共同体意识，倡导和平、发展、合作、共赢，让团结代替分裂、合作代替对抗、包容代替排他，共同破解'世界怎么了、我们怎么办'这一时代课题，共渡难关，共创未来。"② 全球治理的未来必须以全人类的共同利益为基础，超越以自我为中心的狭隘国家利益，将全球问题视为每一个国家、每一个民族都需要承担的共同责任。

面对全球治理中的深刻困境，"要建立真正的世界秩序，它的各个组成部分在保持自身价值的同时，还需要一种全球性、结构性和法理性的文化，这就是超越任何一个地区或国家视角和理想的秩序观"③。"人类命运共同体"理念强调全球命运的相互依存性，认为全球性问题的解决必须依赖全人类的共同努力。此种理念与传统的国家中心主义、民族主义以及单边主义根本不同。人类命运共同体的核心意义在于，全球社会的命运是密切相连的，不同国家不是

---

① 习近平.建设开放包容、互联互通、共同发展的世界：在第三届"一带一路"国际合作高峰论坛开幕式上的主旨演讲.北京：人民出版社，2023：5.
② 习近平.共迎时代挑战 共建美好未来 在二十国集团领导人第十七次峰会第一阶段会议上的讲话.人民日报，2022-11-16（2）.
③ 基辛格.世界秩序.胡利平，林华，曹爱菊，译.北京：中信出版社，2015：489.

孤立的存在，而是相互依存、相互影响的有机整体。"任何国家都不能从别国的困难中谋取利益，从他国的动荡中收获稳定。如果以邻为壑、隔岸观火，别国的威胁迟早会变成自己的挑战。"①"人类命运共同体"理念呼吁各国基于共同利益和共同价值展开合作，推动全球合作的多层次、全方位发展。

"人类命运共同体"理念强调全球治理的集体责任。这一责任不仅仅是对全球环境、公共卫生、国际安全等问题的响应，更是对全球公平、正义与发展的承诺。在这一理念的框架下，全球治理的焦点不再仅仅是经济增长或技术进步，而是如何让全球所有国家在平等、尊重与合作的基础上，共享发展成果，共同应对全球性挑战。"世界好，中国才能好；中国好，世界才更好"②，中国方案的核心目标是构建一个更加公正、合理的全球治理体系。这一目标不仅体现在经济合作上，还体现在文化交流、科技合作、民生福祉等多个方面。通过这一方案，中国为全球治理提出了一种新路径——通过合作与共赢，推动全球各国共同发展，解决全球性问题，实现全人类的共同繁荣。

面向未来的新文明观，以平等、互鉴、对话、包容为核心，以人类命运共同体为指向，通过共享发展的新范式，推动全球治理体系创新与全球性问题的共同解决。它不仅为当前全球治理困境提供了思想层面的回应，更为未来全球可持续发展提供了实践路径。新

---

① 习近平. 习近平在联合国成立 75 周年系列高级别会议上的讲话. 北京：人民出版社，2020：9.
② 习近平. 论坚持推动构建人类命运共同体. 北京：中央文献出版社，2018：422.

文明观的提出，标志着全球治理向更加开放、包容、公正的方向迈进，为人类走向和平与繁荣提供了新的希望和动力。

第三节　中华文明的天下观与人类命运共同体

今天，全球化的迅猛发展使世界各国在经济、文化、社会等领域的联系愈加紧密，与此同时，全球性挑战的日益严峻也让国际社会陷入了困境。中华文明的天下观为当今世界的文明交流与全球治理提供了宝贵的思想资源。天下观强调一种超越国界的全球性理念，倡导天人合一、和谐共生的世界观，追求普遍的和谐与秩序。习近平主席提出的三大全球倡议——全球发展倡议、全球安全倡议和全球文明倡议深刻回应了当今世界的实际问题，展现了中国在全球治理体系中的智慧与责任。习近平总书记强调："只要坚持走和平发展道路，同各国人民一道推动构建人类命运共同体，就一定能够迎来人类和平与发展的美好未来！"[①] 人类命运共同体的构建，需要我们在经济、社会和文化等领域实现公平与可持续的发展，在全球治理中实现多边合作与共赢，超越传统的文明范式，推动全球社会迈向一种更加公平、和谐、可持续的文明新形态。

---

① 习近平. 习近平著作选读：第 2 卷. 北京：人民出版社，2023：361.

一、中华文明的天下观

中华文明拥有悠久的历史和深厚的文化积淀，其哲学思想在全球文明的交融中，具有独特价值与影响力。面对世界百年未有之大变局，中华文明的天下观为构建人类命运共同体提供了重要的理论支撑，进而为全球治理和文明交流提供了独到的解决方案。

"天下"一词的内涵复杂且深刻，它所指的不是一个具体的地理疆域，而是一种超越国界、具有世界意义的哲学概念。在中国古代思想中，天下观最初源于《尚书》《周易》等经典中的"天命"与"天道"，强调天与人、人与自然的和谐统一。特别是儒家思想中的"天人合一"理念，进一步加强了天下观的哲学基础。天子在"天下"中的统治，不仅是地理范围的扩展，更是对道德责任与社会秩序的担负。《礼记》有言："大道之行也，天下为公。"这是中国古代理想政治体制的具体体现。"天下为公"这一理念并非特指某个国家或政治体制的绝对化，而是强调人民应共享国家资源、共同维护社会秩序、共同追求社会福祉。这样的社会应着重维护整个社会的公共利益和共同福祉。"天下为公"中的"公"字，代表了一个包含所有社会阶层的共同体理想，为现代社会的公共治理以及全球治理提供了深刻启示。

值得注意的是，"天下"作为一个超越国界的概念，强调的是不同民族、不同文化之间的平等共存。无论是"仁者爱人"，还是"王道之政"，都强调社会治理应当着眼于人们的共同利益。"周朝创造了天下体系，试图把世界看成一个完整的政治单位去治理，而天下体系就是世界制度。"① 这一理念为今天的全球治理提供了独特视角，尤其是在多元文化、国家利益、全球合作等问题的处理上，天下观提供了一个超越个别国家利益、追求全人类共同福祉的理论框架。"天下"不仅仅是一个政治性的概念，更体现了一种对人类命运的关怀。正如习近平总书记在党的二十大报告中所强调的："只有各国行天下之大道，和睦相处、合作共赢，繁荣才能持久，安全才有保障。"② 在应对复杂而深刻的全球性问题时，中华文明的天下观强调国际社会携手合作，共同承担责任。它倡导全球治理的"公共性"和"共同性"，倡导世界各国在全球公共事务中以合作与共赢为目标，更好促进人类文明的发展。

大同思想是中华文明天下观的一种体现方式，反映了中国古代思想家对理想社会的设想，对现代全球治理具有深远的借鉴意义。《礼记·大同》描述了理想社会的"大同"景象：在这一社会中，国家没有战争，社会没有剥削，人民安居乐业，物资丰盈且公正分配。"大同"强调的是社会的平等、共生与合作，是对人类社会和谐状态的美好愿景。在大同社会中，"天命"与"人道"的结合为社会发展提供了理性框架，它强调人民间的相互尊重与合作，提倡以道德原则为指导进行社会治理。"大同"的社会结构并不依赖于强制的权力或暴力，而是基于一种道德认同与文化互信。大同思想

---

① 赵汀阳. 天下体系的一个简要表述. 世界经济与政治, 2008（10）.
② 习近平. 高举中国特色社会主义伟大旗帜 为全面建设社会主义现代化国家而团结奋斗：在中国共产党第二十次全国代表大会上的报告. 北京：人民出版社，2022：62.

为现代社会提供了一个道德理想，倡导建立一个没有压迫、没有分裂、没有社会不公的社会。

中华文明的大同思想与马克思主义关于"自由人的联合体"的设想具有相似之处。马克思主义强调，在资本主义社会，存在着阶级间的对立与不平等，未来理想社会应当是自由人的联合体，这时，个体的自由、社会的和谐与全球的共同利益是统一的。"自由人的联合体"与"大同社会"提供了一种"平等与共享"的愿景，二者共同指向全球治理中的"合作共赢"理念，倡导超越国家利益、族群优越、文明冲突等传统思维模式，构建一个平等、互信、共生的全球治理体系。

"中华文明历来主张天下大同、协和万邦"[①]，强调文化的多样性与差异性，认为不同文明的相遇与碰撞，是文化进步与创新的动力。文化的共生并非要求所有文明趋同化，而是要求在相互尊重的基础上促进文化的交流与创新。在这一框架下，全球文化的共生观念进一步指向全球治理的多样性与包容性。全球治理体系的核心目标应当是通过平等对话与文化互鉴，消除文明间的误解与偏见，建立更为公平正义的全球合作关系。这种思维不仅有助于缓解全球文化冲突，还能推动全球治理体系更加公正与合理发展。不同文明各有其独特的历史背景、文化内涵和社会结构，"人类文明发展的多元倾向不是20世纪以后的现象，而是有着相当长的历史"[②]，面对多

---

① 习近平. 习近平谈治国理政：第3卷. 北京：外文出版社，2020：213.
② 杜维明. 杜维明文集：第2卷. 武汉：武汉出版社，2002：282.

样化的文明,全球治理应该是包容的,应该尊重文化的多样性,而非以某一文明为主导。

中华文明的天下观深刻影响了中国古代社会的政治治理,为今天的全球治理提供了理论支撑与实践路径,还为现代全球治理体系的建设提供了哲学基础。这些思想的现代转化,尤其是在全球化和多极化日益加深的今天,提供了全人类共同面对全球性挑战的智慧和方向。人类可以从全球化的冲突与分裂中找到解决路径,实现全球治理的公正、合作与共赢。"中国在国际上磊落坦荡。中国人民不仅要自己过上好日子,还追求天下大同。"① 今天,我们应当继续探索中华文明的治理智慧,推动全球文明交流互鉴,共同应对未来的挑战,迈向更加和谐的世界。

二、支撑人类命运共同体的三大全球倡议

进入21世纪以来,全球化与区域化进程空前加速,各国经济、文化和社会的交融日益紧密。与此同时,全球性挑战接踵而至:环境危机、社会分化、经济失衡、安全威胁以及文化冲突,成为全球治理的重大难题。在这一背景下,如何突破国家利益的狭隘界限,以全人类的共同福祉为目标,构建一个更加和谐、可持续发展的全球秩序,成为国际社会亟须解决的时代课题。习近平主席以深邃的战略眼光提出了全球发展倡议、全球安全倡议和全球文明倡议。三大全球倡议的提出,不仅深刻揭示了全球治理的内在逻辑,也为

---

① 习近平会见联合国秘书长古特雷斯. 人民日报,2019-04-27(2).

超越传统国家间博弈、实现全球合作提供了理论支持和实践路径。这些倡议源于中华文明的哲学底蕴，与马克思主义相契合，展现了中国在全球治理体系中的智慧与担当。

全球发展倡议是对当前全球经济失衡和社会不平等的现实回应，致力于推动世界各国共同繁荣与可持续发展。习近平主席指出："天空足够大，地球足够大，世界也足够大，容得下各国共同发展繁荣。一些国家越来越富裕，另一些国家长期贫穷落后，这样的局面是不可持续的。水涨船高，小河有水大河满，大家发展才能发展大家。各国在谋求自身发展时，应该积极促进其他国家共同发展，让发展成果更多更好惠及各国人民。"① 全球发展倡议不仅是对发展中国家关切的直接回应，也体现了对全球化进程中"分配不公"问题的深刻反思。

发展权是人类的基本权利。马克思指出，资本主义的全球扩张推动了生产力的发展，也带来了极大的不平等，资产阶级"使未开化和半开化的国家从属于文明的国家，使农民的民族从属于资产阶级的民族，使东方从属于西方"②。发达国家通过不平等的全球分工体系，占据了大量资源与市场份额，广大发展中国家则长期处于经济链条的低端，无法真正分享全球化的红利。面对全球性的不平等，要通过公平的资源分配与合作机制，推动全球经济在可持续发展的基础上实现共同繁荣。全球发展倡议的核心是公平与包容。公

---

① 习近平. 习近平外交演讲集：第1卷. 北京：中央文献出版社，2022：154.
② 马克思, 恩格斯. 马克思恩格斯选集：第1卷.3版. 北京：人民出版社，2012：405.

平不仅体现为经济合作中利益的合理分配，更体现为享有平等的发展机会。发展中国家需要得到发达国家的技术支持、资金援助以及市场开放，从而提升自主发展能力。这种公平正义的实现，有赖于国际社会共同承担责任。

全球发展倡议主张以合作取代对抗，以共赢取代零和博弈。在全球化发展的早期阶段，发达国家通过单边主义方式攫取了大量资源，而发展中国家则被迫接受不平等的国际规则。全球发展倡议的提出，要求国际社会重新审视这一局面，通过多边合作建立更加公平、开放、包容的全球经济治理体系。这种多边合作的核心，是通过联合国等多边机制推动发展议程的实施，确保发展成果能够惠及每一个国家和人民。

全球安全倡议是对当前国际安全困境的直接回应。冷战思维主导下的对抗性国际观加剧了国家间的不信任，而单边主义和霸权主义破坏了全球安全的稳定性。随着全球性安全威胁的增加，传统的安全观已经无法应对当今世界的复杂局面。全球安全倡议提出了"共同安全、综合安全、合作安全、可持续安全"的全新理念，为破解全球安全难题提供了系统性的解决方案。

习近平总书记强调："我们要倡导共同、综合、合作、可持续安全的理念，尊重和保障每一个国家的安全。不能一个国家安全而其他国家不安全，一部分国家安全而另一部分国家不安全，更不能牺牲别国安全谋求自身所谓绝对安全。"[①] 全球安全倡议认为，在全

---

① 习近平. 论坚持推动构建人类命运共同体. 北京：中央文献出版社，2018：131.

球化时代，安全已经不再是某一国家的专属事务，而是整个国际社会的共同责任。"面对错综复杂的国际安全威胁，单打独斗不行，迷信武力更不行，合作安全、集体安全、共同安全才是解决问题的正确选择。"① 国家的安全是相互依存的，单一国家的安全不能通过牺牲他国的安全来实现。冷战思维的核心是零和博弈，将他者视为威胁；全球安全倡议则主张通过国际合作建立平等、互信的安全关系，以合作安全取代冷战思维，强调通过对话与协商解决国际争端。这要求国际社会在安全领域摒弃对抗与排斥，推动多边安全机制的建立与完善。

全球文明倡议是对当前国际文化交流困境的哲学回应。随着全球化的推进，不同文明之间的交往空前频繁，但文化隔阂和误解随之而来。一些国家以自身文化为中心，试图通过文化输出实现文化同化，这种文化霸权主义的逻辑，不仅加剧了文化发展的不平等状况，也引发了文明间的对立与冲突。全球文明倡议的提出，正是为了解决这一问题，主张以平等、互鉴、对话、包容为核心，以文明交流超越文明隔阂，以文明互鉴超越文明冲突，以文明共存超越文明优越。

全球文明倡议提出的核心目标，是通过文明间的平等对话，确认全人类共同价值，为人类社会创新和进步提供重要源泉。这种共同价值并非某种单一文明的普世化，而是在尊重文化多样性的基础上，通过对话与互鉴形成的普遍伦理。和平、发展、公平、正义、民主、自由的全人类共同价值，既是全球治理的价值追求，也是全

---

① 习近平. 论坚持推动构建人类命运共同体. 北京：中央文献出版社，2018：7.

球文明交流的基石。在全球文明倡议中，文化多样性与全人类共同价值被视为辩证统一的关系：文化多样性为全人类共同价值提供了丰富的思想资源，而全人类共同价值则为文化多样性的交往与融合提供了伦理框架。

全球文明倡议强调文明共生，主张在多样性中寻找共通性。这种共生观念，超越了西方中心主义的文化霸权逻辑，否定了某一种文明可以凌驾于其他文明之上的观点。全球文明倡议主张，文明的价值不在于对他者的排斥，而在于相互成就。正如习近平总书记所强调的："我们要共同倡导加强国际人文交流合作，探讨构建全球文明对话合作网络，丰富交流内容，拓展合作渠道，促进各国人民相知相亲，共同推动人类文明发展进步。"① 只有通过文明间的平等对话与深度交流，才能真正实现文化多样性与全人类共同价值的统一，推动全球社会走向包容与和谐。

习近平总书记指出："人类命运共同体，顾名思义，就是每个民族、每个国家的前途命运都紧紧联系在一起，应该风雨同舟，荣辱与共，努力把我们生于斯、长于斯的这个星球建成一个和睦的大家庭，把世界各国人民对美好生活的向往变成现实。"② 全球发展倡议、全球安全倡议和全球文明倡议，分别从经济、安全与文化三个维度，为构建人类命运共同体提供了实践路径。三者相辅相成。"我们既要让本国文明充满勃勃生机，又要为他国文明发展创造条

---

① 习近平. 携手同行现代化之路：在中国共产党与世界政党高层对话会上的主旨讲话. 北京：人民出版社，2023：8.
② 习近平. 习近平谈治国理政：第3卷. 北京：外文出版社，2020：433.

件,让世界文明百花园群芳竞艳。"① 通过全球发展倡议,国际社会能够在公平与包容的基础上实现共同繁荣;通过全球安全倡议,国际社会能够在合作与信任的框架下实现全球安全;通过全球文明倡议,国际社会能够在多样性中找到价值共识。三大全球倡议的共同目标是推动全球治理从单边主义与对抗逻辑走向多边合作与共赢发展,从分裂对立的世界格局迈向包容共生的文明秩序。这不仅是中国智慧的展现,更是人类文明发展的愿景。

三、人类命运共同体的价值指向:迈向文明新形态

在人类文明发展的漫长历史中,每一次重大危机都蕴含着推动文明进步的契机。当今世界正经历着百年未有之大变局,各种全球性挑战相互交织,既对现行国际秩序形成了严峻冲击,也凸显了传统治理模式的局限性。在这一背景下,习近平总书记提出构建"人类命运共同体"。人类命运共同体指向一条超越传统文明范式的道路,推动全球社会迈向一种更加公平、和谐、可持续的文明新形态。

传统的文明形态,无论是农业文明,还是工业文明,均以对自然资源的掠夺和对社会关系的分层化管理为特征。以"支配"为核心的文明逻辑,在推动物质生产力提高的同时,也导致了环境的不可持续性、社会的不平等和文化的冲突,这种文明发展的内在矛盾在西方现代化进程中得到了彻底体现。西方现代文明创造

---

① 习近平. 习近平谈治国理政:第 3 卷. 北京:外文出版社,2020:469.

了璀璨的成就，"但并不能说这个方向是历史的现实就必定具有普遍的逻辑性，是世界文明向前发展的唯一模式"①。进入全球化时代以来，一方面，各国在经济、科技、文化等领域日益互联互通，形成了全球命运与共的网络；另一方面，由于资本逻辑的主导，全球资源分配不均、利益失衡加剧，国家间的对立和冲突甚嚣尘上。"'西方的没落'，所包含的不外是文明的问题"②，面对全球性的结构性矛盾，传统的西方现代化模式和西方文明观显然已经失去了解释力。

"对历史最好的继承就是创造新的历史，对人类文明最大的礼敬就是创造人类文明新形态。"③ 人类文明新形态的本质在于从根本上超越旧有的文明支配逻辑，突破西方文明范式以资本逻辑和技术理性为核心的发展模式，构建以合作共赢、共生共荣为核心价值的全球新秩序。这不仅仅是经济层面的反思，更是对技术、社会和文化等领域的全面审视：倡导人们在发展过程中摒弃对自然的掠夺式开发，摒弃资本逻辑主导的资源浪费，摒弃社会不公与文化排他，推动经济、社会和文化在公平与可持续的基础上协同进步。其核心理念正是"和谐共生"——人与自然、人与人、人与社会的和谐共生。表明任何单一的文化、价值观或文明模式都无法解决全球化带来的复杂问题，只有在共生与合作中，全球社会才能共同面对未来的挑战。

---

① 杜维明. 杜维明文集：第 2 卷. 武汉：武汉出版社，2002：289.
② 斯宾格勒. 西方的没落. 吴琼，译. 上海：上海三联书店，2006：30.
③ 习近平. 在文化传承发展座谈会上的讲话. 求是，2023（17）.

人类命运共同体是通往这一目标的实践框架，通过深化国际合作、推动全球治理改革、实现文化多样性的对话与融合，人类社会将逐步走向一个以实现全人类共同福祉为根本目标，更加公平、可持续、多元共生的文明新阶段。面对当今世界的结构性矛盾，应当推动全球资源的合理分配，倡导共享发展理念，强调通过合作实现共同富裕。人类命运共同体理念倡导文明多样性与文化平等，主张通过文明对话化解文化偏见与冲突，促进不同文化的相互学习与共同发展；将生态文明理念融入全球治理，强调人与自然的和谐共生，推动形成绿色发展模式……这种多维度的实践探索，不仅是对传统文明危机的直接回应，更为创造人类文明新形态提供了经验支持。具体而言，人类命运共同体主要通过推动全球治理改革、经济模式转型和文化逻辑重构，为实现文明新形态提供实践路径。

全球治理的变革是实现文明新形态的首要环节。"当今世界，各国相互依存、休戚与共"①，全球治理应当摆脱传统的政治逻辑，转向以多边主义和合作共赢为核心的新模式。在人类命运共同体的框架下，国际社会需要加强联合国等多边机制的作用，推动国际秩序朝着更加公平合理的方向发展，确保发展中国家在全球治理中的话语权和参与权。

经济模式的转型是文明新形态的物质基础。当前全球经济体系深受资本逻辑的束缚，资源的不平等分配和生态的不可持续成为其主要问题。全球社会应致力于推动一种经济增长与社会公平、生态

---

① 习近平. 习近平外交演讲集：第1卷. 北京：中央文献出版社，2022：287.

保护相结合的可持续发展模式。该模式着重于共享经济和绿色经济的发展,通过技术创新和制度创新,实现全球资源优化配置和环境友好型增长,为文明新形态的实践创造提供坚实的物质基础。

文化逻辑的重构体现了文明新形态价值引领。文明多样性是人类社会的宝贵财富。人类命运共同体的理念强调,文明的多样性不应被视为冲突的源泉,相反,它是推动人类社会进步的动力。通过平等的文明对话和相互学习,全球社会能够挖掘不同文化间的共通价值,并在尊重各自差异的同时,实现文化的融合与创新。这种文化逻辑的重构,为文明新形态提供了价值导向。

综上可见,创造人类文明新形态是现代社会发展的必然结果。习近平主席强调:"相互尊重、和衷共济、和合共生是人类文明发展的正确道路。"① 人类文明新形态的创造不仅是技术进步和物质积累的结果,更是人类社会对自身历史使命的主动承担。通过推动全球治理的转型、经济模式的创新和文化逻辑的重塑,全球社会要从文明冲突的观念束缚中解放出来,以全人类的共同福祉为目标,携手共创一个更加美好、和谐、可持续的未来。通过构建人类命运共同体,我们将在全球范围内实现公平、正义、包容和可持续的发展,为人类文明长远进步开辟新路径。这是时代赋予我们的历史使命,更是全人类共同追求的美好愿景。

---

① 习近平同意大利总统马塔雷拉分别向"意大利之源:古罗马文明展"开幕式致贺信.人民日报,2022-07-11(1).

结　语

　　作为具有世界历史意义的实践创造，中国式现代化以马克思主义基本原理同中国具体实际相结合、同中华优秀传统文化相结合为科学方法，拓展了中华优秀传统文化创造性转化、创新性发展的实践场域，在比较语境中实现了文明交流互鉴。基于不同生产力发展阶段，不同文明之间和各文明内部都有先进与落后之别，但世界各民族文明没有高低、优劣之分，在内容上是多样的，在价值上是平等的，在关系上是包容的，且在发展过程中形成了一种共生机制。新时代新征程，建设中国式现代化的文化形态，要以习近平文化思想为根本遵循，坚持马克思主义基本原理同中华优秀传统文化相结合，不断促进中华优秀传统文化创造性转化、创新性发展，把握文明交流互鉴的历史规律，以学习、消化、融合、创新的方式把握不同文明中蕴含的博大精深、历久弥新的哲学理念，依靠精神的力量诚意、正心，深入阐述习近平文化思想对破解我们时代的文化难题、推动构建人类命运共同体的原创性贡献。

一、文明和谐论：中国式现代化的文明主张

作为启蒙时代以来的现代话语，"文明"（civilization）是与野蛮和蒙昧相对立的进步范畴，表明人们摆脱落后的习俗，接受现代价值观念和生活方式，体现为社会发展和人的现代素养提升，是曾被欧洲现代思想家用以表明自身优势的叙事。世界历史发端于现代化进程，世界市场的形成和普遍交往使人类社会逐渐成为广泛联系的整体，走向现代文明。通过对人类文明进程的历史分析，马克思阐述了前资本主义文明的特征，批判了资本主义文明的危机，提出了一种面向人类解放的文明视域，以此作为实现现代文明转型的支柱。在马克思看来，哲学在现代社会已获得这样的意义："哲学正变成文化的活的灵魂，哲学正在世界化，而世界正在哲学化。"① 作为实践的事情和社会的素质，文明是包括物质、精神、政治、生态、社会等维度的综合范畴，并非纯然的精神文化产品，而在社会生活中具有实体性内容，因而必然要在人们的实践活动中确认其根据。

文明是在人们的交互活动中发展的，普遍交往是人类文明发展的前景，各民族的整个内部结构取决于自己的生产以及自己内部和外部的交往发展程度。文明倡导人们在分工和交往过程中实现自由

---

① 马克思，恩格斯.马克思恩格斯全集：第1卷.2版.北京：人民出版社，1995：220.

的联合，在共同劳动中摆脱异己力量的支配，从而在融入世界历史进程的物质生产和精神生产中获得自由与全面发展。文明的成就是以社会生产力的方式体现的，"随着新生产力的获得，人们改变自己的生产方式，随着生产方式即谋生的方式的改变，人们也就会改变自己的一切社会关系"①。现代社会发展不断提高社会生产力水平，但资本逻辑制造了无法克服的矛盾，生产出一种对抗性的关系，造成了周期性的经济危机，从中可见"文明中的野蛮"。因而，马克思强调这种堕落的文明应走出世界历史的阴影，勾勒出现代文明的理想轮廓，提出超越资本主义文明的人类解放之路。

马克思关于现代文明的主张在中国式现代化进程中逐渐具体化。作为强国建设、民族复兴的康庄大道，中国式现代化实现了物质文明与精神文明相协调，实现了马克思主义科学理性精神与中华民族文化血脉的内在融通，不断丰富着人们的精神世界，不断满足着人们对美好生活的需要，实现了和平发展，促进了文明交流互鉴。2014年3月27日，习近平主席在联合国教科文组织总部发表重要演讲时首次提出："文明交流互鉴，是推动人类文明进步和世界和平发展的重要动力。"② 在上海合作组织成员国元首理事会第十八次会议上，习近平主席指出："我们要树立平等、互鉴、对话、包容的文明观，以文明交流超越文明隔阂，以文明互鉴超越文明冲突，以文明共存超越文明优越。"③ 他多次深刻阐述文明的本质与文

---

① 马克思，恩格斯. 马克思恩格斯选集：第1卷. 3版. 北京：人民出版社，2012：222.
② 习近平. 习近平谈治国理政：第1卷. 2版. 北京：外文出版社，2018：258.
③ 习近平. 弘扬"上海精神" 构建命运共同体：在上海合作组织成员国元首理事会第十八次会议上的讲话. 北京：人民出版社，2018：4.

明和谐发展的规律，强调尊重文明多样性，把握文明普遍性与特殊性、文明主体性与对外开放、文明冲突与文明交流等重大关系，形成了习近平文化思想中的文明观，其中的核心要义为文明和谐论。

文明和谐论是实现融合创新的文明主张，尊重世界文明多样性，强调不同文明在创造世界历史的过程中都是主体性存在，不同文明主体休戚与共，人类的未来命运处于相互构成的境遇中。在多样性文化交流互鉴图景中，任何文化都不可能完全拒斥其他文化而独立存在，文明冲突与观念碰撞使人们越来越深刻地理解文化异化的代价，形成文化借鉴与融合的自觉。文明虽有差异，但要摒弃"唯我独尊"的心态而实现共存。这种强调包容互惠、开放创新的文明观在中国式现代化进程中得到深刻体现。顺应和平、发展、合作、共赢的时代潮流，中国式现代化保持发展的自主性，发扬中华优秀传统文化成己达人、和实生物的天下情怀，积极借鉴一切人类优秀文明成果，寻求人类共同利益的最大公约数，以互鉴、合作和共享的方式实现价值共识，为人类开启更美好的文明前景。这种实现融合创新的文明主张立足时代、面向未来，认识到各种文明存在的价值，使各有千秋的文化相互借鉴而非相互对立。这种主张并非放弃任何文化主体的存在形式，而要激活文化的主体间性，形成共同体的文化合力。

文明和谐论表明文明的生成是多种因素综合发生作用的结果。纵观人类文明发展历程可见，自轴心时代以来的文化交融是古代世界文明交流的主线，全球化与现代性是近代世界文明交流的特征，和谐共生是当代人类文明发展的主流。知古鉴今，继往开来。"以和为贵"的观念在中华文化发展历程中源远流长。魏晋以来，儒释道文化交相辉映，各民族文化交融会通。及至宋代，"以佛修心，以道养生，以儒治世"的三教融合观念渐趋流行。"展开历史长卷，从赵武灵王胡服骑射，到北魏孝文帝汉化改革；从'洛阳家家学胡乐'，到'万里羌人尽汉歌'；从边疆民族习用'上衣下裳''雅歌儒服'，到中原盛行'上衣下裤'、胡衣胡帽，以及今天随处可见的舞狮、胡琴、旗袍等"①，可谓比比皆是。正如汤因比所言："就中国人来说，几千年来，比世界任何民族都成功地把几亿民众，从政治文化上团结起来。他们显示出这种在政治、文化上统一的本领，具有无与伦比的成功经验。"② 以和谐思维推动文明交流互鉴，批判文明中心主义与文明霸权主义，把握人与自然、经济社会发展与文明进步、科技变革与社会发展的关系问题，方能揭示文明交流互鉴的历史规律。历史上，中华文明、印度文明、古希腊文明、基督教文明、伊斯兰文明、拉丁美洲文明以及世界其他文明交流互鉴，形成了人类文明交往的经验。中华文化素来强调天下和平，例如，墨子主张"兼相爱，交相利"，强调只有"国与国不相攻，家与家不相乱"，方能"天下治"。早在春秋战国时代，诸子百家争鸣，中原文化、齐鲁文化、巴蜀文化等交流融合，形成影响深远的华夏文明。"和而不同"不仅是一种君子人格，而且是文化交融的基本理念。

文明和谐论彰显了马克思的世界历史理论和共同体思想的时代

---

① 习近平. 在全国民族团结进步表彰大会上的讲话. 北京：人民出版社，2019：5-6.
② 池田大作，汤因比. 展望21世纪：汤因比与池田大作对话录. 荀春生，朱继征，陈国梁，译. 北京：国际文化出版公司，1985：284.

精神，关注世界历史中的人类命运，着眼于人类共同的未来，使人类携手走向共同繁荣的新世界。为此，要摆脱西方文明中心论的偏见，避免陷入原子式个人的交往关系，避免文明社会缺乏"共同的在场性"，努力实现跨文化沟通和理解，探究通往人类未来的全球发展之道。当历史走向世界历史，地域交往逐渐转化为普遍交往，人类的交往范围逐渐扩大，不同文明程度的民族、国家之间的相互交往不断增强，在生产力普遍发展基础上形成的文明交流互鉴的程度日益加深。这种由物质生产发展所决定的世界历史进程改变了人们的交往方式，每个世界历史民族的发展给世界带来的都应当是机遇而不是威胁，是和平而不是战争，从而在根本上体现为文明的进步。

正如习近平主席在复信雅典大学维尔维达基斯教授等希腊学者，祝贺中希文明互鉴中心成立时所指出的："在人类历史的漫长进程中，各民族创造了具有自身特点和标识的文明，共同构成人类文明绚丽多彩的百花园。各种文明是各民族历史探索和开拓的丰厚积累，也是今天各民族生存和发展的深层指引。我们要促进人类社会发展、共同构建人类命运共同体，就必须深入了解和把握各种文明的悠久起源和丰富内容，让一切文明的精华造福当今、造福人类。"[①] 只有尊重和理解不同民族、不同地域的文明观念，不断总结文明交流互鉴的历史经验与发展规律，才能把握世界各地"以文化人"的历史进程，才能把握世界各地"文以载道"的历史经验，才

---

① 习近平复信希腊学者. 人民日报，2023-02-21（1）.

能理解世界文明的共同性及其百花齐放的绚烂景观，遵循习近平文化思想的原理和方法，审视和解决当今世界人类面临的突出矛盾和问题。

二、比较语境中的文明交流互鉴

文明交流互鉴在深层次体现为在相互形塑的过程中，需要一种具有世界历史视野的发展理念。习近平主席指出："世界文明历史揭示了一个规律：任何一种文明都要与时偕行，不断吸纳时代精华。我们应该用创新增添文明发展动力、激活文明进步的源头活水，不断创造出跨越时空、富有永恒魅力的文明成果。"① 今天，我们要正确认识和解答人类文明发展的重大问题，深刻阐述"历史合力论"在文明发展进程中体现为文明和谐论。"万物并育而不相害，道并行而不相悖"，倡导"和平、发展、合作、共赢"的理念成为世界走向未来的必然选择②，使人类创造的一切文明中的优秀文化基因与当代文化相适应、与现代社会相协调，使文明交流互鉴成为维护地区和世界和平的纽带。

从当今全球问题与生态危机的现实情况角度看，因文明的冲突而产生的价值分歧令人深深忧虑，人们日益意识到在全球化时代利益相互依存，切实摆脱全球危机，形成人类发展的全球共识意义重大。为此，应冲破冷战思维、零和思维的束缚，走出仅仅依靠实力决断的丛林法则，消除和弥合各种差异和分歧。应摒弃唯我独尊、

---

① 习近平.习近平谈治国理政：第3卷.北京：外文出版社，2020：470.
② 同①434，404.

自我封闭的文化心理，摒弃试图同化和取代其他文化的意识，不要陷入独学无友、孤陋寡闻的文化境地。不同文明之间的交流是人类文明发展的里程碑，"要了解各种文明的真谛，必须秉持平等、谦虚的态度。如果居高临下对待一种文明，不仅不能参透这种文明的奥妙，而且会与之格格不入。历史和现实都表明，傲慢和偏见是文明交流互鉴的最大障碍"[①]。今天，要保护各民族文化的多样性，遵循各国普遍适用的价值理念，实现共同利益，在文明交流互鉴中达成价值共识，在维护世界公平正义的过程中呵护人类的事业，以体现时代精神的全球治理理念和实践实现人类社会的美好愿景，从而形成促进今日世界文明发展的基本观念。

当今世界，人类生活在同一个地球村里，生活在历史和现实交汇的同一个时空里。世界现代化发展持续前行，面对机遇和挑战并存的现实境遇，我们要以增量博弈和合作共赢的方式解决问题。当世界从根本上变得更加现代化时，我们要形成与时代发展要求相适应的文明多样观、文明平等观和文明动力观，深刻认识到不同民族国家在多年来文化交往、融合的历史中创新了灿烂多样的文明，各个平等的文明在发展过程中日益形成命运共同体，在交流互鉴中汇聚了发展的动力。面对复杂而深刻的全球性问题，旧的文明秩序已经越来越成为世界历史发展的阻力，各国经济社会发展都应从全球视野探究整体性进路，给世界和平与发展带来更多的确定性，形成真正有效的国际合作，进而引领人类文明的未来。

---

① 习近平.习近平谈治国理政：第1卷.2版.北京：外文出版社，2018：259.

从世界现代化发展经验角度看，西方文明史上的霸权扩张、文化殖民主义等行径不仅不具有普遍性特征，更不应成为世界现代化发展的范例，今天持续发展的现代化更多体现为一种不同于西方的模式。在中国式现代化进程中形成的新文明观力图打破文化交往的壁垒，遵循"己所不欲，勿施于人"的古训，倡导以海纳百川的宽广胸怀与和而不同的方式汇聚全球共识，在合作共赢中化解冲突，以兼收并蓄的态度和互利互惠的理念构建新型国际关系。国之交在民相亲，民相亲在心相通，只有在文化交流互鉴中架起民心相通的桥梁，方能沟通心灵、增进共识，使在价值上平等的不同文明在交流中形成新的时代活力，方能弘扬和平、发展、公平、正义、民主、自由的全人类共同价值，拓展合作共赢、共建共享的文明发展新路径。

在世界历史进程中，不同的文化传统因交流互鉴而逐渐相通相近。我们要超越文明冲突论，推动各国优秀传统文化在现代化进程中实现创造性转化、创新性发展，深刻理解世界文明在交融会通中和谐共生的精神品格。正如习近平总书记所指出的："世界各国人民应该秉持'天下一家'理念，张开怀抱，彼此理解，求同存异，共同为构建人类命运共同体而努力"[①]。今天，世界各国应基于自身的文明传统和现代化经验，顺应和平、发展、合作、共赢的时代潮流，在文明交流互鉴中增进共识，不断扩大理念契合点、利益汇合点，从而实现文化融合与再生，形成文化合力，同心协力打造人类命运共同体。

---

① 习近平. 携手建设更加美好的世界：在中国共产党与世界政党高层对话会上的主旨讲话. 北京：人民出版社，2017：3.

从中国式现代化为解决全球问题提供的中国方案的角度看，在中国式现代化进程中实现的文明创造"推己及人"，以"古今中外法"实现文化融通，激活了强大的物质力量和精神力量。我们党团结带领人民在百年奋斗征程中实现了马克思主义中国化、时代化，传承发展了中华优秀传统文化，使马克思主义基本原理同中华优秀传统文化发生"化学反应"，在"结合"中使两种来源不同的文化实现了内在要素和结构的深层次重组，形成了中国式现代化的文化形态。这种文化形态"疏源浚流，与古为新"，着眼于社会进步和共同体的发展，既保持精神上的独立自主，又以和平、和谐、合异的态度保持开放，促进人类文明共同繁荣进步，不断实现中华文化的自我更新，在文明交流互鉴中彰显了世界历史意识，形成了不同国家和不同民族在进行文化交往时应当秉持的基本原则。

中华民族具有实现文明和谐发展的历史自信。我们不仅拥有五千多年辉煌灿烂的文明，而且16世纪以前对人类生活有重要影响的300多项科技发明中约有200项是由中国人发明并经丝绸之路广为传播的，深刻影响了人类文明发展进程。今天，要以中华优秀传统文化的"生生"之道创生不息、革新不止，实现有原则高度的文明共生和文化互生，形成共建美好世界的最大公约数。"面向世界动荡变革和文明交往新形态，为开展新时代国际传播提供厚实的历史文化资源和坚稳的价值依凭"，使古今文化会通伴以中西文化互镜，"基于中华文化统绪构建有中国特色且兼备全球价值的知识体系"[①]。

---

① 胡百精. 中华文化国际传播的战略思维与路径. 对外传播，2022（9）.

为此，要立足现实问题，以公共理性促成社会共识，在化人载道的实践探索中生发文化的动能，以文化自觉和文化自信为解决全球发展问题提供中国方案。

中国式现代化拓展了全球发展新道路，创造了人类文明新形态，给既希望加快发展又希望保持自身独立性的国家和民族实现现代化提供了全新选择。2023年3月15日，习近平总书记在中国共产党与世界政党高层对话会上提出全球文明倡议，即共同倡导尊重世界文明多样性，弘扬全人类共同价值，重视文明传承和创新，加强国际人文交流合作，"努力开创世界各国人文交流、文化交融、民心相通新局面，让世界文明百花园姹紫嫣红、生机盎然"[①]。当人类社会现代化进程又一次来到历史的十字路口时，我们要坚持文化主体性，坚持公平、普惠、包容的文明交往观，坚持胸怀天下的世界意识，为现代文明进步注入源源不断的动力。

这一全球文明倡议体现了马克思主义基本原理同中华优秀传统文化相结合的历史经验与文明意识，重建了文明对话的基石，拓展了文明开放发展的边界，推动开创了各国人文交流、文化交融、民心相通的互动格局。既尊重文明的多样性，又寻求文明发展的最大公约数，这一全球文明倡议映现了世界文明综合创新的历史辩证法。面对当今各国是走向文明冲突还是实现全球文明繁荣的时代之问，这一全球文明倡议为人类社会现代化勾勒了理想前景，其倡导构建相互尊重、公平正义、合作共赢的新型国际关系，形成共商共

[①] 习近平. 携手同行现代化之路：在中国共产党与世界政党高层对话会上的主旨讲话. 人民日报，2023-03-16（2）.

建共享的全球治理原则，强调在求同存异中共同前进，无疑具有深远的历史进步意义。

三、坚定文化主体性与胸怀天下的世界意识

今天，世界局势发生了前所未有的剧烈复杂变化，给人类文明发展带来巨大的不确定性。伴随生态环境危机、资源和气候危机而来的还有金融危机和社会危机，人类面临的风险是全方位的。面对激烈动荡的世界政治经济秩序，为了力图走出这种全方位的风险和危机，深思人类的命运、民族的未来、文明的前途，我们要依据内生力量推动文明进步，聚焦满足人民追求美好生活的需求，"扎根脚下这块生于斯、长于斯的土地"，"接住地气、增加底气、灌注生气，在世界文化激荡中站稳脚跟"[①]。我们要坚定文化主体性，秉持独立自主的原则，坚持把国家和民族发展放在自己力量的基点上，在中国式现代化进程中创造人类文明新形态，树立平等、互鉴、对话、包容的新文明观，不断丰富和拓展构建人类命运共同体的现实路径。

党的十八大以来，以习近平同志为核心的党中央把宣传思想文化工作摆在治国理政的重要位置，准确把握世界范围内思想文化相互激荡、我国社会思想观念深刻变化的新趋势，强调坚定文化自信、坚持文化传承发展、促进文明交流互鉴的重要意义，深刻阐明马克思主义基本原理同中国具体实际、同中华优秀传统文化相结合

---

① 习近平. 习近平谈治国理政：第2卷. 北京：外文出版社，2017：352.

的历史逻辑、理论逻辑和实践逻辑，深刻阐明中华优秀传统文化实现创造性转化、创新性发展的历史必然性和现实必要性，形成了习近平文化思想，在党的宣传思想文化事业发展史上具有里程碑意义。习近平文化思想丰富和发展了马克思主义文化理论，明体达用、体用贯通，为进一步加强社会主义文化建设、促进文明交流互鉴提供了根本遵循。

习近平文化思想最有力地体现了我们时代的文化主体性，具有深厚的理论渊源和坚实的实践基础，是我们党不断加强文化建设的理论成果的创新发展，开拓了马克思主义文化理论的新境界。建设中国式现代化的文化形态，要以习近平文化思想为指导，既要体现中华优秀传统文化走向现代化的时代印记，也要体现在中国式现代化的实践场域中反映文明交流互鉴的多彩图景。坚定历史自信、文化自信，坚持古为今用、推陈出新，就要认识到中华优秀传统文化"志于道"，具有强大的历史穿透力、文化感染力、精神感召力，在同马克思主义基本原理相结合的过程中实现了创造性转化、创新性发展，在中国式现代化实践探索中转化为中国特色社会主义制度文明，彰显了中国特色社会主义制度的比较优势和巨大优越性。

坚定文化主体性，既要立足于现实的中国，又要植根于历史的中国。正如习近平总书记所指出的："深厚的家国情怀与深沉的历史意识，为中华民族打下了维护大一统的人心根基，成为中华民族历经千难万险而不断复兴的精神支撑。"[1] 今天，要使文化发展辟新

---

[1] "推动中华文明重焕荣光". 人民日报, 2023 - 06 - 05 (3).

路、开新局，就要把握中华优秀传统文化发源处的精神存在，提炼其中具有世界历史意义的精神标识，使之在同马克思主义基本原理相结合的过程中生发内在活力，与当代文化相适应、与现代社会相协调，弘扬其中跨越时空、超越国度、富有永恒魅力、具有当代价值的文化精神。我们要着眼于加强社会主义物质文明、政治文明、精神文明、社会文明和生态文明建设，优化符合社会主义市场经济体制的文化发展理路，在实践创造中进行文化创造，提升中国人的文化素质和道德素养，形成文化自主与文化开放并重的文化发展格局，推动中华文化走向世界，"未来之中国，必将以更加开放的姿态拥抱世界、以更有活力的文明成就贡献世界"①。

中华文明的包容性与和平性是我们文化主体性的生动映现，彰显了胸怀天下的世界意识，反映了辩证的实践智慧。中国古代先贤认识到了"天下为公"的现实价值，这一话语出自《礼记·礼运》中关于理想社会的论述："大道之行也，天下为公。"这时，"选贤与能，讲信修睦"，人们公而忘私，"不独亲其亲，不独子其子，使老有所终，壮有所用，幼有所长，矜寡孤独废疾者，皆有所养"。这是一种美好的社会理想，与"大道既隐，天下为家"不同，体现了对"大同"理想的追求。百余年来，中华民族在五千多年文明史中形成的"天下为公"的理念与中国共产党全心全意为人民服务的根本宗旨、共产主义远大理想融为一体，彰显了我们的时代精神。习近平总书记强调坚持胸怀天下，从人类发展大潮流、世界变化大

---

① 习近平. 深化文明交流互鉴 共建亚洲命运共同体：在亚洲文明对话大会开幕式上的主旨演讲. 人民日报，2019-05-16（2）.

格局、中国发展大历史的角度正确认识和处理同外部世界的关系，推动建设更加美好的世界，推动构建人类命运共同体，不断为人类文明进步贡献智慧和力量。这深刻体现了马克思主义的世界观和方法论同中华优秀传统文化的天下观的有机结合，为"天下为公"这个成语赋予了新的时代内涵，为更好地促进文明交流互鉴提供了科学指南。

只有秉持胸怀天下的世界意识，以宽阔的胸怀推动不同的文明相互尊重、和谐共处，方能促进不同的文明心合意同。这就要摆脱复古守旧观念的束缚，"循天下之公"，以包容精神借鉴吸收人类一切优秀文明成果，推动建设更加美好的世界。"只要秉持包容精神，就不存在什么'文明冲突'，就可以实现文明和谐。"① 只有以文明和谐理念推动人类现代化进程，方能摒弃传统与现代二元对立的文明观，方能摆脱资本逻辑的束缚，走出西方中心主义的范围，构建一种符合世界各民族需求的文明逻辑，凝聚世界各民族的共同价值。这种关于文明进步的建设性主张超越了西方现代化进程中形成的不同文明对立冲突的陷阱，在人类共同利益、共同需求的基础上确立共同价值，有助于形成推动社会进步的动力，形成维护世界和平的纽带。

今天，我们要深入解读波澜壮阔的世界文明图谱，深刻认识到我们所处的世界已经从经济全球化走向总体全球化，其中最重要的变化就是在经济全球化的同时呈现了文化全球化维度。文化全球化

---

① 习近平．习近平谈治国理政：第1卷．2版．北京：外文出版社，2018：259.

"并不是西方的文化理念、思想和文化价值乃至意识形态的普遍化；而是指在总体性全球化过程中，世界各民族文化在广泛交流的过程中，逐渐形成的共同的文化理念、文化观念和文化价值，它将构成人类命运共同体的核心——共同价值之重要部分"[①]。可以说，文明和谐论重构了文明发展的内在逻辑，基于当今全球发展的实践需要，正是促进文化全球化之所需。在这个意义上，中国式现代化在面向未来的实践探索中呈现了一种普遍性特征，体现为一种普遍适用且具有未来指向的理念、经验和原则，以历史主动精神，为破解世界现代化难题，为人类解决共同面临的挑战，提供了富有世界历史意义的中国智慧和中国方案。

新时代新征程，我们要以习近平文化思想为指导，深刻理解全球文明倡议的深刻内涵，阐明文明和谐论的内在价值，努力建设中国式现代化的文化形态。为此，我们要在实践探索中深刻揭示中国式现代化的文明史意义，从中升华其特殊性转化为普遍性的理据，重建全球发展理念和全球文明进步的合理方案。唯有如此，我们才能具有文明和谐发展的历史自信，才能符合世界历史进程的内在要求，才能优化世界文明交往范式，从而携手走向共同繁荣的新世界。

---

① 丁立群. 人类命运共同体：唯物史观时代化的典范：当代全球化的建设性逻辑. 哲学动态，2018（6）.

参考文献

阿克顿．自由史论．南京：译林出版社，2001．

阿伦特．人的境况．王寅丽，译．上海：上海人民出版社，2009．

阿锐基．漫长的20世纪：金钱、权力与我们社会的根源．姚乃强，严维明，韩振荣，译．南京：江苏人民出版社，2001．

巴恩斯．资本主义3.0．吴士宏，译．海口：南海出版公司，2007．

班固．汉书．北京：中华书局，1962．

鲍曼．流动的现代性．欧阳景根，译．北京：中国人民大学出版社，2018．

波兰尼．大转型：我们时代的政治与经济起源．冯钢，刘阳，译．北京：当代世界出版社，2020．

布罗代尔．文明史纲．肖昶，冯棠，张文英，等译．桂林：广西师范大学出版社，2003．

曹顺庆．文明互鉴与西方文论话语的东方元素．文学评论，2023（1）．

陈来．中华文明的价值观与世界观．中华文化论坛，2013（3）．

陈立．公羊义疏．北京：中华书局，2017．

陈曙光．人类命运共同体何以改变世界．马克思主义研究，2023（2）．

陈先达，臧峰宇．文化的实践转化与制度文明的时代建构．中央社会主义学院学报，2020（4）．

陈先达．历史唯物主义与当代中国．北京：中国人民大学出版社，2019．

陈玉龙，杨通方，夏应元，等．汉文化论纲：兼述中朝中日中越文化交流．北京：北京大学出版社，1993．

池田大作，汤因比．展望21世纪：汤因比与池田大作对话录．荀春生，朱继征，陈国梁，译．北京：国际文化出版公司，1985．

戴圣鹏．论文明交流互鉴的载体与原则．学习与探索，2023（5）．

邓小平．邓小平文选：第2卷．北京：人民出版社，1994．

邓小平．邓小平文选：第3卷．北京：人民出版社，1993．

丁立群．人类命运共同体：唯物史观时代化的典范：当代全球化的建设性逻辑．哲学动态，2018（6）．

费孝通．反思·对话·文化自觉．北京大学学报（哲学社会科学版），1997（3）．

费孝通．孔林片思：论文化自觉．北京：生活·读书·新知三联书店，2020．

费孝通．缺席的对话：人的研究在中国：个人的经历．读书，1990（10）．

费孝通．乡土中国．北京：人民出版社，2015．

费孝通．中华民族的多元一体格局．北京大学学报（哲学社会科学版），1989（4）．

冯契．古今、中西之争与中国近代哲学革命．上海社会科学院学术季刊，1985（1）．

冯友兰．三松堂全集：第1卷．北京：中华书局，2014．

冯友兰．三松堂全集：第7卷．北京：中华书局，2014．

冯友兰．三松堂自序．北京：生活·读书·新知三联书店，2021．

伏尔泰．风俗论：上册．梁守锵，译．北京：商务印书馆，1994．

格雷．伪黎明：全球资本主义的幻象．刘继业，译．北京：中信出版社，2011．

公茂虹．民族复兴的文明视野．山东高等教育，2014，2（1）．

谷衍奎．汉字源流字典．北京：华夏出版社，2003．

郭湛，刘克苏．走向现代复兴的中华文明．延边大学学报（社会科学版），2016，49（4）．

郭湛，王维国，郑广永．社会公共性研究．北京：人民出版社，2009．

郭湛．面向实践的反思．武汉：武汉大学出版社，2010．

郭湛．主体性哲学：人的存在及其意义（修订版）．北京：中国人民大学出版社，2011．

哈丁，何涛．中世纪的政治自由．政治思想史，2014，5（3）．

海德格尔．思的经验．陈春文，译．北京：商务印书馆，2018．

何萍．从马克思主义哲学中国化的视角看马克思主义与儒学的关系．思想理论教育，2015（1）．

何星亮．中西文化的差异性与互补性．思想战线，2011，37（1）．

何中华．马克思与孔夫子：一个历史的相遇．北京：中国人民大学出版社，2021．

贺麟．五十年来的中国哲学．上海：上海人民出版社，2012．

贺麟．哲学与哲学史论文集．北京：商务印书馆，1990．

黑格尔．精神现象学：上卷．贺麟，王玖兴，译．北京：商务印书馆，1979．

黑格尔. 精神哲学. 杨祖陶, 译. 北京: 人民出版社, 2006.

黑格尔. 历史哲学. 王造时, 译. 上海: 上海书店出版社, 2006.

黑格尔. 小逻辑. 贺麟, 译. 北京: 人民出版社, 1996.

亨廷顿. 文明的冲突. 周琪, 等译. 北京: 新华出版社, 2013.

亨廷顿. 文明的冲突与世界秩序的重建. 修订版. 周琪, 等译. 北京: 新华出版社, 2010.

胡百精. 交往革命与人的现代化. 新闻记者, 2023 (1).

胡百精. 中华文化国际传播的战略思维与路径. 对外传播, 2022 (9).

胡适. 南游杂忆. 吉林: 吉林出版集团股份有限公司, 2017.

黄相怀. "文明冲突论"背后的意识形态: 策略与手法: 以《文明的冲突与世界秩序的重建》为中心的考察. 世界社会主义研究, 2023, 8 (1).

惠春琳. 文明交流互鉴的理论逻辑与实践启示. 山东大学学报 (哲学社会科学版), 2022 (2).

建国以来毛泽东文稿: 第1册. 北京: 中央文献出版社, 1987.

江泽民. 江泽民文选: 第2卷. 北京: 人民出版社, 2006.

江泽民. 江泽民文选: 第3卷. 北京: 人民出版社, 2006.

瞿秋白. 东方文化与世界革命. 新青年, 1923 (1).

孔安国, 孔颖达. 尚书正义. 上海: 上海古籍出版社, 2007.

孔汉思, 库舍尔. 全球伦理: 世界宗教议会宣言. 何光沪, 译. 成都: 四川人民出版社, 1997.

黎翔凤. 管子校注. 北京: 中华书局, 2004.

李包庚. 世界普遍交往中的人类命运共同体. 中国社会科学, 2020 (4).

李富华. 中国佛教研究意义深远: 纪念佛教传入中国二千年. 世界宗教研究, 1998 (3).

李文堂. 中国共产党百年文化成就. 中国党政干部论坛, 2021 (10).

李毅．中国马克思主义与现代新儒学．天津：天津教育出版社，2007．

李运富．汉字之光永照中华文明．语言战略研究，2022，7（6）．

梁苗．论资本的反生态性与生态文明建设．南京林业大学学报（人文社会科学版），2012，12（1）．

梁启超．欧游心影录．北京：商务印书馆，2014．

梁启超．先秦政治思想史．天津：天津古籍出版社，2003．

梁启超．饮冰室文集：第2册．北京：中华书局，2015．

梁漱溟．梁漱溟全集：第2卷．山东：山东人民出版社，2005．

梁漱溟．梁漱溟全集：第3卷．山东：山东人民出版社，2005．

列斐伏尔．日常生活批判：第1卷．叶齐茂，倪晓晖，译．北京：社会科学文献出版社，2018．

刘伟．中国式现代化的本质特征与内在逻辑．中国人民大学学报，2023，37（1）．

楼宇烈．佛教中国化的启示．中国宗教，2016（10）．

楼宇烈．老子道德经注校释．北京：中华书局，2008．

陆九渊．陆九渊集．北京：中华书局，1980．

吕不韦，许维遹．吕氏春秋集释．北京：中华书局，2009．

吕巍．坚守中华文化立场讲好新时代中国故事．人民政协报，2023-05-17（1）．

罗荣渠．从"西化"到现代化．北京：北京大学出版社，1990．

罗素．中国问题．秦悦，译．上海：学林出版社，1996．

马克思，恩格斯．马克思恩格斯全集：第1卷．北京：人民出版社，1956．

马克思，恩格斯．马克思恩格斯全集：第2卷．北京：人民出版社，1957．

马克思, 恩格斯. 马克思恩格斯全集: 第 3 卷. 北京: 人民出版社, 1960.

马克思, 恩格斯. 马克思恩格斯全集: 第 4 卷. 北京: 人民出版社, 1958.

马克思, 恩格斯. 马克思恩格斯全集: 第 6 卷. 北京: 人民出版社, 1961.

马克思, 恩格斯. 马克思恩格斯全集: 第 10 卷. 北京: 人民出版社, 1962.

马克思, 恩格斯. 马克思恩格斯全集: 第 13 卷. 北京: 人民出版社, 1962.

马克思, 恩格斯. 马克思恩格斯全集: 第 16 卷. 北京: 人民出版社, 1964.

马克思, 恩格斯. 马克思恩格斯全集: 第 19 卷. 北京: 人民出版社, 1963.

马克思, 恩格斯. 马克思恩格斯全集: 第 20 卷. 北京: 人民出版社, 1971.

马克思, 恩格斯. 马克思恩格斯全集: 第 25 卷. 北京: 人民出版社, 1974.

马克思, 恩格斯. 马克思恩格斯全集: 第 26 卷: 第 3 册. 北京: 人民出版社, 1974.

马克思, 恩格斯. 马克思恩格斯全集: 第 27 卷. 北京: 人民出版社, 1972.

马克思, 恩格斯. 马克思恩格斯全集: 第 30 卷. 2 版. 北京: 人民出版社, 1995.

马克思, 恩格斯. 马克思恩格斯全集: 第 31 卷. 2 版. 北京: 人民出版社，1998.

马克思，恩格斯.马克思恩格斯全集：第33卷.2版.北京：人民出版社，2004.

马克思，恩格斯.马克思恩格斯全集：第34卷.北京：人民出版社，1972.

马克思，恩格斯.马克思恩格斯全集：第36卷.北京：人民出版社，1975.

马克思，恩格斯.马克思恩格斯全集：第46卷：上册.北京：人民出版社，1979.

马克思，恩格斯.马克思恩格斯文集：第1卷.北京：人民出版社，2009.

马克思，恩格斯.马克思恩格斯文集：第2卷.北京：人民出版社，2009.

马克思，恩格斯.马克思恩格斯文集：第3卷.北京：人民出版社，2009.

马克思，恩格斯.马克思恩格斯文集：第7卷.北京：人民出版社，2009.

马克思，恩格斯.马克思恩格斯文集：第8卷.北京：人民出版社，2009.

马克思，恩格斯.马克思恩格斯文集：第9卷.北京：人民出版社，2009.

马克思，恩格斯.马克思恩格斯文集：第10卷.北京：人民出版社，2009.

马克思，恩格斯.马克思恩格斯选集：第1～4卷.3版.北京：人民出版社，2012.

毛泽东．毛泽东文集：第 6 卷．北京：人民出版社，1999.

毛泽东．毛泽东选集：第 2 卷．北京：人民出版社，1991.

毛泽东．毛泽东选集：第 4 卷．北京：人民出版社，1991.

毛泽东．毛泽东著作选读：下册．北京：人民出版社，1986.

梅耶．古希腊政治的起源．王师，译．上海：华东师范大学出版社，2013.

钱穆．中国文化史导论．北京：商务印书馆，1994.

钱仲联．清诗纪事．南京：凤凰出版社，2004.

塞尔．社会实在的建构．李步楼，译．上海：上海人民出版社，2008.

舍勒．资本主义的未来．曹卫东，等译．北京：北京师范大学出版社，2014.

施韦卡特．反对资本主义．李智，等译．北京：中国人民大学出版社，2013.

史景迁，叶舜庸．外人笔下之汤若望与南怀仁．国际汉学，2020（2）．

苏舆．春秋繁露义证．钟哲，点校．北京：中华书局，1992.

孙乐强．中国道路与马克思历史道路理论的创造性发展．天津社会科学，2018（3）．

孙冶方．为什么要批评乡村改良主义工作．中国农村，1936（5）．

孙诒让．周礼正义．北京：中华书局，2013.

泰戈尔．民族主义．刘涵，译．北京：中国对外翻译出版有限公司，2014.

汤因比．历史研究．刘北成，郭小凌，译．上海：上海人民出版社，2000.

"推动中华文明重焕荣光"．人民日报，2023－06－05（3）．

王弼．周易注．楼宇烈，校释．北京：中华书局，2011.

王立胜，晏扩明．中国式现代化与人类文明发展．中国社会科学院大学学报，2023，43（1）．

王守仁．王文成公全书．北京：中华书局，2015．

王先谦．荀子集解．北京：中华书局，1988．

望月清司．马克思历史理论的研究．韩立新，译．北京：北京师范大学出版社，2009．

魏波．中华文明的复生：21世纪中国的复兴与战略转型．中国特色社会主义研究，2014（4）．

沃勒斯坦．沃勒斯坦精粹．黄光耀，洪霞，译．南京：南京大学出版社，2003．

吴晓明．"中国方案"开启全球治理的新文明类型．中国社会科学，2017（10）．

吴晓明．马克思主义中国化与新文明类型的可能性．哲学研究，2019（7）．

吴晓明．世界历史与中国道路的百年探索．中国社会科学，2021（6）．

吴毓江．墨子校注．北京：中华书局，2006．

习近平．把握新发展阶段，贯彻新发展理念，构建新发展格局．求是，2021（9）．

习近平．出席第三届核安全峰会并访问欧洲四国和联合国教科文组织总部、欧盟总部时的演讲．北京：人民出版社，2014．

习近平．高举中国特色社会主义伟大旗帜 为全面建设社会主义现代化国家而团结奋斗：在中国共产党第二十次全国代表大会上的报告．北京：人民出版社，2022．

习近平．共创中韩合作未来 同襄亚洲振兴繁荣：在韩国国立首尔大学的演讲．人民日报，2014-07-05（2）．

习近平．弘扬"上海精神" 构建命运共同体：在上海合作组织成员国元首理事会第十八次会议上的讲话．人民日报，2018-06-11（3）．

习近平．弘扬和平共处五项原则 建设合作共赢美好世界：在和平共处五项原则发表60周年纪念大会上的讲话．北京：人民出版社，2014．

习近平．决胜全面建成小康社会 夺取新时代中国特色社会主义伟大胜利：在中国共产党第十九次全国代表大会上的报告．人民日报，2017-10-28（1）．

习近平．论党的宣传思想工作．北京：中央文献出版社，2020．

习近平．论坚持人民当家作主．北京：中央文献出版社，2021．

习近平．论坚持推动构建人类命运共同体．北京：中央文献出版社，2018．

习近平．论中国共产党历史．北京：中央文献出版社，2021．

习近平．迈向命运共同体 开创亚洲新未来：在博鳌亚洲论坛2015年年会上的主旨演讲．人民日报，2015-03-29（2）．

习近平．让多边主义的火炬照亮人类前行之路：在世界经济论坛"达沃斯议程"对话会上的特别致辞．人民日报，2021-01-26（2）．

习近平．深化文明交流互鉴 共建亚洲命运共同体：在亚洲文明对话大会开幕式上的主旨演讲．人民日报，2019-05-16（2）．

习近平．顺应时代前进潮流促进世界和平发展：在莫斯科国际关系学院的演讲．人民日报，2013-03-24（2）．

习近平．团结合作勇担责任构建亚太命运共同体：在亚太经合组织第二十九次领导人非正式会议上的讲话．人民日报，2022-11-19（2）．

习近平．习近平出席第十五届中越青年友好会见活动时的讲话．人民日报，2015-04-08（2）．

习近平．习近平谈治国理政：第1卷．2版．北京：外文出版社，2018．

习近平．习近平谈治国理政：第2卷．北京：外文出版社，2017．

习近平．习近平谈治国理政：第 3 卷．北京：外文出版社，2020．

习近平．习近平谈治国理政：第 4 卷．北京：外文出版社，2022．

习近平．习近平外交演讲集：第 1 卷．北京：中央文献出版社，2022．

习近平．习近平外交演讲集：第 2 卷．北京：中央文献出版社，2022．

习近平．习近平在文化传承发展座谈会上强调 担负起新的文化使命 努力建设中华民族现代文明．人民日报，2023－06－03（1）．

习近平．习近平在学习贯彻党的二十大精神研讨班开班式上发表重要讲话强调 正确理解和大力推进中国式现代化．人民日报，2023－02－08（1）．

习近平．习近平在中共中央政治局第六次集体学习时强调 不断深化对党的理论创新的规律性认识 在新时代新征程上取得更为丰硕的理论创新成果．人民日报，2023－07－02（1）．

习近平．习近平在中共中央政治局第三十一次集体学习时强调 借鉴历史经验创新合作理念 让"一带一路"建设推动各国共同发展．人民日报，2016－05－01（1）．

习近平．携手共命运一起向未来：在中国同中亚五国建交 30 周年视频峰会上的讲话．北京：人民出版社，2022．

习近平．携手建设更加美好的世界：在中国共产党与世界政党高层对话会上的主旨讲话．北京：人民出版社，2017．

习近平．携手同行现代化之路：在中国共产党与世界政党高层对话会上的主旨讲话．人民日报，2023－03－16（2）．

习近平．在纪念孔子诞辰 2 565 周年国际学术研讨会暨国际儒学联合会第五届会员大会开幕会上的讲话．人民日报，2014－09－25（2）．

习近平．在联合国教科文组织总部的演讲．人民日报，2014－03－28（3）．

习近平．在庆祝中国共产党成立 100 周年大会上的讲话．人民日报，

2021-07-02（2）.

习近平．在文化传承发展座谈会上的讲话．求是，2023（17）．

习近平．之江新语．杭州：浙江人民出版社，2007．

习近平复信希腊学者．人民日报，2023-02-21（1）．

习近平在中共中央政治局第三十九次集体学习时强调 把中国文明历史研究引向深入 推动增强历史自觉坚定文化自信．人民日报，2022-05-29（1）．

习近平在中共中央政治局第四十三次集体学习时强调 深刻认识马克思主义时代意义和现实意义 继续推进马克思主义中国化时代化大众化．人民日报，2017-09-30（1）．

休谟．人性论：上册．关文运，译．北京：商务印书馆，1983．

徐伟新．中国式现代化的文化底蕴和文化特质．理论导报，2023（5）．

徐元浩．国语集解．王树民，沈长云，点校．北京：中华书局，2002．

许纪霖．多元文明时代的中国使命．文化纵横，2013（3）．

雅斯贝斯．历史的起源与目标．李夏菲，译．桂林：漓江出版社，2019．

亚洲文明对话大会2019北京共识．人民日报，2019-05-25（3）．

杨伯峻．春秋左传注．北京：中华书局，1990．

杨伯峻．论语译注．北京：中华书局，2006．

姚淦铭，王燕．王国维文集：第3卷．北京：中国文史出版社，1997．

袁行霈，严文明，张传玺，等．中华文明史（全四卷）．北京：北京大学出版社，2006．

臧峰宇，博尔．全面建成小康社会的观念资源与现实探索．当代中国价值观研究，2020，5（1）．

臧峰宇，史海默．人类命运共同体理念的思想资源与时代内涵．江苏社会科学，2020（3）．

臧峰宇．马克思的现代性思想与中国式现代化的实践逻辑．中国社会科学，2022（7）．

詹纳．资本主义的未来：一种经济制度的胜利还是失败？．宋玮，黄婧，张丽娟，译．北京：社会科学文献出版社，2004．

张汝伦．我们需要什么样的文明．北京：商务印书馆，2017．

长孙无忌．唐律疏议．北京：中华书局，1983．

张文喜．中国式现代化对当代世界的意义．光明日报，2021-12-06（15）．

张之洞．劝学篇．北京：华夏出版社，2002．

章太炎．章太炎全集：第4卷．上海：上海人民出版社，1985．

赵坤，刘同舫．从"文明优越"到"文明共生"：破解"西方中心论"．理论视野，2021（2）．

赵汀阳．论可能生活．北京：中国人民大学出版社，2010．

赵汀阳．天下体系：世界制度哲学导论．北京：中国人民大学出版社，2023．

郑玄，孔颖达．礼记正义．上海：上海古籍出版社，2008．

中共中央党史和文献研究院．十九大以来重要文献选编．北京：中央文献出版社，2021．

中共中央关于党的百年奋斗重大成就和历史经验的决议．人民日报，2021-11-17（1）．

中共中央文献研究室，中央档案馆．建党以来重要文献选编（1921—1949）：第20册．北京：中央文献出版社，2011．

中共中央文献研究室．习近平关于社会主义文化建设论述摘编．北京：中央文献出版社，2017．

周恩来．周恩来经济文选．北京：中央文献出版社，1993．

周恩来. 周恩来选集：上卷. 北京：人民出版社，1980.

周恩来. 周恩来选集：下卷. 北京：人民出版社，1984.

朱熹. 四书章句集注. 北京：中华书局，1983.

BAUDRILLARD J. Modernity. Canadian journal of political and social theory，1987，11（3）.

CRUTZEN P J，STOERMER E F. The "Anthropocene". Global change newsletter，2000，41.

后　记

　　本书是中国人民大学"文明史"研究工程的重要成果之一，与《文明冲突论的终结》合为关于文明学研究的"两论"，同新编《中华文明史》、新编《世界文明史》构成一个思想整体。开展"两史两论"编纂与研究，是由张东刚教授倡导并大力推动的，旨在深入研究中华文明史与世界文明史，揭示人类文明发展历程及其规律，超越西方中心论和文明优越论，提出"文明冲突论的终结"，阐明我们时代文明发展的特质，在中国式现代化的实践语境中彰显"文明和谐论"的历史逻辑、理论逻辑与实践逻辑。

　　我们以习近平文化思想为指导，深入阐释中华文明的突出特性，深入研究马克思主义基本原理同中国具体实际、同中华优秀传统文化相结合的内在机理，深入思考在中国式现代化进程中实现中华优秀传统文化创造性转化、创新性发展的学理道理哲理，深入理解以新的文化使命推动文化繁荣、建设文化强国的重大现实意义；坚定历史自信和文化自信，以文为体，以化为用，以中国自主的文明学研究理路解析"全球文明倡议"的学理内涵与实践启示，阐述文明和谐论对促进文明交流互鉴、建设中国式现代化的文化形态、创造人类文明新形态的理论价值。在这项学术探索过程中，我们意识到，将文明学作为一种富有历史性和前瞻性的新兴学科，从文明和谐的时代主张出发，阐释建设中国式现代化的文化形态所需要的理论，体现了中国式现代化发展的实践需要。由此建构中国自主的文明学学科体系、学术体系、话语体系，建构中国自主的文明学知识体系，是当代中国学人应当承担的历史使命。

为此，我们努力探究马克思主义文明观与中华文明的演进逻辑，阐述马克思主义文明和谐思想，梳理中华传统文明和谐思想的传承与创新，揭示马克思主义文明和谐思想中国化的时代精神。我们以"两个结合"为科学思想方法，阐明实现会通的文明和谐主张，强调中国式现代化实现了中华民族的旧邦新命，在百余年来的实践探索中塑造了独特的文化形态，探索面向未来的全球文明的价值重建，在重新书写文明史的过程中更好地理解中华民族的过去之我、现在之我和未来之我，阐明中华文明在现代化进程中的发展趋势。在此基础上，我们探析文明交流互鉴的历史经验与发展规律，将"和合共生"视为文明交流互鉴的重要历史经验，把握文明交流互鉴的发展规律，践行文明交流互鉴的实践逻辑，深入理解中国式现代化的文明内涵，探究中华优秀传统文化如何实现实践转化，进而论证中国式现代化走向文明和谐的社会发展道路。从中可见，中华文明在中华民族百余年来的实践探索中实现了现代转型，彰显了中华文化主体性，形成了中国式现代化的文化形态的特色和优势，具有世界历史意义，这不仅表明文明和谐思维体现了我们时代的新价值观，而且表明文明共享发展理念体现了面向未来的新时代观，由此理解构建人类命运共同体的文明底蕴，可见文明和谐论是我们时代应有的文明发展主张，彰显了人类文明发展的规律性特征。

本书由张东刚教授提出编写提纲并召集论证会，中国人民大学哲学院编写组在多次学术研讨和实践调研的基础上集体创作，具体写作分工如下：导论，张东刚、臧峰宇；第一章，魏博、宫志翀；第二章，臧峰宇；第三章，黄志军；第四章，臧峰宇、陈广思；第五章，刘志洪；第六章，张东刚；结语，臧峰宇。中国人民大学中国式现代化与文明新形态研究院胡恒、孙闻博、杨成、宁雅等同志对本书部分内容的修改和补充提出了宝贵意见和建议。全书由张东刚教授、臧峰宇教授统稿、定稿。

本书是中国人民大学中国式现代化与文明新形态研究院成立以来初步探索的结晶，体现了对把握人类文明发展规律与开展文明学研究的一种思路。作为一项初步探索，难免不够完善，书中很多内容有待进一步丰富和深化。书中内容如有论述不当之处，欢迎读者朋友们批评指正。

本书编写组

2023 年 12 月

图书在版编目（CIP）数据

文明和谐论 / 张东刚等著 . -- 北京：中国人民大学出版社，2025.6. --（文明新形态"两史两论"丛书 / 张东刚，林尚立总主编）. -- ISBN 978-7-300-34132-3

Ⅰ. G125

中国国家版本馆 CIP 数据核字第 2025UH1672 号

文明新形态"两史两论"丛书
总主编　张东刚　林尚立
文明和谐论
张东刚　臧峰宇　等　著
Wenming Hexielun

出版发行	中国人民大学出版社				
社　　址	北京中关村大街 31 号		邮政编码	100080	
电　　话	010-62511242（总编室）		010-62511770（质管部）		
	010-82501766（邮购部）		010-62514148（门市部）		
	010-62511173（发行公司）		010-62515275（盗版举报）		
网　　址	http://www.crup.com.cn				
经　　销	新华书店				
印　　刷	涿州市星河印刷有限公司				
开　　本	720 mm×1000 mm　1/16		版　次	2025 年 6 月第 1 版	
印　　张	23.5　插页 3		印　次	2025 年 7 月第 2 次印刷	
字　　数	247 000		定　价	79.00 元	

版权所有　　侵权必究　　印装差错　　负责调换